国家出版基金项目
NATIONAL PUBLICATION FOUNDATION

"一带一路"法律保障研究丛书

丛书主编：许传玺

吉尔吉斯共和国海关法解析

齐天励 / 著

中国法制出版社
CHINA LEGAL PUBLISHING HOUSE

丛书序

许传玺

2013 年 9 月—10 月，习近平总书记在出访中亚和东南亚期间，先后提出共建“丝绸之路经济带”和“21 世纪海上丝绸之路”的倡议。2015 年 3 月，中国政府专门发布了《推动共建丝绸之路经济带和 21 世纪海上丝绸之路的愿景与行动》。作为我国最为重要的全球化发展愿景，“一带一路”倡议旨在秉持共商共建共享原则，完善双边和多边合作机制，推进同有关国家和地区在多领域互利共赢的务实合作，打造陆海内外联动、东西双向开放的全面开放新格局。

2017 年 5 月、2019 年 4 月和 2023 年 10 月，首届、第二届和第三届“一带一路”国际合作高峰论坛相继在北京举办，推动“一带一路”倡议全面实施落地。截至 2023 年 8 月，已有 152 个国家和 32 个国际组织与我国签署了“一带一路”合作文件，开展了 3000 多个务实项目，拉动了近 1 万亿美元投资，为全球共同发展开辟了广阔的空间，成为广受欢迎的国际公共产品。

为推动共建“一带一路”高质量发展，进一步加强各国政策沟通、设施联通、贸易畅通、资金融通和民心相通，法治保障是基础性的、必不可少的关键要素。在 2019 年 11 月和 2020 年 11 月两篇重要文稿中，习近平总书记明确指出，“推动共建‘一带一路’，需要法治进行保障”。只有通过营造良好的法治环境、构建公正合理透明的国际经贸规则体系，我们才能有效协调、规范各方行为，促进双边和多边合作，充分实现“一带一路”所倡导的全球化发展愿景。

为此，我们必须对相关国家和地区的法治状况进行深入、细致的研究，并在此基础上，健全完善法治营商环境，推动、保障双边和多边合作。目前，关于“一带一路”倡议的研究和讨论主要集中于国际政治、经济、文化等领域，对法律问题的研究仍然相对较少。实际上，法律的差异甚或冲突已经成为影响共建“一带一路”的重要因素。例如，有些非世界贸易组织（WTO）成员和/或尚未加入《承认及执行外国仲裁裁决公约》（《纽约公约》）的国家，因其法律制度与实践不受国际通行规则约束，更易形成不同程度的不确定性，给双边或多边合作带来不利影响。在此背景下，我们迫切需要加强对“一带一路”法治保障的研究和优化。

加强“一带一路”法治保障研究的实践意义主要包括：

一、发现、协调和解决相关国家和地区之间的法律差异或冲突，消除国际投资及经贸合作等方面的法律障碍。如在贸易投资便利化、自由化方面，根据相关国家和地区的实际情况，通过协商，以条约或协议的形式，设定贸易投资便利化、自由化的目标，并具体确定消减贸易投资壁垒的时间表，明确相关权利义务，推动各方共商共建共享。

二、通过特定法律规则有效地克制和排除“一带一路”倡议中的政治、文化等干扰因素。作为一个如此庞大复杂的系统工程，“一带一路”倡议势必面临国内外众多因素的影响甚至干扰。只有通过明确、不易被随意更改或稀释的法律手段，对有关事项予以明确规定，并设置合理的实施机制，保障相关义务的严格、充分履行，才能最大限度地推动“一带一路”倡议。

三、通过议定具有法律效力的特定标准或协议，推动相关国家和地区完善各自的软硬件建设，使之符合“一带一路”倡议的要求。以交通基础设施为例，可根据各方经济发展、人口分布、资源条件、实际需求等，通过议定相关协议，确定其路线及站点分布、建设标准（如是否建设高速铁路，铁路轨距应采用宽轨还是窄轨）及建设进程等。

四、尽快设立涉及“一带一路”倡议的争端解决机制。通过“一带一路”倡议，相关国家和地区在基础设施的互联互通、贸易投资和金融的便利化与自由化等方面可以获得相当的利益，但同时也会对其相关权益作出一定限制，因而不排除由此产生各种分歧甚至争端的可能性。相关企业在市场化运作中也难以避免法律纠纷的发生。为此，必须尽快研究设立合理有效的机制，将参加“一带一路”倡议的众多主体纳入考量，通过合理有效的司法或仲裁等手段，及时调整、解决相关纠纷。

“一带一路”法治保障研究的理论价值主要包括：

一、着力构建“部门比较法”，推动比较法学向建设性和实践理性发展。“一带一路”倡议涉及众多国家和地区，在不同国家和地区甚至不同法系之间，法律制度和法律文化差异巨大。为有效协调、处理这种法律差异甚或法律冲突，必须将比较法的研究理念和方法运用到具体部门法之中，采用一种“部门比较法”的研究进路，开展更具建设性和实践理性的比较法研究，由此推动比较法学的深化与发展（参见拙著：《从实践理性到理性实践：构建部门比较法》，中国法制出版社 2013 年版）。

二、运用交叉学科的研究视角和方法，推动法学与其他学科——包括但不限于人类学 / 社会学、政治学、经济学、管理学、国际事务、系统科学、交通运输等——的相互启发、有益交流和良性互动，形成富有创新价值的理论成果和研究方法等。例如，借助法律人类学 / 社会学等相关理念与方法，我们可以在尊重现有差异的基础上，探索、寻求可以支持“一带一路”各方共商共建、保障各方互利共赢的法律基点，为全球治理体系的健全与完善作出理论和方法上的创新性、开拓性探索。

本丛书共组织了八个作者团队，从不同方面对“一带一路”法治保障问题进行研究与探讨。具体如下：

一、许传玺教授等的《“一带一路”法律供给机制研究》。本书是国家社会科学基金重大项目《“一带一路”战略下法律供给机制研究》（批准号 16ZDA063，立项时间 2016 年 11 月，首席专家许传玺教授）的研究成果之一，在考察法律供给原理、深入分析“一带一路”倡议实施所产生的法律需求的基础上，针对其中的法律供给重点问题，提出构建以“一带一路”新型法律共同体为基本框架的法律供给机制，以期为“一带一路”倡议实施提供有力有效的法治保障。

二、谢鸿飞教授等的《“一带一路”国家与地区的法律环境及风险防范》。本书积作者多年的授课与研究心得，重点考察、分析了“一带一路”相关国家与地区的法律环境和法律风险，并就如何防范、化解相关风险提出了意见、建议。本书分三个部分，导论为“一带一路”倡议的内核与成就，上编为“一带一路”国家与地区的法律环境和法律风险，下编为“一带一路”国家与地区的具体法治状况。

三、孙健教授的《“一带一路”背景下 WTO 能源贸易规则研究》。本书是中国法学会部级法学研究重点委托课题《“一带一路”法律问题研究》（编号 CLS(2015)ZDWT52，立项时间 2015 年 12 月，主持人许传玺教授）的研究成果之一，认为我国应利用共建“一带一路”契机，积极参与 WTO 框架下国际能源贸易法制的构建，加强与现行国际能源治理机制的合作。同时，我国应继续完善国内能源法制体系，出台《能源法》，并尽快修订与能源贸易相关的法律规范。

四、韦华腾、江德平教授等的《“21 世纪海上丝绸之路”沿线国家或地区投资与建设法律制度问题研究》。本书是中国法学会重点委托课题《“一带一路”法律问题研究》（见上述）的研究成果之一，对“21 世纪海上丝绸之路”的投资、贸易、交通与基础设施建设、法律冲突、争端解决机制、法律保障机制构建及海上安全秩序、海上执法与司法保障等进行了集中研究，涵盖“海上丝绸之路”沿线多个国家与地区的法律法规、法律文化等相关内容。

五、车虎教授的《“一带一路”倡议下的东南亚数据保护》。本书重点梳理、分析了东南亚各国的数据保护情况，并结合东南亚与中国的经贸关系等，集中讨论了数据保护相关法律法规的作用与影响，为中国投资者赴东南亚投资提出了数据合规建议，涵盖新加坡、马来西亚、菲律宾、泰国等国家的数据保护法律概况、法律保护特点及相关重点案例等。

六、齐天励教授的《吉尔吉斯共和国海关法解析》。本书是中国法学会重点委托课题《“一带一路”法律问题研究》（见上述）的研究成果之一。我国与吉尔吉斯共和国在“一带一路”框架下携手推动了在经贸、基础设施、能源资源、加工业、数字化、旅游等领域的多项合作。本书对其《海关法》予以逐条解读，既阐释条文自身的涵义，也对条文在实际运用中需注意的事项予以讲解和提示，具有较强的实用价值。

七、陈波律师的《“一带一路”投资与贸易案例及风险防范》。本书对“一带一路”投资与贸易相关案例做了较为全面、系统的梳理，并在此基础上对如何防范和解决相关风险进行了研究和讨论，其案例主要包括ICSID国际投资案件、WTO等国际组织类案件、国际仲裁类案件、境外法院类案件、中国法院“一带一路”经典案件等。

八、孙佳佳、李静律师的《“一带一路”投资争端解决机制及案例研究》。本书主要关注和研究中国投资者在“一带一路”相关国家和地区投资，如发生涉及征收补偿、投资待遇、税收等争议，如何依据双边投资保护协定、多边投资保护协定、区域性自由贸易协定等，寻求法律路径、有效解决争议，涵盖投资主体、权利保护、争端解决的程序、裁决的执行等全流程要素，力求为中国投资者提供争议解决的合理化建议。

在上述国家社会科学基金重大项目、中国法学会重点委托课题外，本丛书还获得了国家出版基金项目支持。在此特向上述相关机构和负责本丛书出版的中国法制出版社致以诚挚的谢意！

前　言

本法是由吉尔吉斯共和国制定的《吉尔吉斯共和国海关法》(以下简称《吉国海关法》)。本法是在吉尔吉斯共和国（以下简称吉国）加入白俄罗斯共和国、哈萨克斯坦共和国和俄罗斯联邦《欧亚经济联盟条约》的第 14 条的基础上制定的，并在 2014 年 5 月 29 日，经第 74 号欧亚经济联盟最高委员会核准。值得注意的是，吉国海关法的法律条款是根据欧亚经济联盟的海关法规来制定的，并且与《欧亚经济联盟海关法》高度相符。

欧亚经济联盟的海关立法包括：

—欧亚经济联盟海关法；

—欧亚经济联盟成员国之间的国际条约与规定；

—欧亚经济联盟的成员国所组成的欧亚经济联盟委员会决议。

《欧亚经济联盟海关法》包含一系列参考的规则，其是根据这些规则所建立的法律关系或附加条件，并使其成为欧亚经济联盟成员国的国家海关法的立法根据。吉国海关法的立法目的是建立完善的海关监管，其必须遵循吉国立法的立场，且符合欧亚经济联盟相关法律。

该法是规定海关法规的行为在时间和空间、海关监管、海关领域中的使用与海关欧亚经济联盟的术语相统一的法律规范，同时明确规定吉国法律定义的层次结构和制定货物与车辆通过吉国海关的一般原则。

该法规定海关的代表、海关承运人、临时保管仓库的业主、海关仓库的业主、免税商店、缴纳关税和税款的大小业主、以开展活动为海关代表、海关运营商和授权经营的设立条件与执行基础。

吉国海关法引入了一些新的概念，比如，特殊授权经营；提供特殊的简化海关流程；根据仓储和其他业务临时储存其货物，但在办理通关手续时将其列入临时贮存，货物持有人在规定的时间内提供相关手续，吉国海关将为其办理特别的清关手续。

吉国海关法的另一个重要任务是对吉国的经济风险控制与管理。根据本国现有法律，调控与使用海关监管（其中包括海关场所和海关地区的检查、海关监控与管理货物的记录、货物统计和会计统计、海关查验等），详细规定了货物在出口报关时的检验程序，以及货物的扣押所需要的条件。

在吉国海关法中有一个单独的章节，明确规定在没有行政违法或犯罪行为的情况下，对扣留与罚没的货物应该使用专门的规定和程序进行有利于国家的处置。

吉国海关法对于执行海关程序所在地的相关法律关系实行规范性的法律规定。这里特别引入了免税仓库与自有关税区的概念。对侵犯知识产权的商品也在此法中作出了规定，即使该商品不在知识产权名录中，知识产权人在没有提出异议的情况下，吉国海关也可以对相关商品不予放行。在吉国海关法中，对吉国海关过境的特别控制商品的相关手续与流程也作了明确规定。除了以上这些吉国海关法的改变，吉国还需要对国内一些常规性法律的内容加以调整与改变。

在“一带一路”的发展愿景下，中国与吉国的经济联系不断加强、双边贸易额逐年增加，所以对吉国海关法详解具有很强的现实意义。通过吉国海关法详解可以了解与分析三个方面的内容。第一，吉国海关法包含了大量的参考规则（主要是欧亚经济联盟海关法）。因此，了解吉国海关法的同时可以了解欧亚经济联盟的相关法律与规定，在实践中了解报关系统的功能，在法律的基础上解决遇到的实际问题。详细了解吉国海关法还必须研究与其相关行业的法律。第二，在详解吉国海关法与欧亚经济联盟海关法的同时，对吉国海关立法中十分重视与承认的各项国际条约、国际标准和海关公约的解析，也能够体现出吉国对这些国际条约的遵守情况。第三，在详解中还可以重点了解海关和税收立法的相关规则，以及规范关税计算和支付问题。

吉国海关法详解为大家更好地了解吉国海关法给出指南，为大部分海关问题给出了相应的答案；同时吉国海关法详解将为社会各界在与吉国交往中避免出现不必要的海关问题提出建议与指南；为中国与吉国的商业活动提供必要的法律支持，为法律研究者、大学法律教师及对吉国法律感兴趣的相关人员提供相应的研究资料。“一带一路”美好愿景的实现一定要在法律的基础上来建设，无疑吉国海关法详解是对此美好愿景的献礼。

本书以吉国 2014 年 12 月 31 日颁布的《吉国海关法》与欧亚经济联盟 2018 年 1 月 1 日颁布的《欧亚经济联盟海关法》为基础进行编写。欧亚经济联盟海关法内容繁杂，虽用俄语编写，但欧亚经济联盟各国在理解上有一定的差别，所以对吉国海关法的理解不能单一地参照欧亚经济联盟海关法，还需要借鉴实务资料。在编写的过程中虽反复斟酌，力求精益求精，但仍有很多不足之处，望广大读者批评指正。

目 录

开　篇

总则

第一节　总则

第1条　立法宗旨

本法的宗旨：

1. 在保证吉国对构成欧亚经济联盟海关法律与合约不违背的基础之上对国际公约的执行，以及对欧亚海关联盟机构在海关监管和海关事务领域中所作出的决议的执行；

2. 保证吉国对外商品贸易的经济安全；

3. 完善海关事务领域的国家管理规范；

4. 保障从事吉国进出口商品经营活动的人、从事海关事务业务的人，以及实现吉国进出口的商品所有权、使用权、支配权的人的权利和合法利益；

5. 为发展对外经济活动和对外贸易活动、海关事务领域的基础设施创造条件。

详解：

《吉国海关法》第 1 条确立了吉国海关法的特点，明确了吉国海关法的基础是以欧亚经济联盟海关法为原则，同时又要保障吉国的利益，遵循以下条件：

1. 根据欧亚经济联盟的法律框架制定。

2. 解决相关货物和运输工具在欧亚经济联盟成员国的海关过境问题。这些海关业务涉及海关程序的应用、货物和运输工具的放行，以及进行海关监管等多方面问题。在此应当指出，欧亚经济联盟的海关是按照欧亚经济联盟海关法规来执行海关实务的相关工作的。

欧亚经济联盟的海关法规包括：

（1）欧亚经济联盟海关法；

（2）欧亚经济联盟的成员国之间的国际条约；

（3）欧亚经济联盟最高委员会的决议。

欧亚经济联盟是在独联体框架下国家之间所建立的经济同盟。这是各国与国际海关业务接轨所实施的第一步合作。它的建立既符合国际标准，也为相关国家之间创建了一种全新类型的国家关系。欧亚经济联盟的建立不仅是为了成员国国家之间的利益需要，同时也为各成员国的公民带来了实惠，进一步加强了各成员国之间的经济交往。

对于吉国海关来说，还有一个最重要的任务就是保障吉国预算。海关关税是吉国预算的一个重要组成部分，其有力地保护该国的经济主权与国家经济运行的安全。同时海关税收既是海关站点的建设、海关检查站的正常运行以及添加新的海关设施装备的重要经济来源，也是最大限度地塑造海关形象，加强边境管理制度，以确保国家经济与其他方面安全的基础。

第 2 条　海关监管和海关事务

1. 吉国的海关监管，主要包括海关监管工作中的临时保存、海关申报、海关手续放行和实施、支付海关费用下的商品（通过吉国境内欧亚经济联盟海关边界）及与在统一欧亚经济联盟的海关境内运输（以下简称欧亚经济联盟的海关境内）所产生的关系，以及吉国海关部门（以下简称海关部门）与行使上述商品所有权、使用权和支配权的人之间的关系所进行的法律监管。

2. 海关事务是指保证遵守欧亚经济联盟的海关法和吉国海关法业务。

详解：

这一项吉国海关法确定了吉国实施海关法的基本原则与海关业务的组织实施程序，并且这些原则与程序是建立在欧亚经济联盟国际合作的基础上的。

在这里需要解释一下吉国海关业务的范围。吉国海关业务是指吉国海关所使用整套管理方法与技术手段来确保符合欧亚经济联盟的海关法和吉国海关法的法律效力。在这一法条中特别指出，吉国海关的行为在欧亚经济联盟海关法规定之内的，必须符合欧亚经济联盟海关法，如果遇到在欧亚经济联盟海关法规定之外的海关事务必须遵从吉国海关法。

吉国海关法的立法基础为：欧亚经济联盟海关法；欧亚经济联盟成员国之间的国际条约与协定；欧亚经济联盟的成员国所组成的欧亚经济联盟委员会决议。

吉国海关法在这个框架内运作时共有六个级别的海关立法系统：欧亚经济联盟海关法、国际条约与协定、欧亚经济联盟委员会决议、吉国海关法、吉国其他相关法律法规和吉国政府决策。

在这条法律中还有一个重要概念就是吉国海关边界。根据《欧亚经济联盟海关法》第 2 章第 1 条内容确定，吉国海关边界包括吉国的领土、领海、内陆水域和领空。吉国的海关边境还包括位于吉国特别经济区内的人工岛、设备、建筑和其他设施，吉国对它们拥有在海关事务中的司法权。

吉国海关法所列出的所有条例都必须遵从吉国宪法。根据《吉国宪法》第 22 条规定，在吉国海关监管与执行权利的所有方面都要符合吉国宪法。

吉国的海关政策主要是为吉国统一协调解决与国际法之间存在的冲突提供政策指导。因此，关税政策是通过建立海关制度，进而对海关边境货物和车辆实行管理，促进对外贸易交流，使国家有效地调控对外经济活动。吉国海关政策的制定基础是 1997 年 7 月 2 日制定的《关于在吉国对外贸易活动原则》。其中包括：

1. 在吉国实施统一的海关政策，它是吉国对外政策的组成部分；

2. 吉国海关政策是对国家对外贸易活动的调控和监督；

3. 吉国海关政策的目的是：实行统一出口管理，以保障国家在政治上、经济上和军事上的利益，以及吉国履行国际义务，坚决防止大规模杀伤武器流出境外等；

4. 确保吉国领土完整；

5. 国家对外贸易活动优先调节促进经济发展；

6. 国家对外贸易活动中保障所有参与者的平等地位，无歧视行为；

7. 保护对外经济活动参与者的合法权益；

8. 坚决防止政府部门及其机构在对外贸易活动中的不当干预，损害国家与个人经济利益的行为。

从以上这些条款可以看出，吉国海关政策是由所属行政机关执行的。它的目的是确保吉国正常的经济安全。

第 3 条　海关事务关系的法律调整

关于商品通过欧亚经济联盟的海关边界相关的法律关系，根据欧亚经济联盟海关法进行调整。吉国海关事务法律是以吉国宪法为根本，同时依据：

1. 吉国海关法；

2. 根据吉国海关法规定制定的其他相关法规。

如果吉国通过的国际法规则与本法不同，则适用国际法。

详解：

在这里需要特别注意的是，根据欧亚经济联盟海关法的规定，欧亚经济联盟成员国实施的海关行为属于欧亚经济联盟海关法规定内的，必须遵照欧亚经济联盟海关法。如果属于欧亚经济联盟海关法之外的内容，须遵照欧亚经济联盟成员国的本国法律。所以《吉国海关法》第 3 条完全遵循欧亚经济联盟海关法、相应的国际条约以及欧亚经济联盟委员会决议。

吉国海关立法的基本内容：

1. 吉国参与签订国际法律条约和协定，以及其中所涉及海关的相关法规。国际海关法律的规定在海关法的国际关系领域中有非常重要的作用，它的执行有利于国际合作的发展。这些法律规定包括:《关于私用公路车辆临时进口的海关公约》于 1954 年 6 月 4 日在纽约通过。该公约首次界定了属于外国人的车辆在不缴纳进口关税和税款的情况下，不实施进口禁令和进口限制的情况下临时进口的现象。《联合国国际货物多式联运公约》(日内瓦，1980 年 5 月 24 日),《国际海关税则出版联盟公约》(布鲁塞尔，1890 年 7 月 5 日),《建立海关合作理事会的公约》(布鲁塞尔，1950 年 12 月 15 日),《国际集装箱关务公约》(日内瓦，1972 年 12 月 02 日),《关于简化和协调海关业务制度的国际公约》(东京，1974 年 9 月 25 日) 等。

2. 吉国内部海关法规。

内部海关法规是指在本国内所有与海关事务有关的法律与法规，其中包括:《吉国海关条例》《吉国海关关税法》《吉国海关机构设置与服务法》，以及根据海关法所通过的其他法规。吉国总统令与吉国政府决议也在其中。

在吉国海关法的制定过程中还涵盖了其他的法律与规定，比如,（1）吉国总统令;（2）吉国政府决议案;（3）其他相关法律: 1999 年 3 月 19 日通过的关于吉国边界的法律、2008 年 10 月 17 日通过的吉国税法、2003 年 4 月 30 日通过的药品管理规定等。这些法规从法律的角度更好地调节吉国海关进出口贸易，完善吉国海关的管理手续。

第 4 条 海关法时效

1. 吉国海关法适用于在其实施后出现的关系，不具有追溯力，除非本条第 2 款另有规定。

2. 吉国海关法中提高人的地位的条款，具有追溯力。

3. 吉国海关法法令在其正式公布满 15 日后方可生效。除非欧亚经济联盟海关法另有规定。

详解:

在说明吉国海关法执行效力之前需要注意一点，海关立法是由本法和其他通过的法律法规组成的，但是这些法律的组成关系只适用于在其他法律生效后出现的这种关系。例如，吉国海关法从 2014 年 5 月 29 日吉国加入欧亚经济联盟条约生效后开始生效。这就出现了一个新的情况，有很多海关事务发生在吉国旧海关法的时效期内，在这些海关事务的处理上不能因为新的海关法开始生效就按照新海关法进行解决，还是需要按照旧海关法的相关条款来执行。在这方面就需要根据海关事务的产生时间来针对性地解决。这就说明吉国海关法的行为不具有追溯力。但是在这条规定中存在两个例外：

1. 如果可以完善海关法规，就可以简化清关手续。在将货物纳入不同的海关程序的过程中减少了监管，以及有利于自然人或法人的海关活动事务中的行为是可以存在追溯效力的。

2. 如果在吉国国家相关法律规定与吉国签订的国际条约有冲突的情况下，吉国海关法的行为具有追溯效力。

关于法律条款的公布与生效期的问题，吉国于 2009 年 7 月 20 日专门制定了相关法律《吉国法律行为与规范法》，在该法中的第 29 条与第 30 条特别解释了法律条款的公布与生效。在第 30 条中特别指出吉国所有法律条款的生效期从发布之日起不得早于 15 天开始生效。除非出现特殊情况，比如说在一些法律条款的制定中对生效期有特殊规定的，可以在 15 天之内开始生效。

吉国海关法的条款是可以更改的，更改的方法是通过更改法案将海关法中的法条进行废除或更换，同时说明废除与更换的理由和如何实施。在这些更改法案中也存在对一些海关法法条的临时性更改，这种更改就必须说明该更改的有效期。

第 5 条　海关事务的负责人

1. 吉国政府对海关事务实施总领导。

2. 吉国政府确定海关事务领域的国家授权部门，对海关事务实施直接领导。

3. 海关事务领域的国家授权部门（以下简称国家授权部门）通过吉国下属海关机构直接实施自己的授权。

4. 国家授权部门的法律组织地位的章程，由吉国政府批准。

详解：

吉国政府为吉国海关事务的总领导，为吉国政府直接授权的国家机关。吉国政府直接综合管理吉国海关事务，并通过制定实行海关政策、制定发展战略、协调和监督海关事务来确保国家经济利益。早在 1991 年 12 月 31 日吉国总统在宣布吉国独立宣言时就提到“吉国海关最主要的使命就是保护吉国的经济利益”。

吉国海关系统是国家机关系统的有机组成部分，但是在行政权力方面有其自身的特点。因此，吉国海关在法律规定中具有独立性。海关在执行海关事务中除总统、议会决议和吉国政府外，其他任何政府机构均不得干预。吉国海关具有自己的标志、徽章、服装等，所有海关机构都需使用。

第 6 条　海关部门获得和提供信息

1. 国家部门、其他相关人员根据本法和其他法律规定提供给海关部门的信息，包括为了制止违法行为提供的信息，只能用于海关工作。

2. 吉国海关部门及其工作人员无权将构成国家机密，包括商业、银行、税务机密，或其他受法律保护的秘密信息，用于个人目的的使用、泄露，或转交给第三方（包括国家机构），本条第 4 款规定的情况除外。

3. 吉国海关部门及其工作人员，根据吉国法律的规定，对泄露商业机密或机密性信息的行为承担责任。

4. 吉国海关部门可根据正式的询问，向吉国国家机构提供以下信息：

（1）执法机构。根据立案只针对实施了海关事务领域违法行为人的刑事案件。

（2）法院。司法审理过程中根据法院的要求。

（3）国家授权破产事务部门。破产事务部门行政官（临时行政官、特别行政官、长官、外事管理者）针对提起破产程序的主体，根据破产法规定实施授权时。

（4）税务机关。为了使其完成本法和税法规定的职责。

（5）在吉国法律规定的情况下的吉国议会、审计署、吉国政府下属的财务稽查部门。

（6）其他国家的海关、税务机构或司法机构。根据吉国作为成员国，有关海关、税务机构或司法部门间相互合作的国际公约的规定。

5. 根据本条第 4 款规定获得的信息，不属于泄密和传播。

详解：

在这条法条中明确规定由海关机构获得的任何信息与资料只能针对海关业务的目的，不能用于其他目的。1999 年 10 月 8 日《吉国信息化法》第 20 条明确指出保护任何可能会损害其所有者、持有者和其他人的记录信息。在这一法条中还设立特别说明，对于受法律保护的秘密信息及资料不能公开、不能被海关人员出于个人目的使用、不能泄露给第三方，即使是国家机关。

这些秘密信息与资料主要分为以下几种：

1. 含有国家机密的信息与资料

国家机密是指信息与资料如果被公布可能会给吉国的防务、安全、经济和政治利益带来严重后果。为此，1994 年 4 月 14 日吉国制定了《保护吉国国家秘密法》。

2. 商业秘密信息与资料

1998 年 3 月 30 日吉国颁布了《商业秘密法》。其中第 27 条对商业秘密信息与资料给出了解释。商业秘密信息与资料是指生产、技术、管理、经济金融和其他活动的信息与资料，其内容可能损害其所有者的利益。

3. 税务秘密信息

根据《吉国税法》的规定，税务机关及其官员不得公开税务信息。除非有以下特殊情况：

（1）履行吉国税法或者其他法律的过程中，经过吉国税法或海关法授权的情况下可以获得相关信息；

（2）执法机关对纳税人进行刑事侦查的过程中所需的税务信息；

（3）法院在审判期间需要提供相关税务信息与资料的情况；

（4）根据《吉国破产法》的规定，相关机构与人员在办理破产过程中可以获得相关税务信息与资料；

（5）吉国公务员在执行相应的公务活动中，要求根据吉国关于公务人员在立法规定中需要提交资产和收入申报的信息；

（6）在吉国法律容许的情况下，吉国议会议员、吉国政府金融情报部门的工作需要税务信息；

（7）其他国家的税务与执法机构依照有关与吉国签订的国际合作协议下的信息。

如果信息属于国家秘密、商业秘密、银行秘密、税务秘密及其他受法律保护的相关信息，都必须以特殊模式存储和访问。

对于海关机构或其官员的透露信息行为，如果属于违法行为可以上诉到海关当局和法院。起诉相关侵犯权利或合法利益海关机构，应该由海关当局（或法院）于收到起诉之日起在 14 天之内予以回复。如果出现该法第 290 条第 3 款的情况，期限为自提交证据正式投诉之日起不超过 3 个月。

第 7 条 本法中使用的基本概念

1. 吉国海关法中使用以下基本术语、概念和定义：

（1）国内税，是指增值税和消费税，商品在吉国境内流通时所征收。

（2）货物临时的估值，是指商品的海关价值，为计算申报人应向吉国海关部门存放的存款额而设置，为保证申报人所申报的商品在海关价值期间缴纳足够的海关费用。

（3）假冒商品，是指未经权利所有者授权而擅自加工生产包含知识产权、混合权利、商标权、商品产地的服务标志和名称标志的商品，并且导致损害了吉国法律保护的权利所有者的利益，通过海关边境运输该商品或其他与海关监管的商品相违背的行为。

（4）非关税调节措施，是指禁止并限制往吉国境内进口商品、从吉国出口商品，包括在进行对外贸易时，保护吉国经济利益的措施、许可证制、配额制、出口监督措施体系、符合标准和商品安全规定的确认，以及其他由吉国海关部门在商品通过海关边境时所需执行监督的禁令和限制。

（5）吉国海关部门指定商品与商品运输工具停放地点，是指由吉国海关部门根据本法规定而确定办理海关手续的开放式区域（部分区域）或封闭式场地。

（6）商品和商品运输工具非法越过海关边界，是指以违反本法规定的方式，将商品和商品运输工具进出欧亚经济联盟的海关领土的行为。

（7）海关通关实体，是指用于海关机构执行自己的职责为吉国海关部门工作人员提供的楼房、建筑、设施、区域，且这些地区为自然人、商品、运输工具通过欧亚经济联盟的海关边界创造通关条件。

（8）特别经济区，是指根据吉国法律规定包括自由经济区、免税区。

（9）国人，是指根据吉国法律设立并以吉国为所在地，无论是否具备法人资格的企业、机关、组织及自然人，其中包括在吉国的个体经营者。

（10）商品和商品运输工具通过欧亚海关经济联盟关界，是指进出口商品和商品运输工具在欧亚经济联盟的任何方式，包括通过国际邮递方式发送的邮包、使用管道交通和输电线路。属于上述行为的包括：向欧亚经济联盟进口商品和商品运输工具是指商品和商品运输工具实际通过海关关界，以及之后根据欧亚经济联盟的海关法和本法规定的、在吉国海关部门放行的商品和运输工具以前发生的所有行为。从欧亚经济联盟关境内出口商品和商品运输工具是指提交海关报关单或其他直接进行商品和运输工具出口的行为。

（11）权利所有人，是指根据吉国法律规定，对相关权利的实际拥有人。

（12）临时停止放行包含知识产权的商品，是指吉国海关部门延缓放行或有条件放行相关知识产权的商品。

（13）通关地，是指由吉国政府和（或）吉国加入的国际条约确定，位于吉国境内铁路、公路或空运的欧亚经济联盟海关关界，并具备人、商品和商品运输工具通过欧亚经济联盟的海关关界的基础设施区域。

（14）吉国海关许可，是指办理吉国海关部门从事本法规定的业务，通过提供个人数字签章或以书面形式作出的方式决议。

（15）海关检查，是指吉国海关部门在核实通关商品经过欧亚经济联盟的海关关界时，为确认报关人所提交的财务核算、报表等文件是否真实而采取的措施。

（16）海关估价，是指根据欧亚经济联盟海关法、欧亚经济联盟成员国国际公约，以及本法的规定所确定的商品价值，从而计算关税税率和其他海关费用。

（17）吉国海关关口，是指国家授权的海关机构和其他分部。

（18）海关许可关税，是指由吉国海关部门根据欧亚经济联盟海关法、欧亚经济联盟成员国国际公约、本法以及税法规定而征收的海关关税、税收和其他相关费用。

（19）海关行为目标，是指根据欧亚经济联盟海关法、欧亚经济联盟成员国国际法的规定，完全遵守本法。

（20）海关监管商品，是指运入欧亚经济联盟境内，在放行自由流通前通过海关边境的外国商品，以及从欧亚经济联盟国出口、通过海关边境的国产商品。

（21）运输工具，是指有偿运送人员、有偿或无偿的工业或商业运送、商品的国际运输中使用的任何运输工具（包括拖挂、半拖挂和混合运输工具），以及与运输工具一同运输的普通备件、配件和油箱额定的燃料。

（22）免税，是指根据欧亚经济联盟海关法、欧亚经济联盟成员国间国际公约、吉国签署的相关国际协议、吉国税法和本法的规定减免相应海关税。

（23）商品损失，是指在办理海关业务期间商品损失，其中包括偷窃和第三方的其他不法行为。根据本法应在办理海关业务期间保证商品的完整。

2. 本法未确定的海关管理领域的术语，可根据欧亚经济联盟海关法和基于国际公约构成欧亚经济联盟法律条款所确定的意义使用。

3. 所有在本法中的其他术语可根据吉国税法、民法、行政责任法和其他吉国法律所确定的意义使用。

详解：

这一条款主要是对吉国海关工作领域中与国际惯用术语不同的地方作出解释。比如，商品损失是吉国海关监管的法律引入的额外概念。对于进出口吉国的业务交往需对这些术语进行详细了解。

吉国最早的海关法律是建国时政府文件《关于在吉国海关监管规则》。目前本法规定的法律术语是应欧亚经济联盟海关法关键术语变化。比如：

—术语“报关”不能被输入“过关”；

—术语“通关程序”根据欧亚经济联盟海关法的第 4 节操作。

在吉国海关法中的术语不包括“自由流通”和“为海关目的的商品和运输工具”等概念。这是因为进口到欧亚经济联盟任何成员国，并通过签发国内消费的海关程序（取得欧亚经济联盟的货物地位）的外国商品有权在整个欧亚经济联盟自由流通。截至 2010 年 7 月 1 日，已得到欧亚经济联盟成员国承认的商品，在整个欧亚经济联盟国享有同样的自由流通权利。但是也有例外情况，如果商品的进口国进口此商品的关税低于欧亚经济联盟所定的统一关税，这样的商品就不具备在欧亚经济联盟自由流通的权利。

第 8 条　海关部门与对外经济活动参与者和其他组织的关系

1. 吉国海关部门，与对外经济活动的参与者、承运人及其他从事对外贸易活动相关的组织、专业团体（协会）保持良好的关系，以便更有效地完成海关手续和海关监督方面的工作，与其他促进外贸发展方面进行合作和互相协助。

2. 推广更有效的海关业务合作和协作，以下列形式促进解决对外贸易发展工作：

（1）参与制定吉国海关事务领域相应法律与规定，协助欧亚经济联盟海关法条例的完善；

（2）参与分析吉国对外经济活动发展的财务、经济、社会和其他指数，同时包括个别经济领域；

（3）评估海关行政管理措施的有效实施；

（4）为吉国国家授权机构提交完善海关事务的建议。

详解：

此法条主要对海关活动的内容与目标进行了规定，引进了欧亚经济联盟海关法中一个新术语——海关事务领域。《欧亚经济联盟海关法》第 398 条把海关事务领域里开展活动的人员名单，扩大到了相关登记册中从事海关活动的人员名单。现在这些人员名单包括：报关代理人、海关承运人、临时仓库的所有者、海关仓库的所有者、自由仓库的所有者、免税商店的所有者以及经授权的经济运营商。

在吉国加入欧亚经济联盟之前，根据本国发展设立了授权简化经营者，该机构在海关活动中可以使用特殊简化权利。

授权简化经营者的活动包括以下内容：

—授权简化经营者本来应该在提交报关放行货物之前付款，改为免息支付延期的期限为 10 天至 40 天。

—如果申报人是授权简化经营者，在报关过程中可以使用简化程序。在海关执行程序中无须提供付款担保（但是这一规定与欧亚经济联盟委员会 2010 年 6 月 18 日第 323 号决定《授权简化经营者无法适用特殊简化的货物清单》相冲突）。

在此情况下，为避免与欧亚经济联盟海关法产生不对应的解释，欧亚经济联盟将成员国在加入联盟之前的海关领域法律都视为过渡性法律，允许目前从事海关活动的相关机构与人员继续工作。吉国加入欧亚经济联盟海关法条约与其他国际条约生效期间，需对所有海关事务经营者重新注册，在此期限后停止其活动。

按照《欧亚经济联盟海关法》第 13 条、第 19 条、第 24 条、第 29 条、第 34 条、第 39 条规定，其改变了在海关领域从事活动者登记入册的条件。海关当局必须履行义务，要求海关当局对所有海关领域从事活动者一年支付关税以及处罚的相关信息进行完整统计与公开。同时，要求满足条件的海关领域从事活动者在完成必要的登记入册条件之外还需要签署民事责任险合同。民事责任险合同中对于不同的登记者一年所需完成关税数额的规定是不同的，例如：

—对于报关代理人，数额不少于 100 万欧元。

—海关承运商，数额不少于 20 万欧元。

—临时仓库的所有者、海关仓库的所有者、自由仓库的所有者、免税商店的所有者担保金额的确定参考吉国其他相关法律等。以上金额根据欧亚经济联盟成员国立法确定的汇率支付。

海关领域从事活动者必须在欧亚经济联盟的海关机构登记入册。这样在册的海关领域从事活动者有权在欧亚经济联盟成员国境内工作。根据《欧亚经济联盟海关法》第 17 条规定，若海关领域从事活动者不遵守欧亚经济联盟海关法的要求，海关领域从事活动者将按照欧亚经济联盟成员国的相关法律承担责任。

经授权的经营者、海关承运人、报关代理人和其他有关人员，以电子表格形式向海关当局提交有关出入境运输的货物，国际运输车辆，到达时间和地点的初步信息。当这些相关信息得到海关当局的认可后，信息提交人员将获得海关识别条码，当货物及运输车辆到达欧亚经济联盟边界时出示此条码方可入境。该服务是免费的。此外，2010 年 5 月 21 日俄罗斯联邦、白俄罗斯共和国和哈萨克斯坦共和国签署的《欧亚经济联盟成员国过境运输车辆信息交换协议》于 2012 年 7 月 1 日在欧亚经济联盟政府之间强制执行。这些信息公开的目的是提高海关边境货物通过的效率，实现对各种货物监控，提升海关服务的质量与监督。 在此基础上任何人都有权通过书面或口头的方式申请了解相关的海关信息。

当下吉国政府和吉国海关积极促进海关领域快速高效的运转，大力组织相关宣传活动与咨询。同时帮助社会上其他促进经济发展方案的起草和通过。例如：提高财政资源使用的透明度和效率、其他国家政府的技术援助和赠款使用、反腐败商业委员会和吉国海关总署签署反腐败协议等。

第二节　海关事务中的信息系统和信息技术

第 9 条　信息系统、信息技术和信息保障

1. 吉国海关法规定的海关业务使用信息系统、信息技术，其中包括使用电子方式传递信息，以及根据本条规定的方法所进行的保障安全。

2. 海关事务中的信息系统和信息技术的使用可以有效降低海关部门和对外经济活动参与者的费用。

3. 根据相关的国际标准使用计算机技术和通信手段的信息系统，同时推广信息技术实施。

4. 吉国海关事务中使用的信息系统、信息技术及其保障手段可由吉国海关部门自行研发和使用，也可通过合法手段获得。该系统属于吉国国家财产，海关部门对于上述产品在其职权范围内行使所有权。

5. 如果吉国海关部门使用属于第三方所有的信息系统、信息技术及其保障手段必须建立在签署合同的基础上。

6. 如在海关事务中使用属于第三方所有的信息系统、信息技术及其保障手段，必须符合吉国政府规定的要求，同时该系统必须与吉国海关部门完成海关业务时使用的其他系统方式相兼容。

7. 吉国政府规定用于海关目的而使用的信息系统、信息技术及其保障手段。

详解：

由于吉国海关当局为吉国经济发展各部门提供相关经济数据，保障国家经济发展政策的准确性，需要分析大量数据，这就需要很好应用以计算机技术为基础的现代通信和信息技术系统。这些自动化程序系统可以帮助完成海关事务，并且解决收集、存储、处理等大量数据分析问题，同时确保与其他政府部门和执法机关在法律所规定的范围内实现信息资源互动。综合信息系统的开发和使用是一项复杂的科学实践任务，解决这一任务需要法律、科学技术、技术人员、物质和财政的支持。

吉国海关信息系统的发展和软件技术解决方案需遵守以下基本原则：

1. 功能性。提出的解决方案不应该与现有系统矛盾。应确保系统及其各级自动化功能解决所有问题的可行性。信息系统的使用条件和程序由授权的国家机构制定。

2. 经济性。在系统的开发、实施和运行各阶段应该体现经济性，主要措施包括：采用现代程序设计方法缩短开发时间；提高实施阶段在各种技术平台、操作系统、数据库的运行能力；减少运行阶段的维护费用。

3. 信息安全性。海关信息系统里长期存储着大量的数据，使用者具有不确定性造成系统的脆弱。海关信息系统应受到保护，其中包括硬件、软件与数据，不受偶然的或者恶意的原因而遭到破坏、更改、泄露，系统连续可靠正常地运行，信息系统不中断，最终实现业务连续性。

4. 扩展性。在系统开发时设定系统的使用寿命以及处理量和处理类型。但在使用过程中这两点都有可能发生变化，所以在扩展系统的规模时不应该导致应用软件的处理和系统管理任务出现根本改变。根据世界计算机发展经验可以为系统增加处理能力、存储容量与带宽。

5. 连续性。所选解决方案应该从使用现有技术、软件和集体知识的角度提供最大的连续性。此外，它们基于该原则而创造出具有操作灵活开放的信息技术系统，实现硬件平台上开发的应用程序，并保证了本地和远程系统应用程序工作的可能性。

6. 标准化。信息系统的开发是最大限度地统一技术解决方案的实现。这些解决方案具有可复制性和最大不变性。信息系统、信息技术由吉国海关机构研发或购买，信息系统与信息技术属于国家所有。所有者的权力是根据吉国的法律授权的国家机构。海关信息流中包括海关事务初始信息的输入，海关事务操作程序文件，以及海关当局和有关政府调查、取证等账户的文件。信息系统可与其他政府部门标准化对接。

第 10 条　信息系统、信息技术及其保障手段的认证

1. 在吉国法律规定下，信息系统、信息技术及其保障手段应按规定的方式进行认证。

2. 由吉国法律确定使用非认证的信息系统、信息技术及其保障手段，以及控制非认证系统获得的信息而对其产生风险的范围。

详解：

海关信息系统建立的基础是使用大量国内外生产的自动化设备才能适应海关业务运作的条件。为更好实现海关各部门事务高效完成，所有的信息系统、信息技术、保障手段以及海关业务所使用的软件和硬件，都要按照吉国法律规定进行认证。

所有程序（操作系统、编程系统、数据库管理系统、其他一般软件和特殊软件）都需要对其进行强制性认证，旨在创建一个封闭的软件受控环境，防止电脑病毒的渗透和传播。未经认证的程序在安全性上存在很大隐患，所

以未经授权程序禁止在海关系统中使用。

第 11 条 信息资源

1. 吉国海关信息资源提供完整海关业务所需的文件和信息。吉国海关信息资源为：海关文件、官方发布信息的总和，包括海关数据库以及吉国海关信息系统中整理和累积的海关信息。

2. 吉国海关信息资源属于国家所有财产，根据海关部门的职能范围由海关部门进行管理。

3. 由吉国政府根据吉国法律法规来确定吉国海关信息资源的合法性，包括信息的处理方式、信息的构成和信息的调取。

4. 在吉国政府规定海关信息按吉国海关法规定的方式提交的文件。在遵守业务办理要求和其他法律规定的情况下提交相关信息，其中包括海关报关单和以电子方式提交的交换信息。

5. 在吉国有关信息、信息化和信息保护的法律法规有规定的情况下本条不适用。依据提供必要的文件证明相关信息构成国家信息资源的情况。

详解：

海关的信息资源是海关事务中信息支持的一个重要组成部分，而这种信息支持是各类文件根据信息本身的内容进行分类与集合，关于这些资源的存储量、储存位置和保存形式都有对应的方案。这些资源是由海关当局在办理海关事务中提供的文件和资料构成，信息资源属于国有财产。吉国政府对吉国海关当局关于信息资源形成和使用程序都有明确的要求。

吉国海关信息资源主要包含以下内容：

—海关业务办理信息以及由此办理产生的信息；

—信息库中的信息；

—规范和参考信息。

考虑到信息整体数量巨大，吉国海关当局通过对信息进行分类来提高综合分析信息的能力。根据这一分类为海关根据需要引用信息提供最大的便利。从利用信息解决海关任务的角度出发分为操作类、刑事性程序类、信息分析类、监管类、参照类和管理类。除上述分类外，吉国海关还可以从打击违反海关法事务的角度从第三方机构获得信息资源。

第三方机构信息资源分为以下几类：

（1）税务机关；（2）内政的机构；（3）统计机构；（4）所有权力部门的机构（立法、行政、司法）和管理部门；（5）吉国国家银行机构；（6）与吉国签订双边条约的其他国家的相应机构。

但需要注意的是，这一法律条款中特别明确了吉国信息保护法所保护的相关信息，在出现冲突时需要提供相关文件来证明所需信息的构成。

第12条　信息资源的使用

1. 吉国海关部门管理的信息资源具有开放性和公众性。吉国法律规定限制的信息除外。

2. 非限制信息自然人、法人以及政府机构、地方自治机构有权从吉国海关部门获取，且无须说明获取信息的依据。

3. 根据吉国本法和其他法规规定的方式、获取的地点、时间、依据和条件来获取吉国海关部门管理的信息资源。

4. 对于反资助恐怖主义和反洗钱的国家授权部门准许访问吉国海关部门管理的，包含商业、银行或其他受法律保护的秘密资料库。

详解：

获得由吉国海关当局管理信息资源的过程是相对自由与开放的。对于获取信息的地点、时间、依据和条件由吉国政府依照本法与其他规范性法律来确定。吉国还规定了电子方式对需求信息获取与交换的规范。用来打击资助恐怖主义行为，以及通过犯罪形式的非法所得（如通过进出口方式洗钱）的犯罪根据吉国政府制定的管理程序，在国家授权的情况下相关部门可以从海关管理部门获得所需数据，包括商业、银行业务和其他受法律保护的秘密数据。

第13条 保护信息程序和信息以及参与者的信息和权利的法律规定

1. 按照吉国法律规定使用技术保障特殊程序与技术手段来保护信息程序和信息以及参与者的信息和权利。这些程序与手段应根据吉国相关法律规定实施。

2. 信息保护水平应符合信息的等级。吉国海关信息资源管理部门应保障信息保护水平和信息等级相符。

3. 信息保护和使用信息保密手段应按照吉国相关法律规定进行并受到监督。

详解：

在现代海关运行中，海关信息系统和技术保护是一个非常重要又急需解决的问题，其产生的原因有以下几点：

1. 现代化计算机设备的使用效率急剧提高，同时操作简便化；

2. 通过自动化手段增加海关机构信息积累、储存和处理；

3. 集中统一数据库和不同类别的可访问性信息；

4. 使用不符合安全规范性要求的系统和应用软件；

5. 全球网络技术的传播和本地网络对接中出现的问题。

海关信息系统和技术的安全性应被理解为防止意外或故意干扰系统正常运作、窃取，更改和销毁信息资源的过程。通过技术手段实现信息组件和资源的可用性和完整性。为实现信息资源的安全性需要开发相对应的软件和硬件作为保护手段。关于保护信息和参与者信息依照本法和吉国的其他规范性法律来实现。

海关部门信息系统的安全性主要有以下几个方面：（1）防止故意篡改与盗窃数据。（2）保护正常的网络覆盖。（3）软件与硬件设备的保护。（4）系统使用人员的安全。

吉国为了防止非法用户访问服务器和数据库，建立了组合访问授权系统。该系统是海关信息系统中不可或缺的一部分，这套系统的授权级别分为国家级、州级、地区级。在这个系统保护中包括的不仅仅是海关的相关信息与数据，同时还有相对应的国家机密信息和税务信息。

吉国海关综合信息保护制度具有以下基本特点：

1. 合法性。按照信息化和信息保护领域的现行法律的要求，完善信息保护制度。信息安全等规定批准国家机关在职权范围内进行管理，使用相关信息的同时抑制信息犯罪。所采取的信息安全措施不应妨碍法律规定的执法机构获得需要的系统信息。用户和维护人员在信息处理系统领域的犯罪将按《吉国刑法》第 289 条、第 290 条、第 291 条处理。

2. 系统性。系统安全需要构建全面的信息安全体系。相关联的各个方面包括：相互作用和时间、条件等因素。建立保护体系不仅要考虑所有已知的破坏渠道，还要考虑应对未来新安全威胁的可能性。

3. 复杂性。内在保护计算机系统各个关键的节点，要求各种信息资源结构相互协调。保护系统的完整及所有信息渠道。外在保护是通过物质、组织和法律手段提供。

4. 保护连续性。信息保护不是一次性行为，也不是一套简单的行为或是某种补救办法，而是一个持续的过程。在实施保护措施过程中需及时变换应用程序名称、密码、加密密钥、授权的重新界定等。当系统受到入侵者破坏时，利用保护系统中特定的软件和硬件手段来实施补救措施使其恢复运作。

5. 平等性。吉国海关系统中各要素平等保护的特点。建立综合保护体系时，采用了保护力度相等的原则，系统中没有任何要素可以降低安全水平。

6. 及时性。综合信息保护任务之一就是及时采取措施来确保信息的安全。综合信息保护体系的发展是随着系统升级而升级的。升级综合信息安全系统的基础是在现有系统中最大限度地利用硬件和软件。为满足特定的运行条件，最常用的办法是使用国内外最先进的设备和软件。在这些措施不断完善的过程中，借鉴国内外经验，在连续性分析的基础上对信息资源的组织和技术解决方案运作其保护系统，及时对调整方法与信息拦截的手段进行保护。

7. 经济性。它明确了信息安全的成本水平、信息资源的价值以及信息资源的泄露、丢失、破坏和修改可能造成损害的经济程度。还需要考虑保护信息资源安全的措施和手段不应对参与者产生不良影响。因为过度的安全措施，会导致工作人员疲劳和烦恼，反而使经济效率降低。

所采取的措施和保护手段在系统运作初期有可能出现过度保护或保护不足的问题。为了解决这些问题，吉国给予系统维护人员相对的灵活性。当然这种灵活性是指在不干扰其系统正常运行的情况下在操作系统上安装防护硬件或软件。这一措施可以随着外部条件和时间而改变。

第 14 条　吉国海关国际信息交换

按照吉国法律与吉国所签署国际公约的规定，经吉国政府授权，海关部门和其他部门与国外相关部门，以及国际组织可以进行信息交换。

详解：

国际海关交流信息是通过吉尔吉斯斯坦边境产品信息，包括利用邮政和全球物流网络，根据俄罗斯联邦政府、白俄罗斯共和国政府和哈萨克斯坦共和国于 2010 年 5 月 21 日签署的《欧亚经济联盟成员为海关和其他政府部门之间的信息交换协议》，以及根据联合国框架内关于信息交流签订的政府间协议，来确保成员国国家机构相互信息交流，同时建立欧亚经济联盟对外贸易综合信息系统。这是由于信息系统的使用不仅对海关，而且对税务和其他权力机构履行职责提供帮助。该系统使用简化了进出口货物的手续，为退税提供了便利。

第三节　海关事务的信息和咨询

第 15 条　有关作出或不作出决定依据的信息获取

吉国海关部门及其行政人员对当事人作出决定或对当事人在规定的时间内未作出决定的情况下，直接触及了当事人的权利和合法利益，则当事人有权在作出决定或到期未决定 2 个月内向吉国海关部门提出询问，吉国海关部门应立即审议。如果是提交书面询问，吉国海关部门应按书面形式给予回复。

详解：

当事人有权获得有关决定的原因信息。该法的实质是尊重人权，其中包括海关机构或官方的决定，以及海关机构在规定期限内决定或者采取行动的理由来保障当事人的合法权利。如果海关机构违反该条，当事人必须在法律规定时间内提交申请，这是由于如果拖延时间较长，海关机构难以提供所需的信息。海关机构在收到申请后应立即回复，回复方式根据申请方式决定。如书面申请则海关机构回复必须以书面形式呈现。

第 16 条　海关事务的法规信息

吉国国家授权部门和其他海关部门应保证所需人员无阻碍地获取海关事务现行法律法规，其中包括使用信息技术方式获取。

所需获取内容包括：海关事务现行法律、未生效的法规、修改的相关法规、使用信息技术获取渠道。但不包括预先通知相关法规修改方案。

详解：

在这一章节中最主要的是信息和咨询概念。这一法条把信息的意义变得更具体。在海关机构均可免费获取相关法律信息，同时包括一些法律没有规定的通报信息。通报信息提供给所有感兴趣的相关人员。但是必须考虑到一些内容的特殊性，如在个案中的数量和订单等。标题为“最高机密”“秘密”“不供印刷”的通报信息不能公开发布。

第 17 条　海关事务和其他属于吉国海关部门职责范围的咨询

1. 吉国海关部门按照吉国法律规定提供的海关事务，以及其职权范围内的问题咨询。

2. 吉国海关部门提供的免费口头与书面咨询。

3. 进行咨询时向相关人员提供的信息不作为吉国海关部门最终处理海关业务时的依据。

详解：

该条款规定吉国海关机构提供海关问题与海关机构职权范围内的咨询服务。咨询方式可以口头方式进行，也可以书面方式进行。口头方式通过询问有关人员或其代表获得答案。如果是书面方式则需要海关机构尽快作出书面答复。2009 年 11 月 27 日欧亚经济联盟国家元首理事会第 15 号《关税同盟公报》就开放海关总署的官方网站、出版相关电子媒体和印刷出版物作出决议。目前，所有相关海关业务都可通过欧亚经济联盟海关官网进行咨询。

第四节　海关事务管理

第 18 条　海关事务工作总则

吉国法人作为临时保管仓库、海关仓库、免税贸易商店的所有者，海关承运人、授权经济业务人和海关代表必须列入临时保管仓库业主登记册、海关仓库登记册、免税贸易商店所有者登记册、海关承运人登记册、授权经济业务人登记册和海关代表登记册中才允许从事经营活动。在经营活动中上述相关法人从登记册中删除时，将暂停所有经营活动。如需恢复经营得按吉国规定的管理登记进行。国家部门按本法规定进行管理从事海关事务领域经营人的登记册，并保证不少于 3 个月一次在国家授权部门官方出版物上公布从事海关事务经营人员的登记册。

第 19 条　将从事海关事务经营的人员列入和删除登记册的方式

从事海关事务经营的人列入登记册，是根据该人向国家授权部门提交的书面申请进行的，应以原件或按规定方式公证的复印件形式提交，文件应以俄语或其他官方语言提交。吉国权力部门有权向第三方，以及相关机构寻求证明申请人信息的文件。 根据吉国授权部门的书面决议将从事海关事务经营的人列入登记册，并免费签发登记证书。吉国海关部门作出的列入从事海关事务经营人登记册的决议，只对提交相应申请的人有效，并且是无限期的。关于将从事海关事务经营人员登记册删除的决定，应根据国家海关部门收到的有关收回列入登记册证书的申请或根据本法规定的依据进行。

第 20 条　列入从事海关事务经营人登记册所必需的信息

申请海关事务经营人登记册包含：申请人的名称，法律组织形式、注册资本。除这些一般信息外，申请人应根据申请类型补充以下信息：

1. 临时保管仓库或海关仓库：临时保管仓库或海关仓库类型的信息以及组建封闭型仓库单的依据；申请人所有、用于临时保管仓库或海关仓库使用的场所和（或）开放式场地的信息。

2. 免税贸易商店：在提交申请时拥有适合作为免税贸易商店使用的场所的信息。

3. 海关代表人从事经营：根据欧亚经济联盟对外经济经营商品编码，或者根据吉国海关部门经营框架内完成个别海关业务而确定的商品种类的申请信息。

4. 从事海关承运人经营时：从事货物运输经营的期限信息；从事经营时预计使用的、自己所有的运输工具情况，其中包括适用于海关铅封、封条和加印商品运输的运输工具。

5. 作为授权业务人从事经营时，针对每一个用于临时保管仓库、海关仓库、免税贸易商店使用的独立场所和每个独立的开放式场地，应单独提交从事海关事务经营人员的登记申请。

第 21 条　登记成为从事海关事务经营人所必需的文件清单

1. 申请一同提交的文件有：法人创立文件复印件；国家注册证书复印件；银行开户文件；根据本法第 22 条规定支付保险费的证明文件。

2. 除本条第 1 款注明的一般文件外，申请人提交以下补充文件：

（1）组建临时保管仓库或海关仓库时：用于临时保管仓库或海关仓库使用的场地平面图和草图；场地或场所的租赁合同，其他证明其所有权的文件；根据吉国法律规定国家不动产登记文件；保证缴纳根据本法第四十节规定的海关关税、税收的证明文件。

（2）组建免税贸易商店时：免税贸易商店使用的场所租赁合同或其他证明所有权的文件；国家保卫边境授权部门出具的可以开设免税贸易商店的证明；免税贸易商店使用的场所平面图和草图；根据吉国法律规定的国家不动产和抵押（限制）登记文件；法律规定的零售商业登记或许可文件。

（3）从事海关代表人业务时：作为办理海关业务代表的专业证书；聘用海关业务专家劳动关系的文件，以及确认作为海关业务专家的授权文件；每个申请人计划从事的领域拥有相应海关业务专家的证明文件；如果计划从事没有任何地区限制的业务，则应提交在提交申请当天申请人计划通过分公司作为海关代表时，该分公司及其所在地信息；证明保证缴纳《欧亚经济联盟海关法》第 13 条第 3 款规定的海关关税和税收金额的文件。

（4）作为授权经济业务人从事经营时：保证以银行担保形式缴纳海关关税和税收的证明文件，银行担保应由进入国家授权部门管理的银行和其他信贷机构名册的银行出具，金额不少于《欧亚经济联盟海关法》第 39 条第 1 款的规定；按税法规定的无欠税证明；业务经营信息的商品核算系统的情况介绍；仓库使用的场所或场地的平面图和草图；场地和场所租赁合同，或其他证明仓库场地所有权的文件；吉国法律规定的不动产和抵押国家登记文件。

（5）作为海关承运人从事经营时：货物运输经营的许可证，根据法律规定这一经营项目需要办理许可；海关承运人经营使用的运输工具所有权的证明文件；保证缴纳不少于《欧亚经济联盟海关法》第 19 条第 2 款规定金额的海关关税、税收的证明文件。

第 22 条　列入海关事务经营人名册的条件

列入海关事务经营人名册的条件是：

1. 在组建临时保管仓库或海关仓库时：拥有适合临时保管仓库或海关仓库使用的场所或场地；拥有临时保管仓库或海关仓库的场所或场地的所有权、使用权或支配权。租赁场所或场地的租赁合同有效期自提交申请之时起不少于 3 年；保证缴纳海关关税和费用；商品统计与监督的信息系统，技术上与吉国海关部门信息系统相兼容；在提交申请当日无海关税费的欠费；在提交申请当日的前 1 年内没有因海关领域违法行为被追究行政或刑事责任。

2. 在组建免税贸易商店时：拥有适合免税贸易商店使用的场所或开放式场地；拥有用于免税贸易商店的场所和场地的所有权、使用权或支配权。例如，租赁场所或场地的租赁合同有效期自提交申请之时起不少于 3 年；保证缴纳海关关税和税收；商品统计与监督的信息系统，技术上与吉国海关部门信息系统相兼容；在提交申请当日无海关税费的欠费；在提交申请当日的前 1 年内没有因海关领域违法行为被追究行政或刑事责任。

3. 海关代表：职员编制中至少有一位获得专业证书的海关业务专家；使用与吉国海关部门的信息系统技术上相兼容的信息系统；保证缴纳海关关税和税收；商品统计与监督的信息系统，技术上与吉国海关部门信息系统相兼容；在提交申请当日无海关税费的欠费；在提交申请当日的前 1 年内没有因海关领域违法行为被追究行政或刑事责任。

4. 作为授权经济业务人：国家授权部门管理的银行和其他信贷机构名册的银行出具银行担保；在提交申请时已经从事对外经济活动不少于 1 年；在提交申请当日无海关税费的欠费；在提交申请当日的前 1 年内没有因海关领域违法行为被追究行政或刑事责任；拥有商品核算系统；具有报关、海关报关监督和核算的自动化系统，包括必须使用与吉国海关部门软件相兼容的程序；提供信息技术安全措施，保证文件的完整和保护电脑系统不被他人非法侵入；具备适合的仓库；具有仓库场地和场所的使用权、所有权或支配权；在提交申请当日无海关税费的欠费；在提交申请当日的前 1 年内没有因海关领域违法行为被追究行政或刑事责任。

5. 作为海关承运人：拥有适合海关铅封、封条商品运输的运输工具；保证支付海关关税和费用；在提交申请当日无海关税费的欠费；在提交申请当日的前 1 年内没有因海关领域违法行为被追究行政或刑事责任。

作为临时保管仓库业主、海关仓库所有人、免税贸易商店所有人和海关代表所从事的经营活动，应根据吉国法律的要求办理必需的保险。

第 23 条 列入（拒绝列入）从事海关事务领域经营名录的决定

1. 国家部门在接收文件之日起 15 天内作出是否将申请人列入从事海关事务经营名录的决定，其中包括审核文件的期限。决定拒绝将其列入名录情况：

如果没有提供本节所规定的所有文件和信息；在申请人未遵守本法第22条规定的条件下。

2. 国家授权机构应在作出决定后的3天内通知申请人。拒绝列入名录的通知以书面形式发送给（亲手交给）申请人或申请人的代表，并注明拒绝的理由。如果申请人对国家部门拒绝决定提出异议可以提起诉讼。

第24条　暂停和召回有关列入从事海关事务经营人名录的决定

海关事务经营主体违反本节中包含的要求和条件，但未造成大的损失，应对其予以书面警告。如果书面警告的人未完成本法的要求和条件，将暂停其从事海关事务经营为期3个月。对于政府机构作出取消暂停的决定后，可以恢复从事海关事务经营人的有效期。

在决定有效期中止期间：不允许将商品存入临时保管仓库、海关仓库、免税贸易商店；不允许从事任何相关的业务；禁止销售海关仓库和免税贸易商店中的商品。

吉国国家部门在以下情况可以作出撤回从事海关事务经营人名录的决定：

1. 在组建临时保管仓库或海关仓库时：仓库主出现两次及两次以上海关事务行政违法行为；法院的判决；仓库主无支付能力或自己宣布破产；根据《吉国公司法》的规定进行重组；仓库主自行提交撤出申请。

2. 作为海关代表人从事经营时：未完成海关代表人义务；违反了该商品的核算方式；两次及两次以上海关事务行政违法行为；根据吉国相关法律的规定进行重组；海关代表人自行提交撤出申请；给所代表的人带来损失，其中包括由于非法使用商业秘密，并按法律确定与损失存在因果关系；海关代表人无支付能力或自己宣布破产；使用无专业证书的专家，其中包括专业证书已被收回，或者证书有效期满已暂停；法院的判决。

3. 在组建免税贸易商店时：免税贸易商店出现两次及两次以上海关事务行政违法行为；法院的判决；免税贸易商店无支付能力或其自己宣布破产；根据吉国公司法的规定进行重组；免税贸易商店自行提交撤出申请。

吉国国家授权部门根据本条规定作出的撤销决定，可将法人和自然人从海关事务经营人名录中删除。撤销决定自国家部门作出之日起生效。撤销决定自作出之日起第二天由国家部门以书面形式通知相关负责人，并告知决议的依据。该决议应交于负责人或其代表，并由其签收。

如果被决议人逃避签收决定，则可通过邮局发送挂号信。通知之日即为邮局转交信件的日期。从事海关事务经营人名录可以再次申请，在消除上次删除理由后再次审理。

第 25 条　暂停和召回有关列入从事授权经济业务人名录的决定

1. 暂停从事授权经济业务人名录效力的情况有：授权经济业务人自行提交暂停列入申请；拖欠海关费、税收和滞纳金；刑事立案，在根据吉国法院规定最终判决之前；违反海关规则的行政诉讼完结之前。决定之日起 5 天内书面通知相关负责人。

2. 从事授权经济业务人名录的决定的效力在以下情况召回：业务人自行提交将其从事授权经济业务人名录删除的申请；吉国法律规定的法人清算；法人重组；刑事判决；行政责任；破产。国家部门作出有关召回的决定后立即生效。再次申请列入从事授权经济业务人名录，必须消除作为召回依据的理由后，方可审核。

第 26 条　重新办理有关列入从事海关事务领域经营人名录的决定

在不会导致该法律组织形式或所在地的名称变更，或变更本法第 21 条第 2 款第 4 项注明的文件信息时，从事海关事务领域经营的人，应提交有关重新审核列入从事海关事务领域经营人名录的申请，并随附证明上述信息的相关文件。申请人在出现重新办理依据的状况后 5 个工作日内应提交重新办理申请。在重新办理决定时，国家机构对从事海关事务领域经营人名录进行相应的变更，之前签发的决定和执照将被注销。重新办理期间按照国家部门要求提供相关资料。

第 27 条 海关事务领域经营人名录

从事海关事务领域经营人名录中包含的信息，在国家授权部门的网络资源上公布。允许在大众媒体上定期发布从事海关事务领域经营人名录中包含的信息。

从事海关事务领域经营人名录包含以下信息：海关事务领域经营人名录的执照号码和日期；被注销的列入从事海关事务领域经营人名录的执照；暂停之前签发的列入从事海关事务领域经营人名录执照的效力；从事海关事务领域经营人名录中列入的人的法定地址；临时保管仓库、海关仓库、免税贸易商店和授权经济业务人仓库的所在地；海关代表和独立分支机构的名单和所在地；具有海关代表编制的海关业务专家；对授权经济业务人提供特别简化手续；可以使用特别简化手续办理海关业务的吉国海关部门的名称；海关关税和税收缴纳的方法；保证缴纳关税和税收的文件号码和日期；交通类型；补充信息。吉国国家部门每 15 天公布一次变更。

详解：

在这一节中吉国法人作为临时保管仓库、海关仓库、免税贸易商店的所有者，海关承运人、授权经济业务人和海关代表必须列入临时保管仓库业主登记册、海关仓库登记册、免税贸易商店所有者登记册、海关承运人登记册、授权经济业务人登记册和海关代表登记册中才允许从事经营活动。在经营活动中上述相关法人从登记册中删除时，将暂停所有经营活动。如需恢复经营得按吉国政府规定再次登记。

这些法人除吉国海关立法中适用于条款授权经营者的海关手续简化外，还根据欧亚经济联盟海关法享有以下海关简化条件，其中包括：经授权的经济运营者采取便捷海关过境程序，支付关税前可提前收取货物，并享有 10 天至 40 天的关税免息不需要海关付款额外保证。对欧亚经济联盟委员会第 323 条决议中的货物清单就可能不适用特殊简化手续。对于这些经营者需要在申请成功后缴纳海关关税保证金 20 万欧元到 100 万欧元不等，具体金额取决于所属经营范围。如果经营者未履行海关义务将支付罚款，超过 1 年将取消法人海关经营者资格。

从事海关事务经营者在列入和删除登记册的程序中，向吉国海关管理机关提交官方认可语言的申请书，商务经营所需文件（公司执照、公司章程、银行开户文件、税务登记证与统计局登记证等）原件与复印件。吉国海关管理机构审验文件后原件将当场退还，如申请成功管理机构将以书面形式通知，或通过邮寄方式将通知送达申请人。对于违反海关规定撤销经营者的通知方式与上述方式相同。吉国海关机构及政府职能部门在接受申请提交之日起 15 天内作出是否将申请人列入从事海关事务经营名录的决定。如果拒绝在 3 日内以书面形式通知，并告知拒绝理由。

《吉国海关法》第 21 条对不同的海关经营者所需提交文件进行了具体细分：

1. 申请临时保管仓库或海关仓库时还需要用于临时保管仓库或海关仓库使用的场所和（或）开放式平面图、场地和场所的租赁合同或其他证明其所有权的文件、根据吉国法律规定国家不动产权利和抵押（限制）登记文件、保证缴纳本法第四十节规定的海关关税、税收的证明文件。

2. 申请免税贸易商店时还需要使用场所租赁合同或其他证明所有权的文件、国家边防授权部门出具的可以开设免税贸易商店的证明、免税贸易商店使用的场所平面图、根据吉国法律规定不动产权利和抵押（限制）登记证书、零售商业登记或许可证。

3. 申请海关业务代理人时还需要申请人办理海关业务的资质证书、海关业务办理的授权文件与聘用劳动关系的相关文件、申请人计划从事的海关业务领域的相应证明文件、保证缴纳《欧亚经济联盟海关法》第 13 条第 3 款规定的海关关税和税收证明文件。

4. 申请授权海关经济业务人从事经营时还需要提交以银行担保形式缴纳海关关税和税收的证明文件且金额不少于《欧亚经济联盟海关法》第 39 条第 1 款的规定、提交申请当日的无欠税证明、业务经营信息的商品核算系统介绍、仓库或使用场所的平面图、场地和场所租赁合同、根据吉国法律规定的不动产权和抵押登记证书。

5. 申请海关承运人从事经营时还需要货物运输经营的许可证、海关承运人经营使用的运输工具所有权的证明文件、保证缴纳不少于《欧亚经济联盟海关法》第 19 条第 2 款规定金额的海关关税、税收的证明文件。

在吉国海关法中对于从事海关事务不同的经营者所要求的经营条件也不尽相同：

1. 临时保管仓库、海关仓库与免税贸易商店经营时需要拥有适合场所或开放式场地，并对该场所或开放式场地拥有所有权、使用权或支配权。如果场所或开放式场地是以租赁方式获得，那么租赁合同有效期自提交申请之日起不少于 3 年。在保证缴纳海关关税和税收的情况下及时与吉国海关监管商品统计与监督的信息系统接轨，并在提交申请之日起 1 年内在海关事务领域没有行政违规和追究刑事责任的犯罪行为。

2. 吉国海关代理人的经营条件为：由吉国国家授权部门管理的银行和其他信贷机构名册的银行出具银行担保。提交申请当日没有拖欠海关税费或滞纳金与吉国税法规定的其他欠税行为。保证及时与吉国海关监管商品统计与监督的信息系统交换相关数据，并保证提供信息安全技术措施等。吉国海关法规定临时保管仓库业主、海关仓库所有人、免税贸易商店所有人和海关业务代理人从事经营活动时，还应根据吉国相关法律的要求办理必要的保险。

关于暂停与撤销海关事务经营者资格，吉国海关法中有相应规定。

1. 吉国海关事务经营者资格暂停

—拖欠海关费、税收和滞纳金；

—刑事立案，在根据吉国法律规定作出最终判决之前；

—违反海关规则的行政诉讼，在根据吉国法律规定作出最终判决之前。

2. 吉国海关事务经营者资格的撤销

—海关事务经营者自行提交申请终止吉国海关事务经营者资格；

—如开启吉国法律规定的法人清算程序；

—如开启吉国法律规定的法人重组程序；

—按规定法院判决方式生效的刑事责任；

—按规定法院判决方式生效的行政责任；

—法院认定法人无支付能力破产或自己宣布破产。

吉国海关与国家部门作出撤销决定后，撤销决定立即生效。关于撤销决定将由吉国国家相关部门在作出该决定后第二天以书面形式通知，吉国海关说明决定的依据。撤销决定必须由法人负责人或其代表签收并注明签收时间。如果上述法人逃避接收撤销决定，可通过邮局挂号信的方式送达，签收时间即为邮局提交挂号信的通知日期。

被暂停与撤销海关事务经营者资格的法人在收到决定起 10 日内可向海关管理与相关政府机构提起申诉，并提交申诉材料恢复资格。如果申诉成功资格将被恢复，这里需要注意资格恢复后在 5 天之内将获取新的登记号，并注明新的签发日期。对于已被撤销资格的法人将会完全禁止从事海关事务领域的经营。

第二篇

对外贸易商品名录与产地证原则

第五节　商品原产地

第 28 条　商品原产地总则

1. 产自欧亚经济联盟成员国的商品，在进口至吉国时由欧亚经济联盟海关法统一规则中第 7 章的规定确认其产地国。

2. 商品原产地确定由申报人申报，在本法规定的情况下则由吉国海关部门确定。申报人应在商品海关申报时向吉国海关部门申报商品的产地国。申报人申报的商品产地，应提供欧亚经济联盟海关法要求的证明文件。

详解：

产自非欧亚经济联盟成员国的商品，在进口至吉国时根据商品产地国确认。商品产地国由申报人申报，由吉国海关部门确认。申报人申报的商品产地根据要求提供证明文件。

第 29 条 确定商品原产国的特殊性

1. 对于同一商品由于生产或运输条件无法一批发运而分几批发货的或由于错误运输分几批发运的商品，在申报人正确说明申报的情况下可确定同一产地国。

2. 本条第 1 款的适用条件是：

（1）提前通知吉国海关部门有关分批运输商品信息、注明分批理由，并提交每批货的装箱单、商品的分类代码、每批商品价值或者证明商品分批发运的相关文件。

（2）必须由一个发货人从一个国家发运全部货物。

（3）向吉国海关部门申报。

（4）所有批次的商品进口至吉国的期限不得超过吉国海关部门接受海关报关单之日起的 6 个月。如申报人申请理由充分，吉国海关部门可将上述期限延长。

3. 商品进口到吉国境内已经包装，将被认为与商品本身属于同一个产地国。如果包装是与商品分开申报的情况，包装的产地国与商品的产地国可以分开确定。

详解：

如果由于任何原因将一批货物分成几批，则根据申报人的要求，可以将其作为确定货物原产国的一种商品。本规则适用于以下情况：关于分批供应货物的海关当局必须提前通知；由一个供应商提供来自一个国家的所有货物；向一个海关关所申报所有货物；分批进关的单一产品在第一批进关后可以申请一年的分批期。

对于进口货物的配件、备件、工具，可以被定义为辅助商品，这些都可被认为来自同一个国家。

第 30 条 确认商品的产地国

确认商品产自该国的文件，是商品的产地证或商品的产地申报单。

详解：

根据这条法律，海关当局可能要求提交的文件证明货物的原产国，如果这些货物的原产国，吉国授予其按照吉国和吉国立法的国际协定进行关税优惠，而当它检测到关于该国的信息迹象影响关税、税收和（或）禁令与限制的应用的商品的原产地，根据吉国关于对外贸易活动的国家监管立法，这是不可靠的。

确认某国货物来源的文件是货物来源的声明或吉国政府确定的货物原产地证明。货物来源的声明是以任意形式进行的。对于这种声明，可以使用与货物有关的商业或任何其他文件，其中记载有制造商、销售商或出口商就货物出口国的货物原产地国的声明。原产地证书清楚地表明货物的原产国和主管机关或国家机构或出口国等文件，出口证书是在从商品的原产国获得的信息的基础上发出的。

第 31 条　产地证

1. 产地证是唯一证明商品原产地的文件，产地证中相关产地国的信息，必须依据欧亚经济联盟海关法中要求的标准确定。

2. 吉国出口商品时产地证由吉国政府的授权部门组织签发。必须根据合同按照商品进口国的国家标准或者吉国加入的国际公约的规定出具产地证。签发部门自签发之日起 6 年内保存其复印件及其他证明商品产地的文件。

3. 进口到吉国境内的商品进行海关申报时，应将产地证与海关报关单等其他文件一并提交。如果产地证丢失，可提供正式认证的副本。

4. 如出现产地证未按标准，或者产地证中包含不真实的信息时，吉国海关部门有权请求签发产地证的国家职能部门或其他组织提供补充文件与确认信息。产地证必须提供，如果未按正确方式办理商品产地证，将不会认同商品原产地。

5. 吉国海关部门有权要求出具商品产地证的国家职能部门或其他组织提供补充文件进行抽样检查。该检查不会妨碍海关申报与商品放行。

详解：

货物原产地证明确认货物原产国。该证书由货物原产国的主管当局签发。货物原产国可能与进口吉国货物的国家不一致。在这种情况下，证书是由进口国根据原产国提供的资料签发的。如果证书是基于吉国规定的其他标准，则可以参考欧亚经济联盟海关法中的适用条款。

当货物从吉国出口，按合同要求签发产地证。根据吉国参加的国际条约规定，该证书由吉国工商会签发，有效期为 24 个月。

进口商品进入吉国领土时，原产地证书应与海关申报单和其他货物通关单同时提交。如果证书遗失，可使用认证副本。

第 32 条　产地证申报单

原产地证申报单是指由商品制造者或出口人根据出口商品时在商品产地国提交的书面申请。产地证申报单中，有关商品产地国的信息应按照欧亚经济联盟海关法的标准进行。

详解：

货物进口至吉国时需要向海关提供确认货物产地证。但需要注意的是，在吉国证明货物原产国的文件出现其他的一些形式，可以使用商业或其他任何有关货物的文件，其中载有制造商、销售商或出口商就货物出口国的货物原产地声明；商业发票、运输和装箱单等文件是根据吉国签署国际协议的法律规定等。

第 33 条　可替代产地证的证明文件

如果根据吉国加入的国际公约和法律的规定，吉国给予某国税率特惠制，则在将商品进口到吉国境内时，应提供商品的产地证。但是以下情况无须提供商品产地证：如果进口到吉国境内的商品申报为过境或临时进口或海关证据证明商品的产地国是根据吉国加入的国际公约或法律规定被禁止向吉国出口商品的国家；进口到吉国境内的商品之前已在非该商品产地国的出口国自由流通过；同一商品分批进关，且其总价值不超过海关结算指数的2500倍；在自然人按欧亚经济联盟海关法规定简化优惠方式将商品通过海关边界时，不需要提交商品产地证。

详解：

本条款是指提供非产地证确认货物原产国的文件。应该指出，为了统一定义货物原产国，吉国政府颁布了对所有海关机构和利益相关方都有约束力的监管法律行为。如果为了个人、家庭、住宅和其他非商业目的而搬运货物，则无须提供产地证。同时对于临时进口货物和其他情况不需要提供产地证书。

第34条　确定商品产地时的海关放行条件

1. 在缺少证明商品产地国的文件，或发现提交的文件未按规定方式办理和（或）包含不真实信息时，吉国海关将拒绝商品放行。

2. 根据本法第30条至第32条规定未证明产地国的商品，将根据贸易政策方面未规定优惠制度的国家的税率商品支付关税方能放行。对于本条注明的商品，如果在吉国海关部门接收报关单之日起1年期限届满前可以确定该商品的产地国，则对其适用优惠或特惠制度。在这种情况下已支付的进口关税应根据欧亚经济联盟海关法的规定予以返还。

详解：

根据欧亚经济联盟成员国关税适用条款协议制定欧亚经济联盟统一关税条例（2008年1月25日）。统一关税是欧亚经济联盟贸易政策的一个重要工具，主要目标是：将货物进口商品结构合理化；维护欧亚经济联盟成员国统一关税区内进出口货物的合理比例；为改善欧亚经济联盟内生产和消费结构创造条件；保护经济免受外国竞争的不利影响；为欧亚经济联盟有效融入世界经济提供条件。

享受关税优惠的进口货物到达欧亚经济联盟共同关税领土内可以免征进口关税或降低进口关税。货物给予关税优惠的条件：在欧亚经济联盟海关立法规定的海关程序框架内进口的货物；外国创始人作为在组建文件所规定的条件下为章程（股份）资本进口的资金；进口国家在国际合作框架内的货物，如欧亚经济联盟委员会认证名单上的航天器等；欧亚经济联盟境内流通货物不支付关税。

2009 年 11 月 27 日欧亚经济联盟国家理事会关税委员会作出决定，白俄罗斯、哈萨克斯坦和俄罗斯调整为统一关税。俄罗斯、白俄罗斯、哈萨克斯坦和吉尔吉斯斯坦应尊重原产地原则，对于发展中国家名单中的产品给予关税优惠。关税优惠和发展中国家原产货物列表与 WTO 中关于发展中国家定义和列表相一致。

2000 年 11 月 30 日根据独联体国家元首理事会决定批准的《关于确定货物原产国的规则》，货物原产国是按照该规则规定及对货物完全生产或经过充分处理的国家。在这里，货物的原产国可以理解为一个国家、某个关税同盟或一个地区。如果有两个或两个以上的国家参与生产货物，货物原产国就被认为是按照该规则规定的最后加工或制造中占主要成分的国家。对于一些特定商品按该规则无法确认产地国，则货物产地将被认定为运输始发国家。在下列情况下，货物被认为是源于发展中国家或最不发达国家，并享受关税优惠待遇：在这个国家完全生产；在特定国家使用原产于另一国的原材料或半成品并且这些货物已在该国进行了充分的加工。

在获得关税优惠的发展中国家或最不发达国家货物原产地证书中，运输货物的人应当提交以“a”形式的货物原产地证书申报证书。发放的关税优惠证书有效期为自发放之日起 12 个月。证书以俄文与英文印刷的书面形式提交海关当局。如果货物分批跨越欧亚经济联盟的海关边界，且由同一发送人、同一方法发送到同一个收货人，则这类货物不需要提交确认货物原产国的文件，如果对申报的货物原产地信息的真实性存疑，海关当局可要求出示原产地证书。

对于是否作为发展中国家或最不发达国家的货物享受关税优惠，在提交正式签发的原产地证书之前需要查询相关信息。在没有文件确认货物原产国的情况下，此类货物的支付适用于来自外国领土（外国集团）的货物的税率。

第六节　对外贸易商品目录

第 35 条　对外贸易商品目录

1. 为了吉国与欧亚经济联盟中其他国家统计方面实施相关海关税率与非税率调整，共同建立欧亚经济联盟对外贸易活动商品目录，目录中的商品项目和副项，以数字代码形式表现。

2. 吉国海关部门对目录的解释：

（1）在适用吉国对外贸易发展中对外贸易商品目录修改、补充和解释；

（2）对外贸易商品目录实施监督；

（3）保证与相关国家部门就对外贸易商品目录信息相通。

详解：

自 2010 年 1 月 1 日起欧亚经济联盟建立对外贸易活动的商品目录，其基础是世界海关组织的货物统一描述和编码制度及独联体对外贸易活动商品名称（1995 年 11 月 3 日《独立国家联合体对外贸易活动商品名称协定》)。该目录是方便欧亚经济联盟国家对货物进出口进行监管。货物的系统化清单，包括货物名称、代码名称、货物与数量计量单位等，以及注释和解释规则。

吉国在商品目录中统一使用货物描述和编码制度，以及对外贸易经济活动术语。编码制度由 10 位阿拉伯数字构成。根据欧亚经济联盟对编码的要求，前八个数字为产品代码，第九个数字为欧亚经济联盟商品国别对应编码，第十个数字为特别说明码。

第七节　商品分类

第 36 条　关于商品分类

如果根据欧亚经济联盟海关法和本法规定，在向吉国海关部门提交海关申报时需要注明外贸商品名录商品代码，海关按申报将商品分类。如果查明外贸商品名录的商品分类不正确，吉国海关部门可自行进行商品分类，并作出商品分类裁决。

商品分类裁决应由吉国海关部门以书面形式作出，其中包括海关检查报告，以及海关费用、利息和滞纳金的裁决。商品分类裁决包含的必要信息主要是：作出商品分类裁决的吉国海关部门名称；申报人相关信息；商品申报单的登记号；商品全称和分类所必需的其他信息；在外贸商品名录的分类基本规则下作出裁决的理由与依据；商品十位数代码与裁决书签字人。

第 37 条　未组装或拆分的商品的分类

未组装或拆分的商品，进入吉国境内时，按同一份合同、同一份运输（运送）单据或发票（形式发票）发送给同一个收货人，应根据商品分类规则按商品成品代码分类。吉国海关商品名录包括商品组合，但不包括特殊或组合进口关税税率的商品。对于持有吉国海关部门就未组装或拆分商品分类裁决书，由一个申报人申报并计划在不超过 10 天的期限内、按不同批次、以未组装或以拆装形式进口到吉国境内时获得统一的外贸商品代码。

第 38 条　海关申报的申请

如果个别商品配件分批进口至吉国或欧亚经济联盟关境内，临时保管或根据海关仓库的海关程序保管，则并不需要将未组装或拆分的商品分类裁决。对于这些配件，可以提交商品申报单，也可以同时提交给吉国海关部门。计划按同一个外贸商品名录代码、分批进口至吉国境内的未组装或拆分商品，应根据本法第 227 条的规定进行海关申报。如果未组装或拆分商品的所有配件未被放行，这些配件将根据外贸商品名录的规定，按商品分类规则对上述配件的代码进行分类。

第 39 条　未组装或拆分商品分类裁决书的期限

未组装或拆分商品的分类裁决，吉国海关部门应在申请提交登记之日起 30 日内作出。如需提交补充信息时，该期限将在书面通知之日起暂停，并在吉国海关部门收到补充信息之日起恢复。未组装或拆分商品的分类裁决书包括：作出未组装或拆分商品分类裁决的吉国海关部门的名称；登记号与日期；申请人信息；商品的全称；裁决理由和依据；商品配件清单；商品办理的海关程序的信息；由吉国海关部门的负责人签字与裁决生效之日。

第 40 条　裁决书的终止条件

吉国海关部门可以作出终止或修改未组装或拆分商品分类裁决的效力。例如，吉国海关部门确定申报商品提交了虚假文件或申报了不实信息；商品个别配件运至吉国境内之后，申报人书面终止发运其他配件与未按本法第 227 条规定的期限提交未组装或拆分商品的最后一批配件的海关申报单等。终止未组装或拆分商品分类裁决效力的决定在作出之日起 3 个工作日内发送给商品申报人。如果已放行的商品配件属于未组装或拆分商品分类决议中注明的成品或成套商品的分类代码，则不会作出终止未组装或拆分商品分类裁决的有效力条件。关于终止未组装或拆分商品分类裁决效力自作出未组装或拆分商品分类裁决之日起生效。

吉国海关部门可以根据以下情况对未组装或拆分商品分类裁决进行修改：外贸商品名录改动；欧亚经济联盟海关委员会或吉国政府作出不予执行或对个别商品种类分类重新定义；商品分类裁决或申请人提交文件时存在文本错误等。有关修改未组装或拆分商品分类裁决的决定的生效期限需要在决定中注明。当未组装或拆分商品分类裁决进行修改或其效力终止时，本条中注明的商品配件将根据外贸商品名录中商品分类规则代码进行分类。

第 41 条 商品分类的解释

吉国海关部门可以按照《欧亚经济联盟海关法》第 53 条至第 56 条规定的方式，依外贸商品名录作出商品分类的预先裁决，吉国海关部门对此裁决具有解释权。

预先决议的信息和解释。

详解：

《吉国海关法》第 36 条确定了报关的货物需要分类，即货物按照欧亚经济联盟海关委员会所给出的相对应的分类代码进行分类。根据货物的分类代码对货物进行分类，同时对货物的检验、运输、征收关税以及其他的税收项目按照所定海关规定执行。一般情况下货物名录中商品的代码应由申报人注明或者根据申报人的委托由海关代表注明。

吉国在本法中对于未组装或拆分商品分类裁决的申请有明确要求，申报人需要在申报商品报关前提交书面申请。书面申请包括以下内容：商品申报人的信息；商品的信息（商品名称、配件清单）；商品装运信息；使用的海关程序的信息；申报区域所在的吉国海关部门的名称；商品外贸交易合同；商品配件清单（配件名称、外贸商品名录中配件代码、数量和重量、安装示意图）。如果根据吉国海关要求补充信息时，申请人应在收到通知后的 30 日内提交补充信息。

如果出现以下情况，吉国海关部门将直接拒绝作出未组装或拆分商品的分类裁决：提交申请的人没有获得该商品申报人的授权；吉国海关部门要求的补充信息未按规定期限提交，或拒绝提交商品分类所必需的文件和信息；申请和提交文件互相冲突；配件不能按外贸商品名录中的统一代码分类或与个别配件申报海关程序不符。

这里需注意欧亚经济联盟海关人员介入并作出海关裁决的条件：

1. 在货物分类错误的情况下决定货物的分类。海关机构如果发现申报人或者根据申报人的委托由海关代表对货物分类错误时，海关机构将按照欧亚经济联盟成员国规定的货物分类决议对货物进行独立分类。对于更改代码产生的费用由申报人或者根据申报人的委托由海关代表承担。同时，不正确的分类不仅是增加费用问题还有可能导致附带的行政责任。在吉国领土内，即使在货物放行后被海关查明有不正确分类时，对不正确的申报可以进行罚款，或对进口虚报货物及运输车辆予以没收，构成犯罪的移交司法机关。

2. 商品分类裁决。通过商品分类裁决的程序由吉国海关部门规定。商品分类裁决是由吉国海关根据欧亚经济联盟成员国立法决定的。欧亚经济联盟成员国的海关部门将对货物进行商品分类裁决。

关于未组装或拆分商品的分类需要注意一个或几个运输工具，但必须是同一份运输单据与同一个收货人，这时根据商品分类规则按商品成品代码分类。对于计划在一定期限内分批发运未组装或拆分商品，可以根据《关税联盟海关法》第 53 条至第 56 条规定的方式获得有关这一商品分类的预裁决。预裁决按照欧亚经济联盟海关法规定的相应海关法表格进行填写与批准。每个商品的预裁决表格中主要内容为：名称，包括构成商品个别配件部分的名称；外贸商品名录规定的商品配件代码；配件的数量或重量；证明外贸交易完成的文件信息，该文件是进口商品配件的依据；商品即将办理的海关程序的信息等。

根据《欧亚经济联盟海关法》第 55 条规定，在向海关申请作出预裁决之日起 90 个工作日内作出预裁决。同时还规定如果难以确定商品的分类代码，任何人都可以提前向海关申请商品分类的预裁决。商品的分类需要很高的资质和经验，专业性极强。在此，吉国海关部门规定此项服务为收费服务。

如果对外贸易活动参与者对海关接收的货物分类存在分歧，按照欧亚经济联盟成员国立法规定可以使用两种方式进行解决：（1）上级海关部门进行裁决。根据吉国法律对外贸易经营者在获得海关预裁决之日起 3 个月内提交上诉，获得上诉的机构应在收到上诉材料 14 天内作出裁决。对这一裁决，海关机构必须在收到裁决之日起 10 日内执行。（2）向吉国仲裁法院上诉。对外贸易活动参与者如果不同意海关机构所给出的裁决有权向法院提出上诉，按照吉国仲裁法院的民事诉讼程序提交相关文件，由法院对某类型商品的分类进行裁决。

根据《欧亚经济联盟海关法》第 124 条规定，成员国海关对于商品分类预裁决需要及时交换信息。这些分类信息根据 2010 年 6 月 18 日关税联盟委员会第 297 号文件要求必须在第一时间公布在欧亚经济联盟官方网站上。

第三篇

办理海关申报前的相关业务

第八节　海关统计

第 42 条　对外贸易的海关统计

1. 海关统计是为了保证向吉国议会、总统、政府和吉国法律规定的其他国家部门获得吉国对外贸易状况的信息，监督海关费用进入国家财政预算，监督外汇，分析吉国对外贸易的状况、动态和趋势、贸易平衡等，由吉国海关部门收集和整理通过海关边界的商品信息与海关统计数据。政府部门根据吉国加入的国际公约和吉国法律的规定向国际组织提供海关统计数据。政府部门应公布对外贸易海关统计数据。

2. 吉国对外贸易海关统计应依据欧亚经济联盟海关法、本法和吉国其他法律规定。

3. 为保证吉国及其外贸伙伴相互贸易数据对比与统计，每月和每年的海关统计数据应向吉国政府和议会提交，并在相应海关统计数据报告期结束后的 1 个月内向公众公布。

详解：

海关对外贸易统计是经济统计的一个重要分支，主要是收集、处理和分析海关边境货物流动的数据，也是海关职能之一。目前，为确保吉国使用的国家统计数据与国际相关数据的可比性，进出口交易数据的收集、处理和发布是通过海关授权的国家机构系统来进行的。根据该法，吉国对外贸易的海关统计结果是按照吉国与对外贸易伙伴贸易数据进行对比的方法来进行的。

吉国海关的统计宗旨与任务：确保对吉国进出口数据进行充分和可靠的分析；分析吉国外经贸流动的主要趋势、结构和动态，并结合宏观经济形势分析；对分析国内市场情况制定吉国海关政策和国家外经贸领域的管理提供信息支持；控制海关支付在国家预算比例；编制贸易和个别国际收支项目。

海关统计初步数据形成是外经贸中海关申报基础信息。这个基础信息是由报关员在货物通关时填写的数据。对管道运输和电力传输的货物，按照确认货物在管道或电力线路边界接收的文件进行核算。对于大宗商品按照其申报的具体情况进行核算。

吉国海关统计核算的对象是所有商品，其进出口减少或增加了国家的物质资源。为了帮助国家外经贸海关统计数据，考虑到所有进出国家统计区域的商品，进出口采用"一般"外经核算制度。

"一般"外经核算制度下海关统计数据由以下构成：

1. 吉国进口的商品：自由消费型商品；再进口商品；在关境内进口加工的商品；海关境外加工后进口的商品；在海关监管下进口加工的商品；按照转口制度进口到吉国境内的商品；非向该国提供帮助的进口商品；进口免税商店的外国商品；在规定时间内临时租赁的商品。

2. 吉国出口的商品：按照吉国海关规定出口到境外的商品；进口自由消费商品根据吉国海关规定再出口；在海关境内加工后出口的商品；在海关监管下加工后出口的商品；根据转口制度从吉国境内出口的货物；从吉国免税店出口的外国和国内商品；在规定时间内临时出租的商品等。

"一般"外经核算制度下海关统计没有进行统计的商品种类：过境运输商品；海关规定下在海关仓库的商品；除及时出租的商品外临时进口（出口）商

品；在境内需要销毁的外国商品；运输到国外提供帮助而被拒或销毁的商品；按照海关规定运输到国家代表处的商品。

吉国海关部门根据欧亚经济联盟 2009 年 11 月 26 日第 31 号海关统计解决方案执行海关统计。具体内容为：一般规定；基本条款；初始资料形成的来源；数据的范围；统计观察领域的界限；进出口会计制度；需要核算的货物；货物分类；统计形成的主要指标；货物估价；定量核算；合作国家；传播数据与信息保密；确保数据的可比性。根据对外贸易海关统计的编制方法，采用以下指标：报告期；货物流向（进口或出口）；进口原产国；出口时的目的地国家；统计成本；货物的代码和名称；净重；附加计量单位的代码和名称；额外计量单位的数量；交易的性质；海关制度的类型；货物的发货人（收货人）类别；地区（共和国、地区、城市）。

通过铁路、公路、航空运输货物的进出口核算工作，由海关部门授权批准放行货物为依据进行统计。通过电力线与管道进口或出口货物按照边境控制和线路分发点规定时间内流量进行统计。货物的统计价值是以合同价格的美元计算。进口统计价值是以 CIP 价格为基础估算，目的地必须为吉国境内。出口价值的估值是基于吉国的 DAP 价格。

CIP 和 DAP 的概念是根据"国际贸易术语解释通则"定义的。CIP（Carriage and Insurance Paid to）是指卖方向其指定的承运人交货，其间卖方必须支付将货物运至目的地的运费，并办理买方货物在运输途中灭失或损坏风险的保险，亦即卖方承担交货之前的一切风险和额外费用。DAP（delivered at place）是一个国际贸易术语，即目的地交货，是指卖方已经用运输工具把货物运送至买方指定的目的地后，将装在运输工具上的货物（不用卸载）交由买方处置，即完成交货。

吉国外贸统计出版物中包含了描述该国对外贸易状况的主要数据国与国家进出口状况、吉国对外贸易中个别国家或集团的具体比重、主要货物价值的进出口数据等。

2009 年 11 月 26 日欧亚经济联盟通过 31 号决议设立欧亚经济联盟海关统计中心，这一海关统计中心的职责为：从负责提供数据的主管部门获取有关外贸统计和贸易统计的数据；形成外贸统计和相互贸易统计数据；向技术组织提供对外贸易统计和相互贸易统计；公布外贸统计数据和相互贸易统计数据；对于已经构成国家秘密的信息坚决避免信息外泄。

第43条　海关专门统计

吉国海关部门根据国家政府授权规定的方式进行专门的海关统计。

详解：

根据这一条款规定，特别统计的目的是确保吉国国家经济安全由海关机构执行的其他任务。海关特殊统计资料按照授权的政府机构规定维护。海关特殊统计如下：根据海关对外贸易统计的海关类型申报（货物进出口）统计；海关支付统计（政府预算收入部分海关支付的具体比重，按海关支付类型进行核算）；货币管理统计；国有财产的商品统计资料；国际运输统计（对来自吉国或经过吉国的车辆进行统计）与其他类型的特殊海关统计。

第44条　统计目的使用的文件和信息

为统计目的使用的文件和信息，应按吉国海关法的要求提交。

详解：

用于统计目的的文件和资料按照“海关通关和海关监管程序法”的规定提交。这些信息：不得披露；不得用于海关官员个人目的；不应转让给第三方国家机构（法律规定海关机构有义务将信息传递给其他执法机构以维持治安和法治，以打击犯罪为目的的情况除外）。

以下信息属于这种特殊管理：

1. 吉国的国家机密分为三类：国家、军事和官方机密。国家秘密包括信息，披露信息可能会对吉国的防务能力、安全、经济和政治利益造成严重后果。对构成国家秘密的信息给予“特别重要”和“绝密”的限制性标签。军事情报是军事秘密，其披露可能会损害吉国武装部队的利益。对构成军事秘密的信息给予“绝密”和“秘密”的限制性标签。官方机密的信息，其披露可能会对吉国的防务能力、安全、经济和政治利益产生负面影响。构成官方机密的信息，吉国国家秘密保护法规定使用限制性印章。

2. 构成商业秘密的信息，此信息存在潜在的商业价值，根据法律依据对信息持有者应当采取保护措施。

3. 税收保密的资料（本法第 54 条）。

4. 银行保密的信息，即银行业务信息，银行客户账户和存款。

5. 其他保密信息，即信息公开可能损害受保护人的权利与利益。

进出口信息的主要文件是报关单，它是铁路、公路和航空运输进出口核算的基础。进出口统计记录中有海关边境登记货物的日期、数量与价值，管道或输电线路计量节点，货币代码，汇率，国家代码，目的地国与海关代码。

第九节　商品和运输工具通关基本原则

第 45 条　商品和运输工具通过欧亚经济联盟关境时的通关方式

所有通过吉国关境的商品和运输工具应符合欧亚经济联盟海关法、本法以及吉国其他法律的规定。向吉国境内进口商品和由吉国境内出口商品，商品通关人应履行按本法规定的海关程序申报商品并遵守这一海关程序条件的义务。通过欧亚经济联盟关境的商品和运输工具，应按欧亚经济联盟海关法和本法的规定监督。吉国海关部门在实施监督时的任何要求都不能超过欧亚经济联盟海关法和本法最低保证限度，对商品和运输工具通过欧亚经济联盟关境和完成海关事务活动产生阻碍。

第 46 条 商品通过欧亚经济联盟海关关境

1. 商品通过欧亚经济联盟关境的地点称为通关口岸或吉国政府指定的其他地点。

2. 通关口岸为了给乘客、运输工具和商品通过欧亚经济联盟关境，必须具备良好的条件，吉国政府有权根据吉国法律规定，将通关口岸的基础设施项目进行转让与管理。

第 47 条 商品通过欧亚经济联盟的关境的禁令和限制

1. 如果除欧亚经济联盟海关法、本法、欧亚经济联盟成员国公约、吉国加入的国际公约、欧亚经济联盟关税委员会的决议、吉国法律禁令和限制外无其他规定，则商品通过关境时应遵守这些禁令和限制。

2. 将商品通过关境的人员、申报人、承运人或其他人，由于不遵守对这些商品进口到吉国境内或从吉国境内出口所设置的禁令和限制而产生的费用，吉国海关部门不予赔偿。由承运人负责运出商品。在无法立即运出时，商品应放入属于海关监管区的临时保管仓库或其他地方，并由商品通关人承担费用。这些商品的最长储存期不得超过 3 天，除非吉国法律对个别类别的商品规定了其他期限。如果超期，这些商品将由吉国海关部门进行处理。

第 48 条 未放行商品的使用和支配

在商品被放行前，任何人无权按照欧亚经济联盟海关法和本法规定以外的方式和条件使用和支配商品。吉国海关部门放行商品后，应根据所申请海关程序的条件或根据为个别商品种类规定的条件使用和销售。对于个别商品种类不应按照欧亚经济联盟海关法和本法规定的海关程序申报关税。

详解：

吉国政府有权在吉国边境设立通关口岸，以便将商品与运输工具顺利运抵吉国境内。承运人越过边界后，有义务将进口商品和车辆运送到通关口岸检查站或海关部门指定的其他地方接受海关检查。在检查前货物及其包装的状态不允许发生变化，包括印章和其他识别方式的修改、拆除或损坏。海关当局有义务公开吉国境内的通关口岸检查站海关机构既定限制和运作时间的信息。通过运输工具过境人员都需要完成海关业务，通常不需要离开运输工具。在吉国的领土上可能会根据吉国的立法设立特别经济区，适用特殊的税收条件。放在经济特区境内的商品，被认为是在吉国的海关关税和非关税调节措施对外贸易活动除遵守本法和其他吉国法律定义的情况。

所有商品越过欧亚经济联盟的关境时确立了主体平等的原则。商品以欧亚经济联盟海关法规定的方式通过海关边境运输。商品通关除需要严格遵守欧亚经济联盟海关法、欧亚经济联盟成员国公约、吉国加入的国际公约、欧亚经济联盟关税委员会的决议、吉国海关法、吉国法律禁令和限制外无其他规定。

禁止商品被进口到欧亚经济联盟海关关境，必须遵守类别限制的操作程序。根据欧亚经济联盟各国的进口、出口或限制商品的名录中商品实现非关税调节方式。

为了保证欧亚经济联盟的进口商品不会引起传染病和公共卫生事件，所有进口商品必须符合卫生和流行病学要求，并提交以下规范性程序：欧亚经济联盟海关卫生和流行病监测（控制）统一清单；确认产品（货物）安全的单一文件形式；对个人和运输车辆经过关境卫生和流行病监督（控制）的程序；卫生检疫站的专家在过境点进行的技术卫生检疫控制。

第十节　商品和运输工具进入境内

第 49 条　商品和运输工具进入吉国境内的地点和时间

商品和运输工具必须在吉国海关部门规定的工作时间内到达吉国境内。商品和运输工具在吉国海关部门规定的工作时间以外到达口岸，必须提前通知海关部门。承运人在尽可能短的期限内将商品和运输工具运送至口岸或向吉国海关部门通知商品和运输工具的地点，必要时按吉国海关部门规定的线路运送。运输情况下不允许改变商品的状态或损坏商品的包装，不允许改变、移除、毁坏铅封、封条、印章和其他识别标志。吉国政府有权规定个别种类商品到达吉国境内的具体口岸，并实施有效监管。以上内容不适用空运商品。

详解：

商品到达吉国关境需特别注意地点与时间。该法第 49 条规定了商品和车辆抵达欧亚经济联盟关境的地点和时间，地点为根据吉国的法律建立的检查站。根据 1999 年 3 月 19 日的边境法第 27 号“关于吉国国界”的内容，吉国政府设定通过国界的检查点。时间为海关部门的工作时间，吉国关境检查站的工作时间应尽可能与邻国海关工作时间保持一致。

第 50 条　发生事故或不可抗力情况下所采取的措施

对于发生事故或不可抗力的原因妨碍商品运送被迫停留或降落在吉国境

内规定的地方，承运人应采取所有措施保证商品和运输工具的完整，尽快将情况与商品通知最近的吉国海关部门。承运人或其他产生的费用，吉国海关部门不予赔偿。

详解：

在发生事故与不可抗力情况下吉国海关部门所采取的措施。对于一个不可抗拒的力量来说，情况是偶然的，不在事件正常发展关系中是不可避免的。传统意义上的不可抗力主要是指自然灾害。现代意义上的不可抗力也包括人为的敌对行为，如暴乱、罢工等情况。

如果商品因以上因素无法到达交付地点，使得飞机在吉国领土上强制降落，承运人有义务：采取一切措施确保商品与运输工具的安全；立即通知最近的吉国海关部门（报告商品与位置详情）；在吉国海关部门的容许下将商品运输至最近的海关检查点或海关指定的其他地方；费用自理。

第 51 条 通知吉国海关部门有关商品和运输工具到达吉国境内

商品通关人或承运人，应将商品和运输工具到达吉国境内的信息第一时间通知吉国海关部门。信息通知方式为法律上承认的方式：书面、电子和其他方式。

通过铁路站到达商品是以铁路部门书面或电子方式向吉国海关部门提交有关到达信息。通过航空运输商品到达吉国境内的通知，应由国际机场管理处向吉国海关部门提交民航国际航线飞机时刻表、飞机机组信息、到达机场和过境乘客数量，以及飞机上的商品和邮件信息。国际机场管理处应在飞机到达前一个小时通知吉国海关部门有关时刻表外的飞机到达信息。通过输送管道和电力传输线路通关时，商品到达的通知可以向吉国海关部门提供与商品有关的合同、许可证和其他文件。

详解：

在适用本条规定时应当注意的是关于商品和运输工具抵达吉国境内的初步通知。根据该法的规定，海关部门是国家授权的机关。海关部门执行海关业务，是由吉国政府授权的国家机构。具体的职能与权限由吉国海关法确定。

承运人提交单证和资料通知海关时需要根据运输商品的类型在商品名录中的要求提供。欧亚经济联盟海关立法中已经明确各类商品通关文件标准，这一标准必须严格遵守否则将禁止商品进口到欧亚经济联盟关境。

第 52 条　提交文件和信息

商品到达吉国境内时要求的信息和文件。到达吉国境内时提交的文件和信息等具体清单，由吉国政府确定，其中必须具有海关识别商品、运输与运输类型所必需的文件和信息。无论以何种运输工具运输，在通知商品到达吉国境内时应提交证明遵守禁令和限制的文件。

详解：

在分析有关程序性文件与信息关于商品和运输工具到达吉国境内的规定，需要表明：关于商品申报人、报关代理人、发货人、收货人、买方和卖方；运输工具，以及在欧亚经济联盟关境运输（将要运输）商品所使用的运输工具；为了计算和征收海关税费、保障措施关税、反倾销税和反补贴税及由海关征收的其他税费，为了保障遵守禁止和限制规定、内部市场保护措施、海关采取的知识产权保护措施，识别并归于《对外贸易活动商品目录》的一个十位数商品编码所必需的名称和描述；依照本法规定为了计算关税、进口环节税、保障措施关税、反倾销税和反补贴税适用的汇率；商品的合同及其条件；商品申报单填制人和填制日期等。

第 53 条　在到达地完成的海关业务

1. 到达吉国境内的商品从运输工具上卸载、倒装（换装）：在向吉国海关部门出示商品和运输工具的专用地点；在其他规定的到达地点，应根据相关人员的申请，经吉国海关部门许可。

2. 商品卸载和倒装（换装）的地点是海关监管区。上述地点应具备保证商品完整性，并排除非参与货物业务人员接触商品可能性的设备和设施。

3. 允许在到达地点根据申报的海关程序，进行与商品临时保管、海关申报和放行有关的海关业务。

4. 商品丢失或未经吉国海关部门许可将其转让给第三方，则由负责商品货运业务的承运人承担支付本法规定的关税和税收的责任。

5. 处于卸载、倒装（换装）地点的商品，属于临时保管商品。在临时保管的最长期限届满后，吉国海关部门可根据本法第十章的规定支配该商品。

详解：

到达吉国境内的商品从运输工具上卸载、换装需要按照在吉国海关部门出示商品和运输工具的专用地点。如果在其他地点，应根据相关人员申请，经吉国海关部门许可。允许将商品运送到吉国境内后更换运输工具。商品卸载和倒装的地点是海关监管区。在该区内操作应具备保证商品完整性，并排除非参与货物业务人员接触商品可能性的设备和设施。吉国海关部门对商品卸载和倒装地点的设备和设施使用相应规定。允许在到达地点根据申报的海关程序进行海关业务。如果商品丢失或未经吉国海关部门许可转移给第三方，则由负责商品承运人承担支付本法规定的关税和费用。对于事故、不可抗力或自然损耗、磨损造成商品的毁坏与丢失，承运人不承担支付关税和费用的责任。如果该承运人可以证明货运交易地点上存在对人的生命和健康产生威胁或商品损毁的风险，承运人将不承担未经海关部门允许的商品卸载、倒装，包装开封或重新包装，修改商品识别标识的责任。卸载或倒装（换装）地点的商品海关属性为临时保管商品，临时保管的最长期限届满后吉国海关部门可根据海关法规定处置该商品。

第 54 条　自动化控制系统在过境商品运输中的使用

吉国海关部门必须使用自动化控制系统对通过吉国关境运输商品相关信息进行监督。这些信息包括：商品到达吉国海关的申报地点，从吉国海关申报运出地点（临时保管仓库、海关仓库、免税仓库、免税海关区或特别经济区之间）。该自动化控制系统不适用于经输送管道和输电线路的商品。对于国际定期空运过程中出现的中间降落或迫降，并且商品未进行卸装的情况同样不适用。在此系统中运输的商品在吉国境内无须缴纳关税、费用。但是对于以下情况将被禁止：吉国对某类商品明令进口或出口；拒绝吉国边防和其他类型的国家监督检查的进口商品；没有根据吉国法律规定某些商品在吉国境内往来的许可或许可证；无法提供相关文件；无海关铅封、封条下运输；无法保证商品识别的情况。

详解：

这一条中需要注意的是关于无法保证商品识别的情况。在自动化控制系统中的过境商品除非出现事故或不可抗力的情况，经吉国海关部门许可可以倒装、卸载、装载和其他运输操作。如果在未经吉国海关部门许可的情况下自行操作，吉国海关部门按欧亚经济联盟海关法相关规定对商品进行处置。海关部门根据商品运输期限、运输类型、运输工具的能力、线路和其他运输条件确定。如果在检查文件和识别商品时没有发现违反吉国海关事务领域的法律，则应在运输工具登记之时起 24 小时内在指定地点完成相关程序。承运人应在运输工具到达商品送达地点之时起 1 个小时内，提交商品运输文件以及承运人所持有的其他文件。如果在吉国海关部门规定的工作时间外到达，则应在吉国海关部门工作时间开始起的 1 个小时内提交。

第 55 条　离境商品识别及其文件

离境海关部门应保证目的地海关部门识别商品中不会出现因商品存在操作痕迹而被没收的情况。在运输工具、集装箱配置和商品性质允许对其加装铅封或封条，并使用这些铅封、封条作为识别工具。除此之外，还可以通过数字、字母或其他识别标记。例如，在个别货运地方加注铅封、封条、钢印、商品和运输工具描述，使用包括吉国海关部门人员所做图例、照片等识别商品的方法。

吉国海关部门也可使用外国海关部门的海关铅封、封条和其他识别方式，但不包括以下情况：离境海关部门认为这些方式不可靠或不牢固，不符合本法要求；离境海关部门对商品进行海关查验。

如果吉国海关部门使用外国海关部门的海关铅封、封条或其他识别手段，则应遵守吉国海关部门识别方式采取的禁止改变、去除、损毁或损害的规定，以保证离境商品的准确性。吉国海关部门也可以使用安全包手段，这是一种特殊的保护措施，防止商品与随行文件不会被去除或替换，保证运输工具留下明显曾被打开的痕迹。

详解：

该条的目的是提供离境海关根据海关程序办理海关过境的商品的识别。识别标识是通过一般特征和特殊特征的组合来确定对象的身份的过程，出于商品识别的目的，出境海关有权使用详解：本文第 54 条和第 55 条所列方式。在下列情况下海关不得放行：识别手段被海关部门认定为不足或不可靠；出境海关对货物进行海关检查。应该注意的是，商品识别文件和手段可以更加多样化。

第 56 条　运输商品工具与集装箱在海关铅封、封条下状态

海关铅封、封条作为海关识别手段经常使用到，除商品外对于运输工具、集装箱在条件允许下则可直接将铅封、封条加注，并且需要保证以下特性：牢固的方式加封；不能出现开启痕迹或损害铅封、封条的情况；运输工具中不存在用于藏匿商品的秘密空间；商品放置易于海关检查。

如果运输没有被允许用于海关铅封和封条下时，发货海关部门必须提供该商品适于在无海关铅封、封条下运输货物的决议。在吉国法律规定前提下，吉国海关部门不会要求运输工具、集装箱无海关铅封、封条下运输。

详解：

海关商品的运输一般是由车辆或集装箱进行的，必须配备适当的设备。允许将商品置于海关铅封和封条之下，用车辆或集装箱运输。也就是说，海关铅封和封条方式使商品无法从车辆载货密封状态下被转移或损坏。在这种情况下可以保证车辆内没有隐藏货物的空间，也方便海关查验。

如果运输没有被允许用于海关铅封和封条下时，发货海关部门必须提供该商品适于在无海关铅封、封条下运输货物的决议。此类商品运输的决议需

要提前五日向海关部门申请。需要注意的是，如果在运输过程中工具发生变化，此决议即被视为无效。

第 57 条　过境商品承运人的义务

在使用商品运送自动化监督系统运送商品时，承运人必须：

1. 将商品及其文件按规定期限运送至离境海关部门指定的地点，并根据运输文件中注明的目的地（位于目的地海关部门活动区内的海关监管区），如果同时规定了线路，则应按规定的线路运送。

2. 保证商品以及海关铅封、封条或其他使用的识别方式的完整性。

3. 在未通知吉国海关部门的情况下，不允许分装、装运不足，或进行其他任何操作，除非商品是在本法第 50 条规定的情况下倒装到其他运输工具上。

详解：

在出境过程中承运人必须遵守以下义务：将商品及其文件按规定期限运送至离境海关部门指定的地点，并根据运输文件注明的目的地。如果同时规定了线路，则应按规定的线路运送；保证商品以及海关铅封、封条或其他使用的识别方式的完整性。

在未通知吉国海关部门的情况下，不允许分装、装运不足，或进行其他任何操作，除非商品是在本法第 50 条规定的情况下倒装到其他运输工具上。承运人也有义务确保货物的安全；承运人在未经海关部门许可的情况下不准装载商品。

第 58 条　过境承运人和发货人的责任

1. 在未将外国商品运送至目的地海关部门活动区的海关监管区时，承运人应缴纳相当于将该商品放行用于内部消费需求使用时所应缴纳的关税和税收。

2. 如果在未违反本节规定的条件和要求的情况下，商品由于事故或不可抗力的情况，或正常运输条件下商品自然磨损或损耗而造成的商品损毁、损害或无法挽回的丢失，承运人不承担未遵守本法规定所应承担的责任。

3. 如果由于事故或不可抗力，或由于正常运输条件下的自然磨损或损耗造成商品损毁或无法挽回的丢失，承运人和发货人不承担缴纳关税和税收的责任。

4. 在内部海关过境将商品倒装到其他车辆时，负责使用该车辆运输商品的承运人，应承担遵守本条规定的条件和要求的责任。这时，缴纳关税和税收的责任由从事内部海关过境的承运人或发货人承担。

详解：

在未将过境商品运送至海关监管区时，商品将按境内消费需求，承运人或发货人应缴纳放行该商品时所应缴纳的关税和费用。根据《欧亚经济联盟海关法》第 186 条第 1 款（在将加工产品置于放行供境内消费海关制度下时，进口关税应按照在联盟关境外加工作业价值予以计算）规定特征的申报人，与承担人或发货人承担因未将货物运至目的地而应缴纳的关税和费用的共同责任。如果由于事故或不可抗力的情况，或正常运输条件下商品自然磨损造成的商品损毁而无法挽回的损失，承运人不承担责任。如果对乘客和乘务人员的生命和健康产生威胁的情况下，未经吉国海关部门允许卸载、倒装、打开包装或重新包装，改变、去除、损毁或损坏商品的识别方式，承运人同样不承担责任。在按本条要求已完成的情况下，吉国海关部门无权以承运人未按规定线路运输或违反内部海关过境期限为由向承运人或发货人提出缴纳关税和费用的要求。过境商品在境内倒装到其他车辆时承运人必须承担遵守本条规定的责任。

第十一节　海关承运人

第 59 条　作为海关承运人的经营

海关承运人可以是从事经营，并根据本法规定为完成该经营项目而被列入海关承运人登记名录的本国法人。海关承运人是指运输海关监管下的商品，而无须担保支付海关费。

第 60 条　海关承运人的义务

海关承运人遵守本法规定的条件和要求。核算所运输的海关监管商品并向海关部门提交商品运输报告。支付本法第 58 条规定的关税和费用。

海关承运人对从商品发货人或收货人处获得的信息的态度：从商品发货人或收货人处获得的信息，构成商业、银行或受法律保护的其他秘密以及其他保密信息的，海关承运人不能泄露，不能为了自己的目的使用、转交给他人，除非是吉国法律规定的情况。

第 61 条　海关承运人对从商品发货人或收货人处获得相关信息的处理

从商品发货人或收货人处获得的信息为商业秘密，其中包括银行和其他受法律保护的秘密，海关承运人不能泄露和不能使用于个人目的。在未经吉国法律容许的情况下，不能转交给第三方。

详解：

作为海关承运人开展活动的前提是履行以下职责：交付货物和文件，而不改变包装和状况，遵守交货时间和交货地点；保存海关监管下的货物记录，并向登记的海关机构提供有关运输的报告；提供车辆装载和换装，并根据与其他企业或组织的协议进行卸载和换装；发生事故和不可抗力事件时，采取一切必要措施确保货物的安全，防止未经授权商品的灭失与损耗。

从商品发货人或收货人处获得的商业信息为保密信息。海关承运人如果泄露这些信息给发货人或收货人带来损失，将按吉国相关法律承担相应责任。

第十二节　商品的临时保管

第 62 条　本节总则

商品临时保管的内容与临时保管业务操作、临时保管的期限由《欧亚经济联盟海关法》第 167 条、第 170 条、第 171 条规定，易腐烂商品限时保管的最长期限不超过 10 天。作为海关事务中的违法物证应在法院判决或案件终止决议生效前保持临时保管。

详解：

根据《欧亚经济联盟海关法》第 167 条规定的商品的临时保管要求，在海关部门监督下临时保管外国商品在完成海关部门申报海关手续，缴纳关税和其他费用的情况下才可以放行。

临时保管是具有独立含义的海关法律机构，其中包含与其他法律部门的类似概念。海关商品的临时保管是商品和跨海关边境运输车辆在提交到海关部门监管下，海关部门对商品和运输车辆按照执行海关程序发布之前的法律地位。在此，法律规定了商品和车辆在被放行后处于合法地位的时间限制。

海关监管商品和运输车辆临时保管是需要临时保管的商品承运人、临时保管仓库所有人、商品搬运人和吉国海关部门相互协作的过程。

商品和运输车辆临时保管的通关操作。商品和运输车辆从到达海关部门那一刻起，在被放行之前自动暂时存放。进口时由承运人或其授权的人员向海关部门通知关于商品和运输车辆抵达吉国境内或交货地点。

在出口时代理人在商品和运输车辆抵达交货地点时，由承运人或他们授权的人将商品转移至临时保管仓库内并通知海关部门。只有在海关部门同意的情况下，才能将商品运送到其他地方。在需要考虑商品性质的情况下，商品搬运人员与海关部门可以直接到达商品存放区域内进行清关程序。在这种情况下商品和运输车辆位于非临时保管仓库的地方，但是它们同样获得了临时存放的合法地位。

临时保管仓库商品保管期限在本法中也有规定，一般情况下为 2 个月，最长时间不得超过 4 个月。如果临时保管仓库由政府机构建立则储存期可以达到 6 个月，没有及时领取或没收的航空运输行李储存期也为 6 个月。在欧亚经济联盟海关决议中特别规定了某些类别的商品临时储存期不得超过 2 个月。对于易腐商品临时储存最长时间不得超过 10 天，吉国政府 2009 年 2 月 12 日第 120 号决议设立了易腐产品清单。

第 63 条　临时保管地点的确定

临时保管地点是临时保管仓库，并包括在吉国政府规定的商品收货人的仓库、海关部门授权的运营商的场所、国际邮件转运地的独立场所、航空或铁路旅客运送合同框架内运输中无人领取行李保存点。外国商品进入和运出吉国时，机场区域内外国商品卸装和倒装（转运）点与吉国海关部门。

批准的铁路站范围内不设装卸铁路线和集装箱货场。

任何进出关商品都可以放置在临时保管仓库。对于需要特殊保存条件的商品临时保管仓库应有相应特别配备用于保存此类商品。以其他形式临时保管商品需要获得海关部门签发许可，包括提供保证支付关税、费用的要求。在将商品存放在其他形式临时保管时需要按吉国政府规定向吉国海关部门提交相关文件与信息，其中包括商品放置在临时保管仓库的方式与运输类型等。

详解：

任何进出关商品都可以放置在临时保管仓库。对于需要特殊保存条件的商品临时保管仓库应有相应特别配备用于保存此类商品。这一内容是根据《欧亚经济联盟海关法》第 167 条规定确定的。根据《欧亚经济联盟海关法》，确定了什么是临时保管仓库和临时保管仓库构成。同时确定在吉国境内设立临时保管仓库，以及临时保管仓库存放许可证的条件和程序。吉国政府建立的临时保管仓库包括：商品收货人的仓库；国家机构为商品的接收者时政府部门设立的仓库；海关部门设立的仓库；海关部门授权的个人运营场所或场地；吉国政府规定的旅客未领取行李的存放地点；在海（河）港境内卸货和转运商品的地点；铁路运输商品临时保存的特殊性决定了铁路地点是由海关部门议定的。吉国海关法中保留了以欧亚经济联盟立法基础采用的临时保管仓库，但是吉国法律同样自行规定了在临时保管需要特殊条件的情况下，吉国海关部门可批准符合保管条件的其他场合为临时保管仓库。

通常情况下任何通过吉国海关边境运输的商品和运输车辆都可以放在临时保管仓库内。承运人有义务在运输车辆到达地点后 1 小时内提交商品相关文件，如果到达时间不在海关部门工作时间，则需要在海关部门开始工作后 1 小时内提交。铁路运输时提交文件的截止时间不得超过 12 小时。

吉国政府制定了临时保管仓库的设施、技术和运行模式要求。需要具备以下条件：海关要求的仓库地点与设备；仓库内商品和运输车辆的临时存放条件；仓库完整运行模式；海关与仓库所有者的联动计划；商品储存和运输车辆台账管理与其他条件。

临时保管仓库保管的商品，经海关部门同意可由临时保管仓库所有人进行检验与检测。承运人负责提供商业单据随着商品和运输工具一同提交海关部门。上述文件还应包含商品和运输车辆的识别信息，放置位置与识别信息种类。在海关通知商品和运输车辆抵达后的 24 小时内，必须将其放置在临时保管仓库内，如果没有通知，截止日期是从通知期限到期计算的。

临时保管仓库属于海关管制区。作为临时保管仓库所有者需为吉国法人实体，并且在临时保管仓库所有人名录中，方可容许从事海关服务活动。临时保管仓库的位置必须经由海关部门批准，不容许临时保管仓库建立在任何形式的移动车辆或移动运输设备上，临时保管仓库必须具有详细邮政地址。本条还规定，可以将商品放置在任何临时保管仓库内，并受本法规定的限制。如果换库必须遵守将商品和运输车辆放入另一个临时保管仓库的所有必要程序，保证商品和运输车辆的安全。

第 64 条　腐烂或损坏的商品

由于商品临时保管期间发生的事故或不可抗力情况而腐烂、变质或损坏，应根据本法规定办理相关海关程序。

详解：

本文是关于已经腐烂或损坏无法使用的商品的规定。为了正确分析本条，有必要分解这些概念：由于事故或不可抗力而变得不能使用、损坏的概念。因腐烂变得无法使用的商品是由于其个体特性在时间的影响下丧失了使用性的商品。因事故而损坏的商品是由于机械或其他影响而失去质量的商品。因不可抗力造成的损坏是因不可抗力而丧失品质的商品，不可抗拒的力量不依赖人的条件（如自然灾害）。

第 65 条　临时保管仓库的类型

临时保管仓库分为开放式和封闭式。可以保存任何商品和由任何人使用的临时保管仓库，是开放式仓库。封闭式仓库用于特定商品或特定人员的商品的临时保管仓库，其中包括限制流通或需要特殊保管条件的商品。吉国政府确定临时保管仓库的基础设施、技术、照明和工作制度的要求。

详解：

本条讲述临时保管仓库的类型，分为开放式和封闭式。在吉国建立临时保管仓库必须满足以下条件：

1. 建立临时保管仓库时需要确定仓库保管商品与运输工具类型。

2. 临时保管仓库的所有人必须是吉国法人。临时保管仓库所有人的义务参照本法第 66 条和吉国其他相关法律履行职责。

第 66 条 临时保管仓库所有人的义务

临时保管仓库所有人的义务是根据吉国法规的要求建设仓库，保证在无海关部门监管下商品的安全性与完整性。确保在吉国海关部门工作时间以外到达的商品和运输工具放置在仓库或海关监管区域，并协助实施海关监管。及时核算并向吉国海关部门提交保管商品的报表，保证未经吉国海关部门许可，第三方无法接触所保管的商品和运输工具并缴纳关税和费用。

详解：

仓库的所有人对于仓库的建设有一定的义务。对仓库的技术要求应该排除商品和运输工具避开海关监管进入仓库的可能性。海关部门必须设置具体要求设计、安排和临时存储的位置，设置双重保险装置以确保海关部门行为的权利。仓库所有人必须确保未经授权的人员坚决不可以进入仓库。授权访问到仓库的员工名单必须在获得临时保管仓库建设许可证时一并提交给海关部门。

库存结果的文件必须在清单完成后的 10 个工作日内提交海关部门。临时存储的清单下海关部门在自己权限内任何时候都可以对临时保管仓库的商品和运输工具进行查验。

临时保管仓库的所有人对所保管商品和交通工具情况每月以纸质版和电子版形式上报海关部门。

如果临时保管仓库的所有人丢失许可证或未经海关部门许可，其应支付所保管在临时保管仓库所有商品的关税和费用。

临时保管仓库的所有人应对商品因储存条件不足所产生的损失进行赔偿，对不可抗力或自然损耗丢失的情况责任免除。

第 67 条　临时保管仓库所有人与临时保管仓库放置商品所有人之间的关系

临时保管仓库所有人与临时保管仓库放置商品所有人之间的关系，建立在合约基础上。

详解：

临时保管仓库所有人与临时保管仓库存放商品的人之间的关系是建立在合同基础上的。合同根据为吉国对民事立法的要求。

第 68 条　临时保管商品时限，缴纳进口关税、费用义务的产生及终止，以及缴纳期限

临时保管商品时限，缴纳进口关税、费用的义务将根据《欧亚经济联盟海关法》第 172 条的规定产生和终止。

第 69 条　将商品置于临时保管仓库

吉国海关部门可以在以下情况下将商品置于临时保管仓库：吉国海关部门在海关监管中发现非法运入吉国境内的商品，或违反进口关税和税收优惠商品报关程序，导致在欧亚经济联盟的关境内未缴纳关税、费用的商品；查封和没收的商品；扣押的属于行政违法行为或犯罪对象的商品及其文件。

保管费用由被追究行政或刑事责任的人支付，以及在注明的情况下赔偿临时保管仓库所有人的损失。

详解：

吉国法律规定在三种情况下，海关部门具有在临时保管仓库强制安置商

品的权力：

1. 检测吉国立法禁止进口吉国境内的商品；

2. 海关特别审计时对商品实施扣押；

3. 商品在不实报关造成关税、费用损失或不遵守吉国对外贸易调控法的商品。

第 70 条　对于临时保管仓库所有人取消其资格时，对所保管商品的处置

对于临时保管仓库所有人取消其资格时，保存在该仓库的商品应在取消资格之日起 30 天内转移至其他临时保管仓库。

详解：

吉国国家授权机构可以在下列情况下对临时保管仓库所有人取消其资格：仓库所有人在海关领域实施了两次以上的行政违法行为；由法院判定仓库所有人无力偿债而宣布破产；根据吉国立法规定的仓库所有人股权重组；应仓库所有人申请撤销临时保管仓库所有人资格。

第四篇

正式海关程序

第十三节　出境商品

第 71 条　商品和运输工具离开吉国时的海关业务

商品和运输工具在吉国海关部门根据欧亚经济联盟海关法与本法规定的出口商品的海关程序同意离开吉国。通过管道运输和电力传输的商品从吉国出口时需要完成特殊海关程序，此程序根据出口商品的特点由吉国政府根据本法规定。

详解：

该法条中需要注意的是商品出发的时间和地点，商品由吉国境内运输工具出发允许到按照吉国国家边界立法的海关检查站，并且一定在海关部门工作时间内。根据欧亚经济联盟海关法，出境商品是指越过边境海关的任何动产、证券和（或）外币、旅行支票等。

运输工具类别包括任何船只、飞机、机动车辆、拖车、轨道车辆（铁路机车车辆）并提供其技术说明书。如果与这些运输工具一起的运输备件或容器、燃料、润滑材料，冷却液和其他液体，也需要提供相关技术参数。跨越国界的过境点可以是铁路、公路、车站、海运与内河港口、国际航班的机场的领土，以及其他具有过境的特别装备以对人与交通工具管制的地区。

海关部门的工作时间根据吉国的法律由授权的国家机关负责人确定。 吉国境内机场海关检查站工作时间应与检查点所在机构服务工作时间相一致。在其他运输工具所设海关检查点工作时间需要考虑运输特殊性与对外贸易活动参与者的需要。海关部门检查站位于邻国过境点的国家边界处则工作时间应与邻近国家海关部门的工作时间相一致。对于被审查不适用于过境吉国境内飞机运输的商品，则不得在位于吉国境内的机场停留。

第 72 条　出境提交文件和信息

获得吉国海关部门准许商品和运输工具离开吉国境内的许可，承运人应向吉国海关部门提交出口商品和运输工具信息的海关申报单。承运人还应保证按欧亚经济联盟海关法和本法规定的方式，在海关申报单中注明所运输商品的信息。吉国海关部门要求的信息和文件仅应用于海关识别商品和运输工具范围内。商品和运输工具离开吉国境内时的信息和文件的具体清单，应根据运输方式由吉国政府确定。

详解:

这一条禁止未经批准商品和车辆驶离吉国关境。商品从吉国的出境需要海关许可，并提交海关部门明确的海关放行文件和完成出境程序。这种海关程序包括:

1. 承运人必须向海关提交文件中确定商品的类型（海关境内加工、海关境外加工、临时进口、海关仓库转口、临时出口与免税贸易等）。

2. 承运人提交在海关边境内运输商品人员名单，包括海关监管下的商品运输人员，或负责使用车辆的人员。

3. 承运人以电子文档提交文件［欧亚经济联盟“关于跨欧亚经济联盟

海关边境运输的商品和车辆的信息交换”协议（2012 年 7 月 1 日）强制性实施］。

欧亚经济联盟内商品流通不在计算范围内，仅计算由欧亚经济联盟关境出境商品。

第 73 条　商品运出吉国时的要求

商品应按申报海关程序时的数量和状态实际运出吉国，除非在正常运输和保存条件下由于自然磨损或损耗，或商品自然性能发生的数量和状态变化。如果由于事故或不可抗力，以及吉国现行标准和规范下发生的商品损失或变化，则无须承担未遵守本条规定的责任。

详解：

从吉国境内出口的商品按照一般海关程序下状态和数量不容许发生改变。但对于以下情况数量或状态的变化是允许的，例如，由于商品自然磨损、运输损耗或正常条件下商品储存与运输的自然性质的变化，以及数量的变化。

由于在运输工具中存在不可移除的残余物而引起的商品数量的变化可能的各种原因：

1. 液体和气体物质黏附到金属的孔隙中；

2. 运输商品液态向气态的转变，并因此通过未密封的舱口挥发；

3. 客观不可能从运输的液体中 100%释放储罐和其他容器。

在吉国技术法规和标准规定的情况下因事故或不可抗力发生商品损失与数量变化，以上规定仅适用于国外商品。不管商品数量减少的原因，国内商品的出口数量可能少于某一海关程序下所报数量。

第十四节　海关制度

第 74 条　海关制度种类

吉国商品海关制度规范的种类包括：放行供境内消费、出口、海关转运、海关仓库、海关境内加工、海关境外加工、加工境内消费、临时进口、临时出口、再进口、再出口、免税贸易、销毁、收归国家所有、自由关税区、自由仓库与特别海关程序。对于免税仓库和自由关税区的配置、装备和功能要求，免税仓库所有人的义务和经营条件等业务问题，由吉国政府根据欧亚经济联盟成员国之间的公约确定。

第 75 条　海关制度的选择和变更

吉国商品通关人根据欧亚经济联盟海关法和本法规定的方式和条件，无论商品的性质、数量、产地国、发送地和目的地，可以在任何时间选择海关制度。商品通关人有权根据欧亚经济联盟海关法和本法规定变更所选择的海关制度。

第 76 条　将商品置于海关制度下

根据欧亚经济联盟海关法和本法规定，运入吉国境内除已经在欧亚经济联盟其他关境入境与在欧亚经济联盟内生产以外的商品必须在海关制度下办理。从吉国境内运出的商品，如果是出口至欧亚经济联盟关境外，应按照本法和吉国其他法律法规规定的条件和方式在一种海关制度下办理。商品被置于海关制度之日即为吉国海关部门根据本法放行商品之日。

第 77 条　未遵守海关制度条件的责任

未遵守海关制度条件和要求的责任，以及缴纳关税的责任，由本章规定的人员承担。只有在以下情况下无须承担该责任：未遵守海关制度条件和要求是由于商品处于海关监管下；在根据内部消费放行制度规定下的商品放行前；未违反本法规定的条件和要求时由于事故或不可抗力情况造成的无法弥补的损失、损坏或损毁，以及商品的数量或状态在正常运输、保存和使用条件下；由于自然磨损或损坏或商品自然性能的原因发生变化，上述业务是根据本章的规定适用一定海关制度的情况下完成的。

对于运出吉国的商品，或该商品的加工产品，由于事故或不可抗力情况造成的无法弥补的损失或损毁，正常运输、保存、使用条件下的自然磨损或损耗，以及由于外国机构的不合法行为造成的损失等原因，这些商品或其加工产品无法返回，则相关主体无须承担责任。为确定自然磨损或损耗，应适用吉国现行标准和规范。证明造成商品不可弥补的损失、损害或毁损的数量和（或）状态变化状况的义务，由本章规定的人承担。发生在外国的状况，由在外国境内登记的吉国领事机构证明。

第 78 条　将商品置于海关制度下相关的海关费用缴纳义务和终止

将商品置于海关制度下完成海关制度行为相关的关税和费用缴纳义务，根据欧亚经济联盟海关法的规定产生和终止。

第 79 条　没收（查封）置于海关制度下的商品的后果

按照欧亚经济联盟成员国法律规定，没收或查封置于海关制度下的商品时，相关海关制度中止。如果作出有关取消没收或查封商品的决议，则可恢复海关制度的效力。在恢复海关制度的效力时，根据本章规定加算和支付利息时，无须加算和缴纳海关制度效力中止期间的利息。

根据法院判决将置于海关制度下的商品充公或归国家所有时，针对这些商品的海关制度效力应终止，而被充公或归国家所有的外国商品获得欧亚经济联盟商品的地位。

如果追究相关人员的行政或刑事责任与未遵守海关制度相关，且未遵守的行为导致无法继续适用该海关制度，则应在追究相关人员责任的决议生效后的 15 日内完成该海关制度。未完成海关制度的商品，根据欧亚经济联盟海关法的规定将被吉国海关部门扣押。

详解：

欧亚经济联盟海关法在海关术语上发生的变化：“海关程序”的概念为“海关制度”所取代。在向海关申报商品时或者在递交商品申报单前申报商品已放行时，通过申报欧亚经济联盟海关法规定的海关制度，或者通过将商品进口到港口自由经济区区域，欧亚经济联盟海关法规定的人有权选择欧亚经济联盟海关法规定的海关制度。

自向海关部门递交海关申报单或者在递交商品申报单前申请商品放行之时起，商品开始置于海关制度下，但本法有不同规定的除外，且商品置于海关制度下直至商品放行。商品放行之日为将商品置于海关制度下之日。证明遵守将商品置于所申报海关制度下条件的义务由申报人承担。应当实施卫生检疫、动物和植物卫生检疫及其他种类国家监管的商品，仅在实施相应种类国家监管（监督）后置于海关制度下。

如果在实施非关税调节措施时规定了海关制度，且对其实施此措施的商品不准置于这些海关制度下，则无论本编如何规定，这些商品均不得置于这些海关制度下。海关制度效力对其已终止的位于欧亚经济联盟关境的外国商品、位于欧亚经济联盟关境和从欧亚经济联盟关境运出，应当置于对外国商品适用的海关制度下，但欧亚经济联盟海关法规定情形除外。在适用效力已终止的海关制度框架下获取、制造的商品，为了继续位于欧亚经济联盟关境使用、从欧亚经济联盟关境运出，应当置于根据在海关制度效力期间商品获得的地位对这些商品适用的海关制度下，但欧亚经济联盟海关法规定情形除外。海关制度效力对其已终止的位于欧亚经济联盟关境外的商品，应当置于对欧亚经济联盟商品适用的海关制度下，而为了运入欧亚经济联盟关境，应当置于对外国商品适用的海关制度下。

在对这些商品的海关制度效力终止后，如果依照本条规定将商品置于海关制度下，则适用欧亚经济联盟海关法规定，不考虑欧亚经济联盟海关法规定的计算和缴纳关税、进口环节税、保障措施关税、反倾销税和反补贴税的特点，为规定情形下海关制度效力中止和恢复的办法由委员会规定。

如果依照成员国立法规定收缴置于海关制度下的商品，或者对这些商品进行扣留，那么对这些商品的海关制度效力中止。如果作出取消收缴商品的决定或者取消对其进行扣留的决定，海关制度效力决定发生法律效力之日的次日起或者自此决定规定之日起予以恢复。在恢复海关制度效力时，依照本法规定计算和缴纳的利息在海关制度效力中止期间不予加算和缴纳。如果根据法院判决将置于海关制度下的商品予以没收或者转变为成员国财产，对这些商品的海关制度效力终止。如果依照成员国立法规定追究人的行政责任或刑事责任与其不遵守依照海关制度使用商品条件有关，且不遵守依照海关制度使用商品条件导致不能继续适用此海关制度，则海关制度效力应在追究人的责任的相应决定（判决）生效之日的次日起 15 个工作日内结束。

第十五节　放行供境内消费的海关制度

第 80 条　本节总则

放行供境内消费的海关制度内容和将商品置于放行供境内消费海关制度的条件，根据《欧亚经济联盟海关法》第 209 条、第 210 条规定，如果商品被置于放行供境内消费的海关制度下，在该商品进口至吉国境内时，欧亚经济联盟成员国海关不会要求将该商品再次置于海关制度下。

第 81 条　在商品有条件放行时放行供境内消费的海关制度的应用

在提供进口关税、税收政策优惠，并限制商品使用和（或）支配的情况下，办理商品的放行供境内消费的海关制度时，商品为获得《欧亚经济联盟海关法》第 200 条第 7 款规定的欧亚经济联盟商品地位，不需要再次将商品置于海关制度下办理，为了获得欧亚经济联盟商品地位，本法第 180 条规定了关税和税收的缴纳方式。

第 82 条　进口关税和税收缴纳义务的产生和终止

对于放行供境内消费的海关制度的商品，进口关税和税收缴纳义务的产生和终止，及其支付期限对于内部消费放行海关程序的商品，进口关税和税收缴纳义务的产生和终止，及其支付期限，由《欧亚经济联盟海关法》规定。

详解：

放行供境内消费海关制度，是指对外国商品适用的一种海关制度，依照该海关制度，商品位于欧亚经济联盟关境并在欧亚经济联盟关境内消费，没有在海关调整领域里的国际条约和法律文件对外国商品规定的占有、使用和限制，但本法有不同规定的除外。置于放行供境内消费海关制度下的商品获得欧亚经济联盟商品地位。

商品置于放行供境内消费海关制度下的条件是：依照本法规定缴纳进口关税与费用；依照本法禁止和限制规定；遵守关税与其他费用以外的其他形式的内部市场保护措施。商品从欧亚经济联盟关境实际运出之日的次日起 3 年内将其置于放行供境内消费海关制度下，商品状态保持不变，但在运输和正常条件下由于自然损耗改变的除外，同时海关可以识别商品。向海关提交商品从欧亚经济联盟关境运出情况的信息，这些信息通过提交海关单证和其他单证予以证明。

对置于放行供境内消费海关制度下的在递交商品申报单前申报放行的商品，海关登记在递交商品申报单前放行商品申请时起，对递交了商品放行申请的人产生缴纳进口关税与费用的义务。对置于放行供境内消费海关制度下的在递交商品申报单前申报放行的商品，在下列情况发生时，申请的人缴纳进口关税与费用义务终止：

1. 海关调整立法规定认定外国商品因为事故或者不可抗力作用损毁和灭失的事实，或者在运输和正常储存条件下由于自然损耗导致商品灭失的事实，如果在这些商品放行前发生了这些损毁或者灭失；

2. 在递交商品申报单前拒绝放行的商品；

3. 依照成员国立法规定没收的商品或者将商品转变为该成员国财产；

4. 依照本法规定海关扣留的商品；

5. 在对犯罪报告进行核查过程中，在刑事案件诉讼或者对行政违法案件实施具体行政行为程序过程中收缴或者扣留的且对其作出了退还决定的商品，如果先前没有放行这些商品，置于临时储存或者置于一种海关制度下。

如果对置于放行供境内消费海关制度下的在递交商品申报单前已放行，且对其海关发送了电子单证或者填写了相应记录的商品，依照欧亚经济联盟框架下的国际条约或加入欧亚经济联盟的国际条约规定，按照比《欧亚经济联盟统一关税税则》规定更低的进口关税税率缴纳进口关税。

第十六节　出口海关制度

第 83 条　出口海关程序的内容

出口海关制度的内容和将商品置于出口海关程序的条件，由《欧亚经济联盟海关法》第 212 条、第 213 条规定。

第 84 条　不征收出口关税的商品的出口

不征收出口关税的商品在出口时，按照简化方式办理申报，且对该商品海关价值不予申报和证明。申报不征收出口关税的商品时，应向吉国海关部门提交以下文件：商业文件；如果有运输文件，应提交；许可证、证书和（或）其他证明遵守规定的限制的文件，如果需要；证明缴纳关税的文件。

第 85 条　针对出口海关程序下商品的出口关税、税收缴纳义务的产生和终止，及其缴纳期限

针对出口海关程序下商品的出口关税、税收缴纳义务的产生和终止，及其缴纳期限，由《欧亚经济联盟海关法》第 214 条规定。

详解：

出口是一种海关制度，这一制度用于商品向欧亚经济联盟的关税区之外运输。需要注意的是，从吉国到俄罗斯、哈萨克斯坦或白俄罗斯的商品流动被认为是相互贸易不属于出口。吉国在这项海关制度中主要借鉴欧亚经济联盟海关法的规定。

出口海关制度，是指对欧亚经济联盟商品适用的一种海关制度，依照该海关制度，这些商品从欧亚经济联盟关境运出已永久位于欧亚经济联盟关境外。置于出口海关制度下且从欧亚经济联盟关境实际运出的商品失去欧亚经济联盟商品地位。

商品置于出口海关制度下的条件：缴纳出口关税、商品通过海关边界和置于出口海关制度下应遵守的限制规定。根据实施卫生防疫和放射性监管要求，需要证明已遵守要求。如果确立禁止和限制规定的法律文件没有规定证明遵守禁止和限制规定的情形，在商品通过欧亚经济联盟海关边界时，以及在将商品置于出口海关制度下时，应证明遵守了这些禁止和限制规定。

在出口海关制度下的商品，自海关登记商品申报单时起申报人就产生缴

纳出口关税义务。

商品在出口海关制度下，终止申报人缴纳出口关税义务有以下几种情况：

1. 依照出口海关制度规定且适用缴纳出口关税优惠放行的商品；

2. 根据本规定计算和应当缴纳的税额履行缴纳出口关税义务；

3. 出口海关制度中拒绝放行的商品；

4. 依法撤销商品申报单或依法取消商品放行，在登记商品申报单时已产生的缴纳出口关税义务；

5. 依法规定没收的商品或者将该商品转变为该国财产（收入）；

6. 依照本法规定海关扣留的商品。

出口关税应当按照在货物（物品）申报单中计算且考虑缴纳出口关税优惠的出口关税税额予以缴纳。

第十七节　海关转运

第 86 条　本节总则

海关转运的海关程序的内容和条件，由《欧亚经济联盟海关法》第 215 条、第 216 条规定；遵守海关转运的保证措施，根据《欧亚经济联盟海关法》第 217 条第 1 款的规定实施；海关转运时除非在《欧亚经济联盟海关法》第 217 条第 2 款规定的情况下，吉国海关不要求提供缴纳关税和税收的保证；商品运送地点和期限根据《欧亚经济联盟海关法》第 219 条、第 220 条确定；为了在不破坏海关铅封、封条下运输商品，国际运输工具应按照《欧亚经济联盟海关法》第 221 条规定的要求进行装备和配备。

第 87 条　商品转运的通知

根据本法规定的条件经通知吉国海关，可允许商品转运。

第 88 条　在海关过境时，进行的商品卸装、倒装和其他货运操作，以及更换国际运输工具

根据海关转运的海关程序运输的商品，经发运海关或相应的货运操作业务实施地所在经营区的海关同意，在《欧亚经济联盟海关法》第 222 条规定的情况下，可以进行商品卸装、倒装和其他货运操作，以及更换运输商品的国际运输工具。

第 89 条　海关转运的海关程序下商品运输时承运人的义务和责任

海关转运的海关程序下商品运输时承运人的义务和责任，由《欧亚经济联盟海关法》第 223 条确定。如果未完成海关过境的海关程序下运输货物的义务，承运人应承担吉国法律规定的责任。在未将商品和文件运至目的地海关时，承运人应根据将商品置于海关过境程序的海关部门所在的欧亚经济联盟成员国的法律承担责任，如果吉国签署的国际公约对此作出规定，则适用国际公约。

第 90 条　海关程序的完成

海关转运程序应按照《欧亚经济联盟海关法》第 225 条规定的方式完成。

详解：

海关转运海关制度是指如果遵守将商品置于此海关制度下的条件，商品不缴纳关税与费用从起运地海关运输到指运地海关。海关转运海关制度适用于在欧亚经济联盟关境运输没有置于其他海关制度下的外国商品。

在运输商品时适用海关转运海关制度：从抵达地海关运输到出境地；从抵

达地海关运输到内陆海关；从内陆海关运输到出境地海关；从一个内陆海关运输到另一个内陆海关；过非欧亚经济联盟成员国境内和海运在海关间运输。

置于海关转运海关制度下的外国商品保持外国商品地位。置于海关转运海关制度下的欧亚经济联盟商品保持欧亚经济联盟商品地位。下列商品在欧亚经济联盟关境运输可以不置于海关转运海关制度下：在欧亚经济联盟关境内实施了中途降落、被迫降落或者技术降落的航空器中的外国商品；抵达欧亚经济联盟关境后，商品没有离开和通过欧亚经济联盟关境的商品；通过输电线路输送的外国货物；吉国法律规定情形下的其他外国商品。对自用物品、国际邮件、管道运输货物，适用海关转运海关制度。对仅在吉国境内运输的商品适用海关转运海关制度的特点，可以由吉国海关调整立法规定。

在将商品置于海关转运海关制度下时，起运地海关规定商品从起运地海关送达到指定运地海关的期限。对通过铁路运输的商品，海关转运期限按照一个月 2000 千米计算，但不得少于 7 天。

对通过其他运输方式运输的商品，海关转运期限是根据运输方式、运输工具能力、所规定的商品运输路线和申报人或承运人申请确定的商品运输的一般期限。同时考虑吉国签署的国际条约规定的运输工具驾驶人员劳动和休息制度要求予以确定，但不得超过海关转运最长期限。

海关转运的最长期限不得超过一个月 2000 千米的确定期限，根据申报人或承运人说明理由的申请，海关规定的海关转运期限可以在规定期限内予以延长。

为了获取海关变更商品送达地的许可，承运人有权在途中向任何一个海关提出任意形式制作的变更指运地的申请。在申请变更商品送达地的同时应提交证明变更目的地的单证、转运申报单和商品其他单证。申请和提交单证之日的次日内，海关作出变更商品送达地的许可。给予变更商品送达地的许可后，对送达地变更的商品海关转运海关制度效力结束，且商品应当置于海关转运海关制度下。

商品运输起运地海关规定商品送达地后，海关转运海关制度效力结束。在结束海关转运海关制度效力前，商品存放在商品送达地海关监管区，其中包括不从商品所采用的运输工具中卸载商品。在任何时候商品都可存放在海关监管区。为了海关转运海关制度效力，承运人置于海关转运海关制度下的商品申报人在下列期限内应当向指定运地海关提交转运申报单以及其他单证。对于公路运输来说申报人应在商品运输至吉国海关指定地点前不少于 3 个小时通知吉国海关。而如果商品在海关部门工作时间外到达，在此海关部门开始工作时间起 3 小时内提交。使用水路运输、航空运输或者铁路运输的商品，在港口、机场或铁路车站开展国际运输时的工作流程规定时间内。根据吉国海关部门要求，承运人应当呈验商品。

如果海关部门作出决定实施海关查验，需要海关部门领导人书面授权。这种情况下结束海关转运海关制度效力的期限可以延长，延长时间为实施海关查验所需时间，但不超过 10 个工作日。

第十八节　海关仓库的海关制度

第 91 条　本节总则

海关仓库的海关程序的内容、条件、商品在海关仓库的保管期限，以及其他条款，由《欧亚经济联盟海关法》第 229—231 条、第 234 条、第 235 条规定。

第 92 条　没有在海关仓库实际存放的情况下将商品置于海关仓库的海关程序下的条件

由于尺寸较大等原因无法存放在海关仓库的商品，将该商品置于海关仓库的海关程序下，应提交海关部门的书面同意书并保证按本法第四十节规定的方式缴纳关税和税收，书面申请中申报人应注明商品名称和特点，不能存放的理由，商品保管的确切地点，并注明邮编地址和申报人为保证商品的完整性将采取的措施。

吉国海关部门在收到申报人的申请之日起3个工作日内签发将商品置于海关仓库的海关程序的许可，或拒绝签发该许可，许可证应注明商品存放地，提供保证缴纳海关费用的必要信息。

吉国海关部门只有在以下情况下有权拒绝签发许可：存在海关欠费；申报人在向海关部门提出申请之前的1年内被追究两次及两次以上海关事务领域的行政违法的行政责任。在不实际存放商品情况下将商品置于海关仓库的海关程序的人，应根据本法第260条的规定向吉国海关部门提交商品报告。

第93条 将即将从欧亚经济联盟海关领土运出商品置于海关仓库

允许将即将从欧亚经济联盟海关领土运出的外国商品置于海关仓库的海关程序下。为了根据本法计算关税和税收，在海关仓库保存外国商品并将其置于出口程序时，商品的海关价值和（或）其实物的物理特征（数量、重量、体积或其他特性）在海关部门登记海关申报单之日确定，商品即在这一天运入欧亚经济联盟的海关，海关申报单是为将商品置于出口程序而提交的。

第94条 与被置于海关仓库的海关程序下的商品发生的业务

与被置于海关仓库的海关程序下的商品发生的业务清单，由《欧亚经济联盟海关法》第232条规定。如果根据《欧亚经济联盟海关法》第232条第2款的规定完成与被置于海关仓库的海关程序下商品相关的业务，需要获得吉国海关部门的许可，这一许可根据相关人员的书面申请，在申请当日签发。许可以独立的书面文件或吉国海关部门授权职务人员在相关人员提交的书面申请上加注相应背书的形式签发，除非完成这一业务可能会改变根据外经活动商品名录进行商品分类的商品特点，否则不允许拒绝签发许可。

对于挑选的外国商品的样品和货样，应根据内部需求放行的海关程序缴纳进口关税和税收，除非商品的样品会在 1 个月内返回海关仓库。

第 95 条　海关仓库的类型

海关仓库分为开放式和封闭式。如果海关仓库可以保存任何商品，可被任何对商品拥有权利的人使用，则该仓库是开放式的；如果海关仓库是为了保存海关仓库业主和在组建该仓库时业主确定的个别人的商品而使用的，则该仓库是封闭式的，封闭式海关仓库可以根据申请人提出的能证明组建封闭式仓库合理性的申请而组建。

开放式和封闭式海关仓库可以用于保存需要特殊保存条件或能给其他商品带来损害的个别类别的商品（专门海关仓库）。

第 96 条　海关仓库的装配和配备

作为海关仓库使用的场地和场所，应以能保证商品完整性、排除他人（非仓库员工、不拥有商品授权或不是对商品拥有授权之人代表的人）接触商品、保证对该商品可以进行以海关监督的方式进行装配和配备。由吉国政府规定对海关仓库基础设施、技术照明和工作制度的要求。

第 97 条　海关仓库业主的义务和责任

海关仓库的业主必须：排除因海关监督将仓库中商品没收的可能性；遵守列入海关仓库业主名录的条件；保证吉国海关部门工作人员可接触置于海关仓库中商品的要求，以及向上述工作人员提供免费场所、设备和通信方式用于实施海关监督；在本条第 2 款规定的情况下缴纳关税、税收；核算仓库中保存的商品并向吉国海关部门提交有关这些商品的报告。

海关仓库业主承担以下责任：在商品丢失或未经吉国海关部门许可发放商品时，缴纳关税和税收；未遵守海关程序文件，以及缴纳关税和税收。

第 98 条　海关仓库业主与在海关仓库存放商品的人之间的关系

海关仓库业主与在海关仓库存放商品的人之间的关系，建立在合约的基础上。

第 99 条　海关程序行为的完成

海关仓库的海关程序完成的方式和期限，由《欧亚经济联盟海关法》第 236 条规定。任何根据《欧亚经济联盟海关法》第 186 条规定可以作为申报人的人，根据欧亚经济联盟海关法和吉国法律的规定，有权完成海关仓库程序行为必需的海关业务。

对于存放在海关仓库的商品，海关销毁程序可以由海关仓库业主提出申请。之前置于海关临时进口程序下的商品从海关仓库放行时，为了根据这一程序继续在吉国境内使用该商品，可以恢复临时进口的期限。在根据内部需求放行的海关程序下放行上述商品，应根据《欧亚经济联盟海关法》第 283 条的规定计算应缴纳的关税和税收。于海关仓库保存后根据内部需求放行程序放行的商品，应根据《欧亚经济联盟海关法》第 238 条规定的特殊性计算关税和税收。

第 100 条　海关仓库的海关程序下商品出口关税和税收义务的产生和终止，及其缴纳期限

《欧亚经济联盟海关法》第 237 条规定了海关仓库的海关程序下商品出口关税和税收义务的产生和终止，及其缴纳期限。

详解：

海关仓库海关制度是指对外国商品适用的一种海关制度，将商品置于此海关制度下和依照此海关制度规定使用商品的条件下，这些商品在海关仓库储存不缴纳关税与费用。置于海关仓库海关制度下的商品保持外国商品地位。

对由于自身尺寸大或者装载、卸载和（或）/ 储存的特别条件不能存放在

海关仓库的商品，准予适用海关仓库海关制度。可以在不是海关仓库的地点储存这些商品，但必须具有依照成员国海关调整立法给予的在这些地点储存的海关许可。欧亚经济联盟委员会有权确定不适用海关仓库海关制度的商品名录。

海关仓库海关制度下海关仓库对商品实施程序：商品所有人将商品置于海关仓库海关制度下，海关仓库实施保障商品完好无损所必需的常规作业，其中包括查看和测量商品、在海关仓库内搬移商品。在储存这些商品的地点范围内搬移商品不得改变商品状态、破坏其包装和识别标识。经海关部门许可在置于海关仓库海关制度下的商品，海关部门可以选取商品的样品、商品的销售和运输操作（包括分批、分级分类、再包装、加印唛头和改善商品外观的作业）、技术维护等。对置于海关仓库海关制度下商品实施的作业，不得改变《对外贸易活动商品目录》中对商品编码规定的商品特性。海关仓库海关制度下的商品不得按照其功能以外的用途使用，全部或者部分商品可以按规定转让对这些商品的占有权、使用权或处分权。

对于海关仓库海关制度下的商品如果出现以下特殊情况需要完成关税与费用义务：如果在海关仓库存放前遗失或因事故或者不可抗力作用损毁和灭失，或在运输和正常储存条件下由于自然损耗灭失时，商品所有人需完成关税与费用义务，包括海关仓库海关制度效力结束前商品转让他人。

海关仓库所有者缴纳关税与费用是在商品遗失的情况下，但因为事故或者不可抗力作用损毁和灭失，或者在正常储存条件下由于自然损耗灭失的除外，商品遗失之日则为将商品存放在海关仓库之日。关税与费用计算，适用在海关登记为将商品置于海关仓库海关制度下递交的商品申报单之日实施的关税与费用。如果海关部门没有掌握为确定商品海关价值所必需的准确信息，则根据海关部门具有的信息确定商品海关价值。

第十九节 海关境内加工制度

第 101 条 本节总则

海关境内加工制度的内容、条件，在海关境内加工商品的期限，以及在海关境内加工方面的业务，由《欧亚经济联盟海关法》第 239 条、第 240 条、第 241 条、第 243 条规定。为了将商品置于海关境内加工制度下，由获得海关境内加工商品许可的人，或直接实施商品加工业务的人提交海关申报单。为了在加工的产品中识别外国商品，应使用《欧亚经济联盟海关法》第 242 条注明的方法。由吉国政府规定在海关境内加工商品期限的确定和延长方法。

第 102 条 海关境内加工商品的许可

根据《欧亚经济联盟海关法》第 240 条、第 244 条的规定，有关在海关境内加工商品的条件的文件，即为在海关境内加工商品的许可。在商品加工许可中应注明《欧亚经济联盟海关法》第 244 条规定的信息。如果商品被授权经济运营商置于海关境内加工制度下，授权经济运营商可与吉国海关之间根据本法第 234 条规定签署协议，作为有关在海关境内加工商品的许可文件，前提是在该协议中注明了本条第 1 款规定的信息。

在海关境内加工商品的许可签发方式，提交《欧亚经济联盟海关法》第 244 条规定的信息和文件，召回加工许可的方式和形式，该许可取消的方式和形式，由吉国政府规定。

第 103 条　海关境内加工商品的产量标准

产量标准（因加工一定数量外国商品而形成的加工产品数量或比例含量），由获得在海关境内加工商品许可的人确定，并应根据标准实施的实际条件，与吉国海关协商，加工产品的描述、质量和数量在确定产量标准后规定。

对于具有实际稳定特点的商品的加工业务，一般根据明确规定的技术条件进行，并生产出稳定质量的加工产品，由吉国海关规定产量标准。

在吉国海关部门规定产量标准时，应参考依据专业工艺加工鉴定组织的结论。

第 104 条　加工过程中产生的废品以及剩余的置于海关境内加工制度下的商品

对于加工过程中产生的废品以及剩余的置于海关境内加工制度下的商品，适用《欧亚经济联盟海关法》第 246 条、第 247 条的规定。

第 105 条　用等价商品替换

经吉国海关许可，可以根据《欧亚经济联盟海关法》第 248 条规定的等价商品替换被置于海关境内加工制度下的外国商品。在海关境内加工商品的许可中，吉国海关部门应注明有关适用等价补偿的许可。

如果允许使用等价商品替换外国商品，允许在外国商品运入欧亚经济联盟的海关境内前将从等价商品中获得的加工产品运出，对此应在海关境内加工商品的许可中注明。这时，为运入外国商品由获得在海关境内加工商品许可的人，与吉国海关协商确定。对于个别类别的商品，由吉国政府规定等值补偿的适用方式。

第 106 条 在适用海关境内加工制度时核算商品，海关境内加工制度的适用报告

申报人以及海关境内加工制度下从事商品加工的人，应进行商品核算，商品核算应根据吉国会计和税务核算方面的法律规定的要求进行。如果在商品加工期间，同一外国商品分几个批次运入，这一商品的海关核算应按较早运入的、首先用于加工的商品进行推测。

如果加工许可中规定的使用外国商品的加工产品中外国商品的识别方法，要求必须对具体商品预加工产品进行对比，则不适用本条第 3 款规定的规则。如果这一规则与申报人所使用的会计核算方法不相容，则申报人有权拒绝使用这一规则。

商品申报人根据本法第 260 条，至少每 3 个月向吉国海关提交一次报告，其中应包含海关境内加工制度适用的要求和条件。如果加工的产品分几个批次运出欧亚经济联盟的海关领土，在海关境内加工商品许可中注明数量的一致性，可以在加工产品运出时进行阶段性的最终校准，至少每 3 个月一次，且不应晚于最后一批商品运出之日起的 30 天内。

第 107 条 海关境内加工制度的行为完成和暂时中止

海关境内加工制度的行为根据《欧亚经济联盟海关法》第 249 条的规定完成。将加工产品和（或）不需加工的外国商品置于内部需求放行的海关制度下时，应根据《欧亚经济联盟海关法》第 251 条规定的特殊性缴纳关税和税收。

商品加工期满前，在海关境内加工制度的行为（商品加工期限）可能暂时中止。海关境内加工制度的行为中止和恢复的方式由欧亚经济联盟的决议确定。如果由于加工产品数量一致性校准，获得海关区域商品加工许可的人应及时缴纳关税和税收，如果在吉国海关部门作出必须缴纳上述费用的决定之日起 10 个工作日内缴纳了这一费用，则不加算上述费用的滞纳金。

第 108 条　未遵守海关境内加工制度条件的责任

未遵守海关境内加工制度条件的责任，以及缴纳关税和税收的责任，由本法第 77 条规定的人承担。

第 109 条　被置于海关境内加工制度下的商品

对于被置于海关境内加工制度下的商品，缴纳进口关税和税收义务的产生和终止，及其缴纳期限，由《欧亚经济联盟海关法》第 250 条规定。

详解：

吉国海关部门规定的海关境内加工海关制度是指对外国商品适用的一种海关制度。依照这种海关制度对这些商品实施在欧亚经济联盟海关境内加工生产，随后将其从欧亚经济联盟关境运出的加工产品，并且这些外国商品不缴纳进口关税。

吉国海关法对商品置于海关境内加工海关制度下需要遵守规定使用商品的条件。置于海关境内加工海关制度下的商品保持外国商品地位，而因实施在海关境内加工产生的商品，包括加工产品、废碎料和剩余料件同样是外国商品地位。处于临时进口（暂准进口）海关制度下的商品转到海关境内加工海关制度下临时进口（暂准进口）海关制度效力立即中止。欧亚经济联盟委员会有权确定不适用海关境内加工海关制度的商品名录。同样，商品置于海关境内加工海关制度下的条件是：吉国政府部门签发海关境内加工商品的文件。如果适用海关境内加工海关制度的目的是修理商品，以及在委员会规定的其他情形下，可以使用商品申报单作为该文件。海关部门能在置于海关境内加工海关制度下的外国商品加工产品中识别置于该海关制度下的外国商品。

海关境内加工海关制度使用商品必须遵守以下规定：（1）海关境内加工海关制度的有效期；（2）在对海关境内加工海关制度下的商品实施作业时的相关规定；（3）海关在外国商品加工产品中识别外国商品，应采用正式确定方式获取加工产品对置于海关境内加工海关制度下的商品实施了在吉国关境内加工作业。海关境内加工海关制度有效期根据在吉国关境内加工商品条件的文件中确定。如果需要延期可以根据申请人的申请，按规定的海关境内加工海关制度有效期予以延长。在延长海关规定的海关境内加工海关制度有效期时，在其届满后此海关制度效力从此海关制度效力终止之日起予以恢复。

海关境内加工海关制度在吉国加工作业的类型：加工或处理商品；制造商品，包括安装、组装、拆卸和装配；修理商品，包括恢复商品、更换组成部分或者升级改造；使用促进或者便利加工产品生产的商品，即使这些商品在加工过程中完全或者部分消耗。

不属于海关境内加工海关制度在吉国加工作业的类型：在为了销售和运输商品进行准备时保障商品完好无损的作业，其中包括对商品包装、定量分装和分级分类，在这些作业下商品不失去其个体特性；加工中获取牲畜幼崽，养殖和喂养动物样本；种植与获取植物样本；将信息、录音和录像复制到任何形式的信息载体中；在工艺流程中将外国商品作为辅助工具（设备、机床、装置及其他）使用。

为了在外国商品的加工产品中准确识别外国商品，可以使用下列方式：申报人、实施加工作业的人或者海关官员在外国商品上加盖印章、印戳，粘贴数字标志和其他标记；对外国商品进行详细描述、拍照和绘制比例图；对事先选取的外国商品的样品和（或）/ 试样与其加工产品进行比对；使用具有的商品标记，其中包括序列号形式；根据商品性质和在欧亚经济联盟关境实施的加工作业可能采取的其他方式，其中包括通过研究提交的具有在实施欧亚经济联盟关境加工作业工艺流程中外国商品使用详细信息的文件，以及加工产品生产工艺详细信息的文件，或者在欧亚经济联盟关境实施商品加工作业时实施海关监管。

在吉国境内加工商品条件的文件应载有下列信息：授权机关、文件授予人、证明对商品所有权文件、加工产品产出率、加工作业方式、剩余料件和废弃料的处理、加工商品的期限、加工作业人、外国商品在外贸活动商品目录中的商品编码、数量和价值与拟将商品置于海关境内加工海关制度下和结束此海关制度效力的海关部门。（吉国海关部门在立法规定中对其加工产品需要依照外贸活动商品目录来进行，但是可以不指明商品及其加工产品价值）

海关境内加工海关制度效力的结束、中止和终止需要满足以下条件：在规定的海关境内加工海关制度有效期届满；置于海关境内加工海关制度下且没有实施加工作业的外国商品置于其他海关制度下时此海关制度效力结束；吉国海关部门调整立法规定的情况发生，在这些情况发生前商品处于海关监管之下时此海关制度效力终止。

第二十节　海关境外加工制度

第 110 条　本节总则

海关境外加工制度的内容、条件，海关境外商品加工的业务以及期限，由《欧亚经济联盟海关法》第 252 条、第 253 条、第 254 条、第 256 条规定。为了将商品置于海关境外加工制度，应由获得在海关境外加工商品许可的人提交海关申报单。为了识别加工产品中的商品，应使用《欧亚经济联盟海关法》第 255 条规定注明的方法。

吉国政府规定在海关境外商品加工期限和延长方式，根据海关境外加工制度运出商品时，不会免除缴纳、退还或补偿内部税收。

第 111 条　在海关境外加工商品的许可

根据《欧亚经济联盟海关法》第 253 条、第 257 条的规定，有关在海关境外商品加工条件的文件，即为在海关境外加工商品的许可，许可中应注明《欧亚经济联盟海关法》第 257 条规定的信息。

在海关境外加工商品的许可签发方式，提交《欧亚经济联盟海关法》第 257 条规定的信息的方式，召回在海关境外加工商品许可的方式和形式，该许可取消的方式和形式，由吉国政府规定。

第 112 条　海关境外加工产品的产量标准

产量标准（因加工一定数量外国商品而形成的加工产品数量或比例含量），由获得在海关境外加工商品许可的人确定，并应根据标准实施的实际条件，与吉国海关协商，加工产品的描述、质量和数量在确定和协商产量标准后规定。

对于具有实际稳定特点的商品的加工业务，一般根据明确规定的技术条件进行，并生产出稳定质量的加工产品，由吉国海关规定产量标准。吉国海关部门规定产量标准时，应参考依据具体工艺加工过程的鉴定组织的结论。

第 113 条　用外国商品替换加工产品

允许根据《欧亚经济联盟海关法》第 259 条和吉国海关事务领域法律的规定，用外国商品替换加工产品。

第 114 条　有关适用在海关境外加工制度的报告

申报人根据本法第 260 条，至少每 3 个月向吉国海关提交一次报告，其中应包含海关境外加工制度适用的要求和条件。如果加工的产品分几个批次运入欧亚经济联盟的海关领土，对海关境外加工商品许可中注明的产品数量的最终校准，应在海关境外加工期限届满之日起的 30 天内进行。

第 115 条　海关境外加工制度的行为

海关境外加工制度的行为根据《欧亚经济联盟海关法》第 260 条的规定完成。将被置于海关境外加工制度的产品置于出口海关制度下，应根据《欧亚经济联盟海关法》第 263 条的规定完成。允许在不需要向吉国海关实际呈交商品的情况下，将在海关境外加工制度转变为其他海关制度。

第 116 条 被置于海关境外加工制度下商品的出口关税和税收义务

《欧亚经济联盟海关法》第 263 条规定了缴纳被置于海关境外加工制度下商品的出口关税和税收义务的产生和终止，及其缴纳期限。

第 117 条 将加工产品置于为内部需求放行的海关制度下的特殊性

将加工产品置于为内部需求放行的海关制度下应根据《欧亚经济联盟海关法》第 262 条的规定进行。对于加工的产品，如果加工的目的是出口商品的（无偿）保修，则将完全免除关税和税收。对于之前被置于为内部需求放行的海关制度下的商品，如果为自由流通放行时已经考虑到作为维修理由的瑕疵的存在，则不能完全免除关税和税收。

在其他情况下针对加工产品可部分免除缴纳关税和税收，但不包括根据本条规定的消费税：在适用从价税率或综合税率的关税与税收时，计算关税和税收的基础是作为进口到吉国的加工产品的海关价值与进口用于加工的商品的海关价值之差确定的商品加工业务的成本。在适用特殊税率的关税和税收时，计算关税和税收的基础是按比例计入加工业务成本的加工产品的数量。为计算关税和税收金额的目的确定商品数量的方法，由吉国政府规定。加工产品的消费税应全额缴纳，除非加工业务是维修进口商品的情况。在上述情况下，根据本条第 1 款规定的方式计算消费税。

第 118 条 未遵守海关制度条件的责任

未遵守海关制度条件的责任，以及未缴纳关税与税收的责任，由本法第 77 条规定的人承担。

详解：

海关境外加工制度是指对欧亚经济联盟商品适用的一种海关制度，依照该海关制度，这些商品从欧亚经济联盟关境运出，在欧亚经济联盟关境外实施加工作业以获取其加工产品，随后将这些加工产品运入欧亚经济联盟关境，如果遵守将商品置于此海关制度下的条件和依照此海关制度使用的条件，这些欧亚经济联盟商品不缴纳出口关税。海关境外加工制度下从欧亚经济联盟关境实际运出的商品失去欧亚经济联盟商品地位。

海关境外加工制度下先前置于放行供境内消费海关制度下的商品或者这些商品的一部分，适用缴纳进口关税，同时具有使用和处理这些商品的限制，如果这些商品或者这些商品的一部分从欧亚经济联盟海关运出以对其进行修理，且在置于海关境外加工制度下时具有外国商品地位。

商品置于海关境外加工制度下的条件是：

1. 吉国政府授权机关签发规定信息的在海关关境外加工商品条件的文件。如果适用海关境外加工制度的目的是修理商品，可以使用商品申报单作为该文件。

2. 吉国海关能在置于海关境外加工制度下的欧亚经济联盟商品加工产品中识别这些欧亚经济联盟商品，替换加工产品的情形除外。

3. 依照本法规定提供履行缴纳出口关税义务担保，但依照吉国立法规定不提供履行缴纳出口关税义务担保的情形除外。

海关境外加工制度有效期根据海关境外加工商品条件的文件确定，对在欧亚经济联盟关境外商品加工期限予以规定。在延长境外商品加工期限时，规定的海关境外加工制度有效期可在其届满后不晚于 10 个工作日内予以延长，在延长海关规定的吉国关境外加工海关制度有效期时，在其届满后海关境外加工制度效力从此海关制度效力终止之日起予以恢复。

在吉国关境外的加工作业包括：加工或处理商品、制造商品（包括安装、组装、拆卸和装配）、修理商品（恢复商品、更换组成部分和升级改造）。

对应商品识别可以使用下列方式：

申报人或实施在海关境外加工作业的人员与海关人员在商品上加盖印章、印戳，粘贴数字标志和其他标记，并对商品进行详细描述、拍照和绘制比例图，样品和（或）/ 试样与其加工产品进行比对。

根据商品性质实施加工作业可能采取的其他方式，其中包括通过研究提交实施加工作业工艺流程的详细信息文件，以及加工产品生产工艺详细信息的文件。

如果在吉国关境外的加工作业是修理，以及对管道运输货物实施在外加工作业，经海关许可，准予使用描述质量和技术特征与这些加工产品相同的外国商品本条下称为等效外国商品替换加工产品。先前承运人置于供境内消费放行海关制度下的作为商品组成部分的被损坏的零件、部件、组合机件从欧亚经济联盟关境运出以进行保修，描述、质量和技术特征与加工产品相同的外国商品视为等效外国商品，不考虑其是否处于完好状态或磨损状态。如果准许使用等效外国商品替换加工产品，在欧亚经济联盟商品从欧亚经济联盟关境运出之前准予将这些等效外国商品运入欧亚经济联盟关境。使用等效外国商品替换加工产品的办法和条件由吉国海关调整立法规定。

在规定的海关境外加工制度有效期届满前，将加工产品置于放行供境内消费海关制度下，而将从吉国关境已运出以对其无偿（保证）修理的商品的加工产品置于复进口海关制度下，此海关制度效力结束。将加工产品置于复进口海关制度下但海关境外加工制度效力不能结束，如果这些加工产品是依照放行供境内消费海关制度放行时考虑了具有成为这些商品无偿（保证）修理原因的缺陷的商品的加工产品。

对加工产品在其置于放行供境内消费海关制度下时进口关税、进口环节税计算和缴纳的税额。进口关税应按照在欧亚经济联盟关境外加工作业价值予以计算。在海关境外加工作业价值为实际发生的下列费用总和：加工（修理）作业费用、在加工（修理）过程中使用的外国商品费用，如果它们没有被包含在加工（修理）作业费用之中。

如果在向海关申报加工产品时所申报的在海关外加工作业价值没有文件予以证明，或者所提交的文件没有证明所申报的关于这些作业价值的信息，在海关境外加工作业价值确定为加工产品海关价值与置于海关境外加工制度下商品价值的差额。对加工产品适用进口关税从量税率，应当缴纳的进口关税税额确定为对加工产品按照从量税率计算的进口关税税额乘以在海关境外加工作业价值在加工产品海关价值（与加工产品置于放行供境内消费海关制度下一样）中的百分比。在将加工产品置于放行供境内消费海关制度下时，对加工产品的进口环节税依照在其境内加工产品置于放行供境内消费海关制度下的吉国立法规定予以计算。如果在海关境外加工作业是修理从欧亚经济联盟关境出口的商品，不计算和不缴纳消费税。

对外国商品实施在海关境外加工作业获取的加工产品缴纳进口关税、进口环节税的义务，在这些外国商品缴纳进口关税、进口环节税义务终止时此海关制度效力终止。将没有实施在海关境外加工作业的商品置于出口海关制度下时，为了计算出口关税，适用在海关登记为将商品置于海关境外加工制度下递交的商品申报单之日实施的出口关税税率。

第二十一节 内部需求进行加工的海关制度

第 119 条 本节总则

内部需求进行加工的海关制度的内容、条件，内部需求商品加工的业务以及内部需求加工的期限，由《欧亚经济联盟海关法》第 264—266 条、第 268 条规定；为了将商品置于为内部需求进行加工的海关制度下，由获得为内部需求进行加工商品许可的人提交海关申报单；为了在加工的产品中识别商品，应使用《欧亚经济联盟海关法》第 267 条注明的方法。内部需求进行加工的期限的确定和延长方法，由吉国政府规定，可用于内部需求进行加工的商品的清单，由吉国政府确定。

第 120 条 为内部需求进行商品加工条件的文件

根据《欧亚经济联盟海关法》第 265 条、第 269 条的规定，有关为内部需求进行商品加工条件的文件，即为内部需求进行加工商品的许可。许可中应注明《欧亚经济联盟海关法》第 269 条规定的信息。

如果商品被授权经济运营商置于为内部需求进行加工的海关制度下，可以将授权经济运营商与吉国海关之间根据本法第 234 条规定签署的协议作为有关在海关境内进行加工条件的文件，前提是该协议中注明了本条第 1 款规定的信息。

为内部需求进行加工商品的许可签发方式，提交《欧亚经济联盟海关法》第 269 条规定的信息和文件，召回为内部需求加工商品许可的方式和形式，该许可取消的方式和形式，由吉国政府规定。

第 121 条　加工过程中产生的废品，以及剩余的材料

对于加工过程中产生的废品，以及剩余的材料置于为内部需求进行加工制度下的商品，适用《欧亚经济联盟海关法》第 271 条、第 272 条的规定。

第 122 条　为内部需求进行加工产品的产量与标准

产量与标准由获得内部需求加工许可的人确定，并应根据标准实施的实际条件，与吉国海关部门协商。加工产品的描述、质量和数量在产量标准确定后规定，对于具有实际稳定特点的商品的加工业务，一般根据明确规定的技术条件进行，并生产出质量稳定的加工产品，由吉国海关部门规定产量标准。在吉国海关部门规定产量与标准时，应参考依据专业工艺加工鉴定组织的结论。

第 123 条　商品核算

申报人以及从事内部需求加工商品的人应进行商品核算，商品核算应根据吉国会计和税务核算方面的法律规定的要求进行。如果在商品加工期间，同一外国商品分几个批次运入，这一商品的海关核算应按照较早前运入、首先用于加工的商品的推测进行。

如果加工许可中规定的使用外国商品的加工产品中外国商品的识别方法，要求必须对具体外国商品与在加工时使用了该外国商品的加工产品进行对比，则不适用本条第 3 款规定的规则，如果这一规则与自己所使用的会计核算方

法不相容，则申报人有权拒绝使用这一规则。

商品申报人至少每3个月向吉国海关提交一次报告，其中应包含用于内部需求加工制度适用的要求和条件。如果加工的产品分几批运出欧亚经济联盟的海关领土，加上商品许可中注明的加工产品数量的一致性，可以在加工产品运出时进行阶段性的查验，但至少每3个月一次，且不应晚于最后一批商品运出之日起的30天内。

第124条 为内部需求进行加工的海关制度的完成

为内部需求进行加工制度的行为，在根据《欧亚经济联盟海关法》第273条、第275条、第276条规定的方式将商品置于为内部需求放行的海关制度时完成。

第125条 被置于为内部需求进行加工制度下的商品，缴纳进口关税和税收义务

对于被置于为内部需求进行加工制度下的商品，缴纳进口关税和税收义务的产生和终止，及其缴纳期限，由《欧亚经济联盟海关法》规定。

第126条 未遵守海关制度条件的责任

未遵守海关制度条件的责任，以及未缴纳关税与税收的责任，由本法第77条规定的人承担。

详解：

内部需求进行加工的海关制度是指对外国商品适用的一种海关制度，依照该海关制度，对这些商品实施加工供境内消费作业以获取其加工产品，随后将其置于放行供境内消费海关制度下。如果商品置于此海关制度下的条件和遵守此海关制度其使用的条件，这些外国商品不缴纳进口关税。置于内部需求进行加工的海关制度下的商品保持外国商品地位。

商品置于内部需求进行加工的海关制度吉国被授权机关给予的且载有本法第 193 条规定信息的加工商品供境内需求条件。内部需求进行加工的海关制度有效期应根据在加工商品供境内需求条件的文件中予以规定。有效期也可以根据在延长商品加工供境内需求期限时申请人的申请予以延长。吉国规定，在延长加工商品供境内需求期限时规定的加工供境内需求海关制度有效期在其届满后不晚于 10 个工作日内可予以延长。在延长海关规定的加工供境内需求海关制度有效期时，在其届满后此海关制度效力从该海关制度效力终止之日起予以恢复。

供境内需求加工作业不包括：在为了销售和运输商品进行准备时保障商品完好无损的作业，在这些作业下商品不失去其个体特性；为获取仔畜，养殖和喂养动物，以及养殖甲壳动物和软体动物；为获得种子种植树木和其他植物；将信息、录音和录像复制到任何形式的其他信息载体中；欧亚经济联盟委员会规定的其他作业。

内部需求进行加工的海关制度的文件中必须载有下列相关信息：吉国被授权机关、文件所给予的人、加工作业的人员、外国商品及其加工产品（名称依照《对外贸易活动商品目录》的商品编码、数量和价值）、以数量和（或）百分比表示的加工产品产出率、供境内消费的加工作业及其实施方式、置于加工供境内消费海关制度下的外国商品在其加工产品中的识别方式、废碎料和剩余料件（名称依照《对外贸易活动商品目录》的商品编码、数量和价值）。吉国海关调整立法可以规定指明废碎料和剩余料件依照《对外贸易活动商品目录》商品品目的可能性，以及不指明这些废碎料和剩余料件价值的可能性、加工商品供境内消费的期限、对废碎料进一步商业利用的可能性、拟将商品置于加工供境内消费海关制度下和结束此海关制度效力、供境内消费加工商品期限不得超过一年或者海关部门对一些种类商品规定的更长期限、加工商品供境内消费条件的文件样式按海关部门规定进行填报。

内部需求进行加工的海关制度的中止和终止必须符合以下条件：首先在规定的内部消费海关制度有效期到期前可将实施供境内消费加工作业获取（产生）的商品和剩余料件置于放行供内部消费海关制度下时，此海关制度效力结束。同时，对加工商品无须缴纳保障措施关税、反倾销税和反补贴税，并且不需要证明遵守保障措施关税、反倾销税、反补贴税和其他为保护内部市场措施税则。其次在规定内部需求进行加工海关制度有效期终止前，将置于内部需求进行加工海关制度下且没有进行内部需求加工作业的外国商品或因内部需求加工作业产生的剩余料件置于国外商品适用的其他海关制度下，此时商品内部需求海关制度效力中止。对于吉国政府机关认定因为事故或者不可抗力对实施内部需求加工作业获取与加工的商品、废料和剩余原料出现灭失的事实或者这些商品在储存正常条件下产生的自然损耗灭失的事实的情况时内部需求进行加工海关制度效力中止。

吉国海关部门还对内部需求进行加工海关制度下生产产品所产生的废料作出了相关规定，该废料如果不适合于进一步商业利用可以向吉国海关提交证明掩埋、无害处理、废物利用或通过其他方式销毁所产生的废碎料的事实的文件。

第二十二节　临时进口海关程序

第 127 条　本节总则

临时进口海关程序的内容，将商品置于该海关程序的条件，以及使用和支配临时进口商品的限制，由《欧亚经济联盟海关法》第 277 条、第 278 条、第 279 条进行相应规定。

第 128 条　临时进口海关程序下的商品的使用和支配

临时进口海关程序下的商品的使用和支配，应遵守《欧亚经济联盟海关法》第 279 条规定的限制条件。申报人将临时进口商品转交他人所有和使用的情况和条件，由吉国政府确定。

第 129 条　商品临时进口的期限

商品临时进口的期限，依据这一进口的目的和状况，由海关部门根据申报人的申请，在《欧亚经济联盟海关法》第 280 条规定的期限范围内确定。根据申报人有依据的申请，商品临时进口（准许进入）的期限可以在本条第 1 款注明的期限范围内延长。

海关部门在 10 个工作日内审核有关延长商品临时进口期限的申请，并通知申报人是否延长期限的决定。海关部门只有在申报人未遵守吉国海关事务领域法律规定的临时进口海关程序要求的情况下，才有权拒绝延长临时进口期限。海关部门拒绝应该有理由和依据。海关部门以书面形式通知申报人有关拒绝延长期限的决定。

第 130 条　适用临时进口准许进入海关程序的特殊性

根据《欧亚经济联盟海关法》第 282 条规定的规则和条件，适用全部和部分有条件的免除缴纳关税和税收。应根据《欧亚经济联盟海关法》第 284 条规定的方式，将临时进口商品置于为内部需求并缴纳关税和税收。

第 131 条　被置于临时进口海关程序下的商品，缴纳进口关税和税收义务

对于被置于临时进口海关程序下的商品，缴纳进口关税和税收义务的产生和终止，及其缴纳期限，由《欧亚经济联盟海关法》规定。

第 132 条　海关程序行为的完成和暂时中止

海关程序行为的完成和暂时中止。根据《欧亚经济联盟海关法》第 281 条规定的方式完成和暂时中止。

第 133 条　未遵守海关程序条件的责任

未遵守海关程序条件的责任，以及未缴纳关税与税收的责任，由将商品置于临时进口程序的人承担。在向他人转让临时进口商品使用权和所有权的情况下，未遵守海关程序条件以及缴纳海关费用的连带责任由办理商品临时进口的人和他人共同承担。

详解：

根据欧亚经济联盟海关法规定。临时进口海关制度是指对外国商品适用的一种海关制度。如果将商品置于此海关制度下的条件和依照此海关制度商品使用的条件，这些商品临时位于欧亚经济联盟关境或在欧亚经济联盟关境使用，且部分缴纳或者不缴纳进口关税、进口环节税，不缴纳保障措施关税、反倾销税和反补贴税。

置于临时进口海关制度下的商品保持外国商品地位。此类商品是否不缴纳进口关税、进口环节税依照欧亚经济联盟海关法与欧亚经济联盟委员会决议。此临时位于和使用的条件，以及此临时位于和使用的最长期限，由吉国政府部门确定。

吉国对下列种类商品不适用临时进口海关制度：食品、饮料（包括含酒精的饮料），烟草和烟草制品，原料和半成品，耗材和样品。但进口少量的这些商品用以广告或者用作展品、工业样品的情形除外；工业废碎料；禁止进口到吉国关境的商品。

吉国海关规定临时进口海关制度有效期。置于临时进口（海关制度的有效期自将商品置于临时进口）海关制度下之日起不得超过两年，或者依照欧亚经济联盟委员会决议规定期限。对一些种类商品，根据其进口到欧亚经济联盟关境目的，委员会有权规定比两年期限更短或者更长的临时进口海关制度有效期。在将商品置于临时进口海关制度下时，根据申报人申请，以及商品进口到吉国的目的和情况，由海关规定此海关制度有效期。根据申报人的申请，海关规定的临时进口海关制度有效期，可以延长至此有效期届满，或者在有效期届满后最多延长 1 个月。在延长海关规定的临时进口海关制度有效期时，在此海关制度有效期届满后，此海关制度效力从此海关制度效力终止之日起开始恢复。在对位于吉国关境的外国商品多次适用临时进口海关制度时，其中包括不同的人作为这些商品申报人时，临时进口海关制度总有效期不得超过两年或欧亚经济联盟委员会决议。

对于临时进口商品准予实施为保障其完好无损所必需的作业，包括修理、技术维护和保持商品处于正常状态所必需的其他作业，但是必须保障结束临时进口海关制度效力时海关能识别商品。吉国政府规定准予对临时进口商品进行试验、研究、测试、检查、实验，或者在试验、研究、测试、检查、实验过程中使用临时进口商品。

在一些情况下可以不经海关许可，准予申报人将下列商品转让给其他人占有和使用：用于包装和保护进口到吉国关境商品的临时进口的、多次循环使用（可回收）的包装容器；为了对其进行技术维护、修理、储存和运输而临时进口的商品；为了进行试验、研究、测试、展示临时进口的商品；吉国与第三方国际条约规定情形下，为了其他目的临时进口的商品。除以上情况外临时进口商品转让给其他人占有和使用必须由吉国海关许可，在获得海关许可后，申报人可以将临时进口商品转让给其他人占有和使用。

吉国海关对于临时进口海关制度效力的结束有以下规定：当海关规定的临时进口海关制度有效期届满，此海关制度效力结束；将临时进口商品置于再出口海关制度下，此海关制度效力结束；吉国海关立法认定因为事故或者不可抗力作用临时进口商品损毁或灭失的事实，或者在运输或正常储存条件下由于自然损耗造成商品灭失的事实，此海关制度效力结束；将临时进口商品置于海关转运海关制度下，是为了将商品在吉国关境从将其置于临时进口海关制度下时放行商品的海关所在吉国国境内运输至另一成员国境内，此海关制度效力结束。

吉国海关对于临时进口海关制度效力中止的规定：在吉国海关规定的临时进口海关制度有效期届满前，在将临时进口商品置于海关仓库海关制度、关境内加工海关制度下的情形时，或者在将临时进口商品置于特殊海关制度下，此海关制度效力可以中止。将临时进口商品置于特殊海关制度下，在确定中止临时进口海关制度效力情形时，吉国海关有权规定对临时进口商品计算和缴纳进口关税、进口环节税。

吉国海关对于临时进口海关制度效力终止的规定：海关规定的临时进口海

关制度有效期届满后，此海关制度效力终止；对置于临时进口海关制度下的商品，在海关登记商品申报单之时起，申报人产生缴纳进口关税、进口环节税、保障措施关税、反倾销税和反补贴税的义务，如果不完成此义务临时进口海关制度效力终止。

第二十三节 临时出口海关程序

第 134 条 本节总则

临时出口海关程序的内容、条件，以及使用和支配临时出口商品的限制，由《欧亚经济联盟海关法》第 285 条、第 286 条、第 287 条进行规定。

第 135 条 临时出口的期限

商品临时出口的期限依据这一出口的目的和状况，由海关部门根据申报人的申请确定，但不包括无论为何目的出口至欧亚经济联盟海关境外的个别类别的商品，以及在临时出口时根据吉国法律规定必须返回的商品的情况。根据申报人的书面申请，商品临时出口的期限可以由海关部门延长。

海关部门在 10 个工作日内审核有关延长临时出口期限的申请，并通知申报人有关允许延长期限或拒绝延长期限的决定。只有在申报人未遵守《欧亚经济联盟海关法》第三十八节和吉国海关事务领域法律规定的临时出口海关程序适用条件和要求的情况下，海关部门才有权拒绝延长临时出口期限。海关部门拒绝延长临时出口期限应该有理由和依据。海关部门以书面形式通知申报人拒绝的决定。

根据《欧亚经济联盟海关法》第 288 条第 2 款的规定，对于无论为何目的出口至欧亚经济联盟海关境外的个别类别的商品，以及在临时出口时根据吉国法律规定必须返回的商品，临时出口的最长期限由吉国政府规定。将法律没有规定的必须返回吉国境内的临时出口商品的所有权转让给外国人时，这些商品临时出口的期限不能延长，商品应办理出口海关程序。

第 136 条 被置于临时出口程序下商品缴纳进口关税和税收义务

被置于临时出口程序下的商品，缴纳进口关税和税收义务的产生和终止，及其缴纳期限，由《欧亚经济联盟海关法》第 290 条规定。

第 137 条 临时出口海关程序

临时出口海关程序根据《欧亚经济联盟海关法》第 289 条规定的方式完成。

第 138 条 未遵守临时出口海关程序条件的责任

未遵守临时出口海关程序条件的责任，以及未缴纳关税与税收的责任，由将商品置于临时出口程序的人承担。

详解：

临时出口海关制度，是指对欧亚经济联盟商品适用的一种海关制度，按照该海关制度这些商品不缴纳出口关税从欧亚经济联盟关境运出以临时位于欧亚经济联盟关境外和在欧亚经济联盟关境外使用，如果遵守将商品置于此海关制度下的条件和依照此海关制度其使用的条件。置于临时出口海关制度下且从欧亚经济联盟关境实际出口的商品失去欧亚经济联盟商品地位。

按照欧亚经济联盟进出口贸易目录中规定对从吉国关境运出的商品，准予适用临时出口海关制度。不适用临时出口海关制度的商品大致为：食品、饮料（包括含酒精的饮料）、烟草和烟草制品、原料、半成品、耗材和样品，但从吉国关境运出少量的这些商品供广告、展品或工业样品情形除外；废料，其中包括工业废料。这里需要注意的是对管道运输的天然气准予适用临时出口海关制度。

依照吉国海关法临时出口海关制度的商品必须遵守海关规定的临时出口海关制度有效期。临时出口海关制度有效期不予限定。根据将商品从吉国关境出口的目的，以及吉国立法规定必须复运入该国境内的商品，吉国海关可以规定临时出口海关制度有效期。在将商品置于临时出口海关制度下时，依据申报人申请，根据商品从吉国出口的目的和情况，海关规定此海关制度有效期。根据申报人的申请，海关规定的临时出口海关制度有效期在此期限届满前或者在此期限届满后不晚于 1 个月内可以延长。在延长海关规定的临时出口海关制度有效期时，在此期限届满后，临时出口海关制度效力从此海关制度效力终止之日起恢复。

如果将临时出口商品所有权转让给外国人，对这些商品的临时出口海关制度有效期不予延长，而这些商品应当置于出口海关制度下。临时出口商品应保持状态不变，但因为自然磨损改变及在运输或正常储存条件下由于自然损耗改变的除外。准予对临时出口商品实施为保障其完好无损所必需的作业，包括修理（但大修、升级改造的除外）、技术维护和使商品保持正常状态所必需的其他作业，如果在将商品置于复进口海关制度下时保障海关对其能够进行识别。

吉国临时出口海关制度效力的结束和终止：如果在吉国海关规定的临时出口海关制度有效期届满前，将临时出口商品置于复进口海关制度下，此临时出口海关制度效力结束；如果在吉国海关规定的临时出口海关制度有效期届满前，将临时出口商品置于出口、关境外加工，此临时出口海关制度效力结束。吉国海关规定如果临时出口海关制度有效期届满后，此海关制度效力没有延长则此海关制度效力终止；如果此海关制度效力结束前发现临时出口商品违反规定实施大修、升级改造作业则此海关制度效力终止。

在将临时出口商品置于出口海关制度下时，为了计算出口关税，适用在海关登记为将商品置于出口海关制度下递交的商品申报单之日实施的出口关税税率。如果计算出口关税需要将外币折算为成员国货币，按照商品申报单之日实施的汇率进行此折算。如果对置于出口海关制度下的临时出口海关制度效力已经终止的商品，在缴纳出口关税的同时应当缴纳利息，由吉国海关规定计算和缴纳的方法。

第二十四节　再进口海关程序

第 139 条　本节总则

再进口海关程序的内容、条件，将商品置于再进口海关程序所必需的文件和信息，由《欧亚经济联盟海关法》第 292 条、第 293 条、第 294 条规定。

第 140 条　返还出口关税

置于再进口程序下的商品被置于出口海关程序之日起的 6 个月内办理了再进口程序，则可将已缴纳的出口关税返还。

第 141 条　在商品置于再进口海关程序下时，缴纳出口关税、税收、补贴和其他费用

1. 在将商品置于再进口海关程序下时费用缴纳至吉国指定的账户，而在欧亚经济联盟成员国的公约规定的情况下，则缴纳至国际公约指定的账户，如这些关税、税收及其利息未征收，或者由于商品出口到欧亚经济联盟的海关境外而被返还，或者由于将商品出口到欧亚经济联盟海关境外的补偿未支付或直接或间接获得的其他优惠。

2. 申报人缴纳进口关税、税收和其他再进口海关程序的商品有关的其他

费用的义务。

3. 申报人缴纳进口关税、税收和其他费用的义务在以下情况下终止：根据本法规定的金额缴纳进口关税、税收和其他费用根据再进口海关程序的规定放弃商品的放行。

4. 进口关税、税收的金额，应根据将加工产品置于为内部需求放行的海关程序下所作的规定进行计算。

5. 内部税是根据商品输出到欧亚经济联盟的海关境外时登记海关报关单当日实行的税率，以及商品输出到欧亚经济联盟的海关境外时确定的商品海关价值和数量计算的。如果针对输出商品申请出口海关程序时，商品的海关价值未确定也未申报，则为了计算内部税金额，可使用输出商品时根据买卖交易办理的商业文件中注明的，购买商品实际缴纳或应缴纳的价格，并在商品输出欧亚经济联盟海关境外登记海关申报单的当日，按本法规定的方式以吉国货币计算。由于其他交易对上述商品申请出口海关程序时，使用在属于该商品输出时的商业文件或其他文件中列明的，在商品输出欧亚经济联盟海关境外登记海关申报单当日，按本法规定的方式以吉国货币计算商品的价值。

6. 吉国政府有权按吉国国家银行利率对上述费用征收利息。

7. 根据再进口海关程序放行商品前，应缴纳进口关税、税收、内部税、津贴和其他费用。

第 142 条　未遵守海关程序条件的责任，以及未缴纳关税与税收的责任

未遵守海关程序条件的责任，以及未缴纳关税与税收的责任，由将商品置于再进口海关程序的申报人承担。

详解：

再进口海关制度，是对外国商品适用的一种海关制度，之前从欧亚经济联盟出口的这些商品，运入欧亚经济联盟关境将商品置于此海关制度下不缴纳进口关税、进口环节税、保障措施关税、反倾销税和反补贴税。

吉国再进口海关制度适用于对先前从欧亚经济联盟关境运出的对其适用

了下列海关制度的商品：出口海关制度；境外加工海关制度；临时出口海关制度。置于再进口海关制度下的商品要想获得欧亚经济联盟商品地位，必须是先前从欧亚经济联盟关境运出的。

从置于自由贸易区海关制度下的外国商品制造的商品，以及从置于自由贸易区海关制度下的外国商品和欧亚经济联盟制造获取商品与置于自由贸易区海关制度下的外国商品制造获取的商品从欧亚经济联盟关境运出的情况下不适用再进口海关制度。

吉国将商品置于再进口海关制度下的条件是：先前从吉国关境运出；自商品从吉国关境实际运出之日的次日起 3 年内将商品置于再进口海关制度下；商品保持其从吉国关境运出时的状态不变，但因为自然磨损改变及在运输或储存正常条件下自然损耗除外。置于再进口海关制度下的商品应退还（冲销）已缴纳的出口关税税额，期限为不晚于自将这些商品置于出口海关制度下之日的次日起 6 个月内。

第二十五节　再出口海关程序

第 143 条　本节总则

1. 再出口海关程序的内容、条件，由《欧亚经济联盟海关法》第 296 条、第 297 条进行规定。

2. 为了将之前被置于为内部需求放行海关程序的商品置于再出口的海关程序下，申报人应向海关部门提交《欧亚经济联盟海关法》第 299 条规定的文件和信息。

3. 如果商品在吉国境内时所属的海关程序的条件规定了免缴关税和税收

或应返还已缴纳的金额，则在再出口时，将免除缴纳进口关税和税收或返还已缴纳的金额。

4. 对于申报为直接、绝对用于再出口的商品，不需缴纳关税和税收。如果在 6 个月的期限内未进行实际的商品出口，或在使用商品时，包括为了获得收入的目的使用商品，应缴纳该商品进口时申报为内部需求放行海关程序所应缴纳的关税和税收，以及如果在商品办理再出口程序时对该金额可能提供的延期付款所产生的利息，根据吉国国家银行的利率计算利息。

第 144 条　被置于再出口海关程序下商品的运输特点

将被置于再出口海关程序下的商品输出欧亚经济联盟的海关境外，应适用海关过境程序，在海关监管下，按照《欧亚经济联盟海关法》第三十二节规定的方式和条件实施。

第 145 条　对于被置于再出口海关程序下的外国商品，缴纳关税和税收义务的产生和终止，及其缴纳期限

《欧亚经济联盟海关法》第 300 条规定了被置于再出口程序下商品缴纳关税和税收义务的产生和终止，及其缴纳期限。

第 146 条　返还（记账）进口关税、税收金额

对于之前被置于内部需求放行的海关程序下，以及根据《欧亚经济联盟海关法》第 297 条第 2 款规定的条件被置于再出口海关程序下且实际已被输出欧亚经济联盟海关境外的商品，应按本法第四十二节规定的方式返还（记账）已缴纳的进口关税。

第 147 条　未遵守再出口海关程序的责任

未遵守再出口海关程序的责任，由将商品置于再出口海关程序下的申报

人承担。

详解：

再出口海关制度是指对外国商品和欧亚经济联盟商品适用的一种海关制度，依照该海关制度外国商品不缴纳进口关税、进口环节税、保障措施关税、反倾销税和反补贴税或依照欧亚经济联盟海关法可以退还（冲销）这些税的税额。从欧亚经济联盟关境运出的商品，如果遵守将商品置于此海关制度下的条件，则可不缴纳出口关税。

再出口海关制度适用于运入吉国关境且位于吉国关境的外国商品，其中包括置于再出口海关制度下的外国商品。在吉国关境实施加工作业获取的商品，进入再出口海关制度下时关境内加工海关制度效力结束。置于自由贸易区海关制度下的外国制造的商品，进入再出口海关制度下时自由贸易区海关制度效力结束。置于自由仓库海关制度下的外国商品，进入再出口海关制度下时自由仓库海关制度效力结束。对其适用放行供境内消费海关制度的欧亚经济联盟商品，如果因为没有履行商品已通过欧亚经济联盟海关边界所依据的条件时，将置于再出口海关制度。

吉国规定在将商品置于放行供境内消费海关制度下之日的次日起 1 年内可以将商品置于再出口海关制度下。置于再出口海关制度下的商品在不超过将这些商品置于再出口海关制度下之日的次日起 4 个月内应从吉国关境运出，但自由贸易区的商品除外。如果在将外国商品置于再出口海关制度下之日后的 3 个工作日内这些商品没有置于海关转运海关制度下或者没有从吉国关境运出，它们应该置于临时储存。

置于再出口海关制度下的外国商品在规定期限届满前没有从吉国关境运出时，因事故或者不可抗力作用其损毁或灭失，或者在运输或正常储存条件下由于自然损耗灭失的情形除外，再出口海关制度效力将终止，而这些外国商品由海关扣留。对置于再出口海关制度下的外国商品，海关登记商品申报单之时起申报人有缴纳关税与其他费用的义务。置于再出口海关制度下且从吉国关境实际出口的商品，应退还（冲销）因适用放行供境内消费海关制度已缴纳的进口税额。

第二十六节 免税贸易海关程序

第148条 本节总则

免税贸易海关程序的内容、条件，由《欧亚经济联盟海关法》规定。免税贸易商店的商品，应在吉国海关监管下，在吉国国家边防放行口岸和其他吉国政府规定的地方销售。吉国国产商品置于免税贸易海关程序下时不应返还内部税，以及之前缴纳的进口关税和税收。

第149条 对免税贸易商店的所在地、装配和配置的要求

免税贸易商店的场所可以是交易所、辅助场所、仓库。上述场所应进行装配，以便保证商品只在免税贸易商店的交易所进行销售，并能保证商品的完整性和对商品进行海关监管的可能性。免税贸易商店交易厅的分布，应能保证排除将在免税贸易商店中购买的商品留在吉国境内的可能，其中包括通过将其转交给滞留在该区域自然人的方式。免税贸易商店的所在地是海关监管区。在放行口岸的免税贸易商店的所在地，应经业主与吉国边防局所属的国家部门协商。

第150条 免税贸易商店业主的义务和责任

免税贸易商店的业主必须：除海关监管外，排除免税贸易商店中用于销售的商品被没收的可能；核算商品的进出货；向海关部门提交商品进出的报告；

缴纳本条第 2 款规定的关税和税收；遵守吉国贸易领域法的规定。

在外国商品丢失或用于在免税贸易商店零售给自然人以外的其他用途时，免税贸易商店的业主应根据本条规定的条件和要求承担缴纳关税与税收的责任。

第 151 条　免税贸易海关程序行为

免税贸易海关程序行为，按《欧亚经济联盟海关法》第 305 条规定的方式完成。

第 152 条　未遵守免税贸易海关程序条件的责任，以及未缴纳关税与税收的责任

未遵守免税贸易海关程序条件的责任，以及未缴纳关税与税收的责任，由免税贸易商店的业主承担。

详解：

免税贸易海关制度，是指对外国商品和欧亚经济联盟商品适用的一种海关制度，依照该海关制度这些商品位于免税贸易商店和在免税贸易商店零售，且对外国商品不缴纳进口关税、进口环节税、保障措施关税、反倾销税和反补贴税，如果遵守将商品置于此海关制度下的条件和依照此海关制度使用其商品的条件。

在免税贸易海关制度下商品销售给离开吉国关境的自然人；抵达吉国关境的自然人；位于吉国关境的外交代表机关、领馆、国家在国际组织的代表机构、国际组织或者其代表机构，以及外交代表机关的外交职员、领事官员和与他们居住在一起的家庭成员，国家在国际组织的代表机构、国际组织或者其代表机构的职员（人员、官员）；其他组织或者其代表机构及其职员，这些组织或者其代表机构位于吉国境内依照吉国政府规定确定。

在商品采用航空运输和水路运输通过吉国海关边界的地点，以及在采用其他运输方式将商品通过吉国海关边界的地点运营的免税贸易商店，准予将

商品销售给位于吉国关境的外交代表机关、领馆、国家在国际组织的代表机构、国际组织或者其代表机构。准予在采用航空运输商品通过吉国海关边界的地点运营的免税贸易商店向外交代表机关的外交职员、领事官员和与他们居住在一起的家庭成员，国家在国际组织的代表机构、国际组织或者其代表机构的职员（人员、官员）销售商品。

免税贸易海关制度不适用于依照免税贸易商店位于吉国境内且吉国立法规定禁止流通的商品。欧亚经济联盟委员会有权规定对其不适用免税贸易海关制度的其他商品名录。为保障免税贸易商店运营所必需的商品，可以不适用免税贸易海关制度下在免税贸易商店存放和使用。免税贸易商店所有者与申报商品置于免税贸易海关制度下和其销售的申报人必须为同一人。

免税贸易海关制度存在的条件：商品位于免税贸易商店内；商品在免税贸易商店销售给进出境人员；按吉国海关规定在免税贸易海关制度下销售商品（如含酒精的饮料和啤酒、烟草和烟草制品，在自用数量限额内不缴纳关税、进口环节税）。

对置于免税贸易海关制度下的外国商品，在以下情况下免税贸易海关制度效力结束：商品置于其他对外国商品适用的海关制度；商品放行作为采用船舶或航空器从吉国关境运出的备用品使用；根据商品申报人的申请，将商品从免税贸易商店运出吉国关境。

如果免税贸易商店终止运营，置于免税贸易海关制度下的外国商品在该免税贸易商店终止运营之日的次日起 3 个月内，应当将外国商品置于适用的海关制度下。在免税贸易海关制度下的外国商品，自海关登记商品与申报之时起，申报人有缴纳相关费用的义务。在履行缴纳义务后，将商品作为从吉国关境运出的船舶或者航空器的备用品使用时相关已缴纳费用予以退还或冲销。

第二十七节　销毁海关程序

第 153 条　本节总则

销毁海关程序的内容、条件，以及适用销毁海关程序的特点，由《欧亚经济联盟海关法》规定；将商品置于销毁海关程序下，应经海关部门同意；海关部门将商品置于销毁海关程序下的许可的签发方式，由吉国政府规定。

第 154 条　销毁商品的期限

销毁商品的期限，依据申报人的申请，按申请的方式确定该类商品销毁业务所需的时间，以及从商品所在地到销毁地运输商品所需的时间，由海关部门规定；商品销毁地点由申报人根据吉国环境保护法的规定确定；商品销毁后，申报人应向海关部门提交证明文件。

第 155 条　被置于海关销毁程序下的商品

海关部门在适用风险管理体系的同时，根据欧亚经济联盟海关法和本法的规定对被置于海关销毁程序下的商品实行海关监管。如果海关部门对商品销毁的过程实施可视监控，则应根据吉国政府规定的形式和方式办理商品销毁证明文件。

第 156 条　未遵守销毁海关程序的责任

未遵守销毁海关程序的责任，未遵守吉国环境保护法，以及未缴纳关税、废物和废料税收的责任，由提出销毁程序的申报人承担。

详解：

销毁海关制度是指对外国商品适用的一种海关制度，依照该海关制度这些商品不缴纳进口关税等税收予以销毁。销毁商品应理解为使商品处于部分或完全销毁，或者失去其消费属性或其他性能且通过获利方式不能恢复到初始状态。

不适用销毁海关制度的商品：具有文化价值、考古价值和历史价值的物品；属于依照吉国立法或国际条约规定受保护种类的动物和植物，但是为了传染病和检疫对象的传播需要销毁的情形除外；在抵押关系终止前，海关接受作为抵押标的物的商品；依照吉国立法规定被收缴的商品或者因违法作为物证的商品。

如果销毁商品可能给周围环境造成损害或者对人的生命和健康具有危险、一般用途通过消费可以实现销毁的商品与可能使吉国国家机关产生费用的情况下不适用销毁海关制度。将商品置于销毁海关制度下必须依照吉国规定给予可以销毁商品的国家机关授权结论书，且在其中指明商品销毁的方式和地点。

在海关基于实际销毁这些商品所需的时间、销毁方式和地点所规定的期限内，需要参照吉国可以销毁商品的结论书中规定的期限。置于销毁海关制度下的商品申报人承担销毁商品的费用。销毁商品产生的废碎料可以按照吉国海关法规定置于对外国商品适用的海关制度下，如果废碎料不适合进一步商业利用或者依照吉国立法规定应当掩埋、无害处理、废物利用或其他方式销毁的情形除外。销毁产生的废碎料在置于申报人所选择的海关制度下时，视为以此状态进口到吉国关境的商品。

第二十八节　放弃归国家所有的海关程序

第 157 条　本节总则

放弃归国家所有的海关程序的内容、条件，由《欧亚经济联盟海关法》第 310 条、第 311 条进行规定；将商品置于放弃归国家所有的海关程序下，应经海关部门同意；海关部门将商品置于放弃归国家所有程序下的许可的签发方式，由吉国政府规定。

第 158 条　被置于放弃归国家所有海关程序下的商品的支配

将商品置于放弃归国家所有的海关程序下，不应对吉国国家部门造成任何费用支出，这些费用无法通过销售商品所得进行补偿，被置于放弃归国家所有程序下的商品，应按吉国政府规定的方式转交。

第 159 条　未遵守放弃归国家所有的海关程序条件的责任

未遵守放弃归国家所有的海关程序条件的责任，以及通过将商品置于放弃归国家所有程序的方式支配商品的合法性，由申报人承担；对于被申报人拒绝而利于国家的商品拥有授权的人，海关部门不予支持任何财产补偿诉求。

详解：

放弃归国家所有海关制度，是指对外国商品适用的一种海关制度，依照该海关制度这些商品不缴纳进口关税与其他税费，无偿转让成为吉国国家财产。置于放弃归国家所有海关制度下的商品获得联盟商品地位。不适用放弃归国家所有海关制度的商品包括：吉国禁止流通的商品；有效期（消费期、使用期）已过的商品。

第五篇

个别特殊类型商品的海关业务

第二十九节　特别海关程序

第 160 条　特别海关程序的内容条件

特别海关程序，是指在这一程序下，根据欧亚经济联盟委员会规定的清单和条件的个别类别商品进口到吉国境内或出口到吉国境外，无须缴纳关税和税收，且不适用禁令和限制，但不包括欧亚经济联盟海关法针对这类商品规定的情况。

商品置于特别海关程序下的期限，缴纳关税和税收义务产生和终止的情况，以及适用特别海关程序时缴纳关税和税收期限的开始，特殊海关程序行为完成、暂时中止、恢复的方式，对使用和支配处于特殊海关程序下商品的限制，由吉国政府规定，除非欧亚经济联盟海关法另有规定。对于个别类别的商品，在欧亚经济联盟海关法规定的情况下，将其置于特殊海关程序的条件由吉国政府规定。

将商品置于特别海关程序时，不予返还已缴纳的关税和税收，以及免除缴纳、返还或补偿内部税。

第161条 商品置于特别海关程序下时的相关规定

在将商品置于特别海关程序下时，商品的海关申报方式，应在商品申报单中注明信息清单，以及申报人与商品报关单一并提交的文件清单，由吉国政府规定。

详解：

特别海关制度是指对一些外国种类商品和欧亚经济联盟商品适用的海关制度，依照该海关制度这些商品不需缴纳关税与其他税费通过吉国海关边界，位于吉国关境或关境外使用，如果同时遵守商品置于此海关制度下的条件。

下列物品置于特殊海关制度下：从吉国关境运出的用以保障位于吉国关境外的外交代表机关、领馆和国际组织代表机构运转所需物品。通过吉国海关边界的，供位于吉国关境内的外交代表机关和领馆使用的公务用品。领馆从所代表的国家运入吉国关境，供位于吉国关境领馆使用的国徽、国旗、铭牌、印章和印戳、书籍、官方印刷材料、办公家具、办公设备和其他类似物品。国际组织的代表机构、国际组织或者其代表机构使用的公务用品，依照吉国签署的国际条约对其规定免缴关税、进口环节税。

为了保持战备状态，为驻扎在吉国关境或吉国关境外的成员国武装部队创造完成任务的良好条件与联合（国际）演习、比赛，以及检阅和其他庆祝活动，通过吉国海关边界的武器、军事技术装备、弹药和其他物资将置于特别海关制度下。

用以预防自然灾害与其他紧急情况和消除其后果，通过吉国海关边界的商品和运输工具，其中包括国家机关、吉国规定被授权的其分支机构或者组织用以向由于紧急情况遭受了损失的人免费分发的物资，以及为了开展紧急情况救援工作所需的商品和运输工具，事故救援组织、医疗机构和医疗组织运转所需的商品和运输工具，这些都将置于特别海关制度下。但酒类产品（酒精除外）、烟草制品、贵金属、宝石及其制品除外。

用以开展按照体育项目的国家队和集训队队员为有利于吉国利益进行医疗活动和恢复活动的药品、特别运动食品与食品活性添加剂，仅用于在组织和开展正式国际体育活动或者筹备参加这些国际体育活动在开展训练活动中使用的运动装备、运动设备和其他物品将置于特别海关制度下。

在太空研究和利用领域里的国际合作框架下使用的物品，用以组织和开展正式国际展览的外国商品将置于特别海关制度下。

第三十节 国际邮件

第 162 条 国际邮件

商品通过国际邮件的方式进口和出口吉国，应符合欧亚经济联盟海关法和欧亚经济联盟成员国国际公约的规定。国际邮件发送商品的海关业务，在国际邮件交换地或其他海关部门规定的地方完成。作为邮电联络项目的国际邮件交换地，由国家授权部门与邮电联络领域的国家授权部门共同确定。

第 163 条 通过国际邮件发送的商品的海关业务的特殊性

根据吉国法律或欧亚经济联盟成员国国际公约，被限制进口到吉国境内或相应从这一境内出口的商品，商品收货人或发货人，或以其名义作为的人，应在办理海关文件时提交必要的许可证书。海关部门根据本法规定对禁止和限制通过国际邮件发送的商品予以没收以及支配，不属于本法调整的则按吉国政府规定的方式办理。

对于通过国际邮件发送的商品应按优先方式在最短期限内办理海关手续。

办理海关手续的具体期限由国家授权部门与邮政领域授权机构协商确定。对于应提交单独海关申报单的商品的海关申报，由商品收货人或发货人所在区域的海关部门，按照国家授权部门确定的方式，经与邮电联络领域授权机构协商办理。通过国际邮件发送到欧亚经济联盟海关境外的、应提交单独海关申报单的商品，由商品发货人或以其名义作为的人，在将商品交给邮电联络组织发送之前办理海关申报。通过国际邮递进口到吉国境内的商品，根据《欧亚经济联盟海关法》第 316 条的规定缴纳关税和税收。在吉国过境的国际邮件不需要办理海关申报。

第 164 条　通过国际邮件发送的商品的海关申报

通过国际邮件发送的商品的海关申报提高海关监管的效率，海关部门和邮政部门签署相互协作的相关协议。国家授权部门将及时通知邮政领域授权机构有关商品进口和出口欧亚经济联盟的海关境内的规则，其中包括通过国际邮政发送的商品。

详解：

依照万国邮政联盟法规规定禁止寄递的商品与吉国政府规定的不应当通过国际邮件寄递的商品不得采用国际邮件寄递。指定的邮政运营人将国际邮件交付给其收件人，如果放行通过国际邮件寄递的商品且对这些商品依照本法规定缴纳海关税费与其他税收。邮政运营人按照该法规定向海关提交通过国际邮件寄递的自用物品收件人身份信息。

在国际邮件抵达欧亚经济联盟关境或者离开联盟关境时，承运人向海关提交的所进出国际邮件的信息，其中包括：国际邮件寄件人和收件人地址、国际邮件毛重（千克）与货件数量。航空邮件、信函、邮政明信片和盲人读物可以不向海关申报通过欧亚经济联盟海关边界。对采用国际邮件寄递的商品的海关作业，由海关在国际邮件机构或者海关确定的其他地点实施。海关将国际邮件机构信息发送给欧亚经济联盟委员会，以编制国际邮件机构总名录，并将其公布在联盟官方网站上。

如果在国际邮件机构不遵守禁止和限制规定，吉国海关将作出禁止商品进入关境的决定，并将此决定通知指定的邮政运营人。在向海关申报采用国际邮件寄递商品时，规定的随国际邮件同行的单证可以用作海关旅客申报单。在依照放行供境内消费海关制度向海关申报通过国际邮件寄递的商品时，对这些商品不应当缴纳关税、进口环节税，并且商品没有禁止和限制规定，不适用内部市场保护措施。

吉国规定随国际邮件同行的单证在依照出口海关制度向海关申报通过国际邮件寄递的商品时可以用作商品申报单的情形和条件，以及在依照复进口海关制度向海关申报采用国际邮件寄递从吉国关境运出的且没有交付给收件人的商品时可以用作商品申报单的情形和条件。在使用万国邮政联盟法规规定的且随国际邮件同行的单证作为商品申报单或者海关旅客申报单时，在递交此海关申报单的同时不提交其电子形式的单证。吉国规定在使用万国邮政联盟法规规定的且随国际邮件同行的单证作为商品申报单或者海关旅客申报单时，指定的邮政运营人采用电子形式提交关于所寄递商品的，具有应当在商品申报单或者海关旅客申报单中载明的信息，可以用作电子形式的商品的申报单或者海关旅客申报单。

吉国指定的邮政运营人应当将国际邮件在国际邮政机构置于临时储存在不晚于海关转运海关制度效力结束后两日内，如果对采用这些国际邮件寄递的商品没有实施向海关申报的作业将拒绝放行这些商品，自用物品除外。在指定的邮政运营人交付商品发运前，采用国际邮件寄递从吉国关境运出的商品向海关申报和放行。对于通过国际邮件寄递运人退回给寄件人的商品，经海关许可不用向海关申报关境运出，但是邮政运营人应向海关提交被退回的国际邮件原因与背书，以及吉国海关规定的随行单证。对于自用物品在没有交付给收件人之前，邮政运营对这些物品从吉国关境运出时所使用的包装保持完好无损。

经吉国海关许可，空的邮政包装不需要海关申报可以通过吉国海关边界。为了获取将空邮政包装通过吉国海关边界的海关许可，仅需要指定的邮政运营人向海关提交邮政联盟规定且随空邮政包装同行单证即可。如果邮政联盟规定的随国际邮件同行的且用作海关旅客申报单的单证上载明的商品与实际寄递的商品信息存在差异将拒绝放行，这些国际邮件应退回给寄件人。

在下列情况发生时，对国际邮件指定的邮政运营人缴纳进口关税的义务终止：因放行采用国际邮件寄递的商品，将采用国际邮件寄递的商品交付给其收件人；通过国际邮件寄递的商品退回其寄件人；因为事故或者不可抗力国际邮件损毁和灭失的事实，或者在运输或正常储存条件下由于自然损耗，国际邮件灭失的事实；没收的国际邮件寄递的商品或者将其转变为该成员国财产（收入）；因违法海关扣留通过国际邮件寄递的商品；在对犯罪行为进行核查过程中，收缴或者扣留采用国际邮件寄递的且对其作出退还决定的商品，如果先前没有放行这些商品，置于临时储存或者置于一种海关制度下。

对国际邮件缴纳进口关税的期限设定一般为在海关放行采用国际邮件寄递的商品将国际邮件交付给收件人，则为将其交付给收件人之日。进口关税应当按照毛重与类型计算，并且收件人应履行缴纳进口关税的义务。这里需要注意的是，函件类（如航空邮件、邮政明信片、信函和盲人读物）国际邮件不按毛重计算进口关税。

第三十一节　特殊外国人携带商品的特殊性

第 165 条　特殊外国人携带商品

外国的外交代表处、领事机构、其他官方代表处、国际组织以及这些代表处和组织的职员向吉国境内外输入和输出商品，拥有优先权、特殊权或豁免权的外国人输入和输出个人和家庭使用的商品，根据《欧亚经济联盟海关法》规定完成。如果根据吉国加入的国际公约注明的外国人，规定了比《欧亚经济联盟海关法》第 45 条规定的较优惠的，向吉国境内外输入或输出商品的规则，则适用吉国加入的国际公约的规则。

对于国际组织、国家间组织、政府间组织、外国代表处，以及这些组织和代表处的职员及其家庭成员，适用吉国加入的国际公约规定的海关优惠。

外交代表处、领事机构和其他官方代表处及其机构和组织的职员（以下称代表处）携带商品用于官方使用的海关申报，应向海关部门提交自由格式的书面申请，一式两份（以下称申请）并加盖代表处印章，由代表处负责人或授权人签字，申请应包含以下信息：

1. 海关部门的名称；

2. 商品通过欧亚经济联盟的海关边界时所使用的运输文件的号码和日期；

3. 商品简要信息。

发送（接收）用于代表处官方使用的商品的人，向海关部门提交证明身份和地位的文件，或委托书（一年期的或一次性的），并加盖代表处的印章，并由代表处负责人或其他代表处授权的职务人员签字。

第 166 条　根据互惠原则提供的海关优惠的适用

根据与外国签署的特别协议，本法提供的海关优惠，根据针对每个国家的互惠原则可以适用于其他人。

详解：

依照吉国与第三方的国际条约和欧亚经济联盟成员国之间的条约规定，外交代表机关和领馆、国家在国际组织的代表机构、国际组织或者其代表机构的公务用品，享有海关豁免权。位于吉国关境的国际组织或者其代表机构的人员、国家在国际组织的代表机构职员或者其代表机构人员，以及他们的家庭成员的自用物品依照本法规定且考虑与第三方的国际条约同样可以享有海关豁免权。

当物品置于特殊海关制度以外的其他海关制度下时，位于吉国关境的外交代表机关和领馆、国际组织或者其代表机构缴纳进口环节的相应关税时给予优惠。获得此优惠的人群还包括外交代表以及与其居住在一起的家庭成员的自用交通工具和自用物品；领事馆馆长和领馆其他官员，与他们居住在一起的家庭成员的自用交通工具、自用物品，免缴关税和其他环节税运入、运出吉国关境。

外交代表以及与他们居住在一起的家庭成员，他们不是作为接收国的成员国公民，采用随身行李通过吉国海关边界的自用物品符合卫生检疫与放射性要求将免予海关查验。这项规定同样适用于领事馆馆长和领馆其他官员，以及与他们居住在一起的家庭成员。根据与每个国家单独对等原则，外交信使和领事信使可以将其自用物品依照规定免予海关查验，不缴纳关税与进口环节的相关税费。

第三十二节　知识产权商品海关程序

第 167 条　海关部门保护知识产权

海关部门应当按照《欧亚经济联盟海关法》第四十六节、本法和吉国其他法律法规规定的方式，保护根据权利人申请列入知识产权客体的海关登记目录（以下简称海关登记）的著作权与相邻权商标权版权所有者的权利、对使用货物的地理标志、服务标志的使用权。

第 168 条　对权利人申请的审理方式

如果权利人或代表其利益的人（以下简称申请人）认为，由于向吉国境内外进出口其认为侵犯其知识产权的商品时，或者在完成海关监管下商品的其他行为时，可能或已违反了吉国法律规定的其所拥有的知识产权，则申请人有权向国家授权机构提交维权申请。申请中应包含以下信息：权利人的信息，如果申请是由他的代表人提交，还需提供代表人的信息；注明需列入海关登记目录的知识产权客体，描述包含知识产权客体的商品；生产包含上述知识产权客体的组织的信息，证明这一组织授权的文件；商品生产地点；有关存在和具有知识产权的信息。与申请一并提交证明知识产权存在和所属性的文件（证书、许可证合同或其他吉国知识产权法规定的文件），必要时需提交权利人签发给他的利益代表人的委托书。如果同一个知识产权客体属于不同的权利人，则应与申请一并提交每个权利人的委托书，或对同一个知识产权客体缺失权利的保证书。在提交申请的同时可以提交包含知识产权客体的商品和（或）盗版商品的样品。

申请人可以提交其他让海关部门查明盗版商品的信息，包括侵犯其权利的推测日期。在提交申请时，申请人向国家授权机构提交保证书，保证在确定所怀疑商品不是盗版商品时，补偿因中止放行商品所产生的费用和给申报人带来的损失。补偿费用保证书的形式和内容，以及执行保证书的保证金额，应由国家授权部门按照吉国民法规定的方式确定。国家授权部门在收到申请之日起 1 个月的期限内审核申请，并作出将申请中注明的知识产权客体列入海关登记的决定，或者拒绝列入海关登记的决定。应将所作出的决定以书面形式通知申请人。为了核实申请人所提交信息的真实性，国家授权部门有权向第三方以及国家相关机构查询可证明申请信息的文件。上述机构和第三方应在收到查询后的 10 日内提供所查询的文件。如果申请人未提交所查询的、对作出决定具有实质意义的文件，则可以中止申请的审理。这时，审核申请的总期限不得超过 3 个月。如果申请人未提供所查询的文件，可以认为申请已被撤销，并不急需审核，对此应以书面方式或电子方式通知申请人。如果提交的文件不能证明知识产权客体的权利属于申请人，或申请人提交了不真实的信息，则可以作出有关拒绝采取与中止商品放行相关措施的、将知识产权客体列入海关登记目录的决定。在修改申请或与申请一并提交的文件中注明信息时，申请人应将此情况通知国家授权机构。

第 169 条　海关登记

1. 国家授权机构为进行海关监管进行海关登记。海关登记的管理方式，以及其中包含的通知海关部门和申请人的方式，由吉国政府确定。为了将知识产权客体列入海关登记中，权利人或其代表应缴纳由吉国政府规定的费用。

国家授权机构作出相应决定的知识产权客体，可以列入海关登记中。国家授权机构保证在自己的官方刊物上刊登列入海关登记中的知识产权客体清单。在以下情况下应将知识产权客体从海关登记中删除：申请人申请时；未缴纳将知识产权客体列入海关登记中或延长项目保护期限的费用；在按规定方式终止知识产权客体的法律保护时；如果权利人在中止商品放行期间没有按吉国法律规定向海关部门申请保护自己的权利，或没有向海关部门申请取消中止商品放行的决议；查明在提交将知识产权客体列入海关登记时提供了不真实的信息。

2. 允许根据下列人员的信息，对海关登记进行修改：权利人（其代表人）提交的有关将知识产权客体列入海关登记的修改申请，以及随附文件中注明的信息；执法机关或其他国家机构，以及自然人或法人，有关海关登记中注明的权利人被剥夺或限制知识产权权利的信息。应根据国家授权机构的决议修改海关登记。

3. 修改海关登记前可以根据国家授权机构的决议核查收到的信息，对此应书面通知权利人和海关部门。在核查期间，海关部门不能采取与中止放行包含这一知识产权客体的商品相关的措施。包含这一知识产权客体的商品列入海关登记的期限，可以在进行核查所必需的时间内中止，但不能超过两个月。作出中止放行决议的方式，将决议通知申请人和申报人的方式，中止放行期限的延长，向海关部门缴纳的费用和申报人亏损的补偿方式，以及取消中止放行决议的方式，由吉国政府规定。在发现商品侵犯知识产权时，海关部门有权按照吉国政府规定的方式中止放行未列入海关登记的、包含知识产权客体的商品。

第 170 条　提供信息，抽取样品

海关部门向申请人和申报人提供确定作出中止放行的商品是否侵犯知识产权所必需的信息。申请人或申报人根据本条规定获得的信息是保密的，不能泄露给第三方及国家部门，但不包括吉国法律规定的情况。经海关部门准许，申请人和申报人或他们的代表，可以在海关监督下提取被中止放行的商品的样品，并对其进行检验。

第 171 条 属于海关部门知识产权保护的补充条款

海关部门的知识产权保护，不应妨碍权利人根据吉国法律规定采取其他保护其权利的手段。在商品中止放行期间，申报人经权利人书面同意销毁商品，可以申请销毁被中止放行商品的海关程序。这时海关部门有关中止商品放行的决议应被撤销。

详解：

吉国海关采取的知识产权保护措施一般是指将商品置于进口海关制度或将商品置于海关转运制度下，海关采取本法规定的保护知识产权措施。

吉国海关采取的保护知识产权的措施不应排除权利持有人依照欧亚经济联盟成员国立法和成员国与第三方的国际条约规定采取任何其他保护方法的权利。欧亚经济联盟成员国海关采取措施保护列入成员国知识产权客体海关统一名录或该成员国海关管理的知识产权海关名录。对具有列入欧亚经济联盟成员国知识产权客体海关统一名录的诸如商品原产地名称的知识产权的商品，依照欧亚经济联盟委员会规定办法采取保护知识产权的措施。根据权利持有人或者权利持有人代表申请，在每一个欧亚经济联盟成员国受保护的知识产权列入成员国知识产权海关统一名录。知识产权海关统一名录中收录了著作权、商标、服务标志和商品原产地名称等。

对有充分理由认定商品通过吉国海关边界时可能侵犯知识产权的，权利持有人有权递交申请对商品进行限制进出口。申请应随附证明在吉国对知识产权具有权利的文件，权利持有人依照立法规定可以提供证明其在吉国对知识产权具有权利的证明书、其他文件以及证明应当在申请中指明信息的文件。申请可以随附可能成为证明根据权利持有人认为侵犯其对知识产权事实的商品样品。申请和申请随附文件应使用俄语或者其他语言。如果使用其他语言提供文件，申请应随附其俄语译文。在递交申请的同时，应递交权利持有人补偿因中止商品放行可能对商品申报人、所有人、收货人或者其他人造成财产损失的保证书。

欧亚经济联盟委员会制定知识产权海关统一名录管理，包括对申请的制作和审核，所提交信息和文件组成的要求，审核申请的期限和办法，以及将知识产权列入此名录，从此名录注销，对此名录进行变更，延长权利持有人对知识产权保护规定期限的办法，在将知识产权列入成员国知识产权客体海关统一名录和管理此名录时海关与委员会协作办法。

权利持有人应当自可以将知识产权列入吉国知识产权海关统一名录通知发给其之日起一个月内，中止商品放行给他人造成财产损失的责任保险合同或者证明担保执行此保证书的其他合同。同时，保险金额或者担保执行保证书的金额应当按照订立责任保险合同或其他合同之日或者对这些合同进行变更之日实施的汇率不少于一万欧元。

在将知识产权列入吉国知识产权海关统一名录后，且考虑权利持有人在申请中指明的期限，以及申请随附文件有效期，规定海关保护知识产权的期限且自列入此名录之日起不得超过两年。根据权利持有人或者代表权利持有人利益的人的申请，期限可以不限次数延长，但每次不得超过两年，但是海关保护知识产权的期限不得超过权利持有人对相应知识产权专有权的有效期。

第三十三节 通过管道和电力传输线路输送相关商品

第 172 条 商品通过管道和输电线路输送时，申报和缴纳关税和税收的特殊性

1. 商品通过管道运输进口到吉国境内时，允许根据本法第 225 条规定的特殊性进行临时阶段性的海关申报。临时阶段性申报通过提交临时海关申报单的方式办理。在临时海关申报单中，允许根据在申报人申请的不超过外贸合同有效期的时间段内商品大概数量的进口计划，根据计划进口到吉国境内

商品的数量而确定的有条件的海关价值（估价）、商品需求性能和（或）外贸合同条款中上述商品在提交临时申报单当日确定价格的方式，申报信息。允许对商品提交一个临时进口申报单，这些商品是在完成几个外贸合同义务框架内，包括不同的供货、价格组成和支付条件的合同，根据一个海关程序运输商品的同一个申报人进口的商品。申报人在本时间段开始前一个月的20日前提交本时间段的临时海关申报单，时长不超过一个季度，对于天然气则不超过一个日历年。

2. 如果在临时海关申报单中注明的时间段内改变海关部门已接收的临时海关申报单中的商品数量，可以在开始运输商品前提交补充临时海关申报单。申报人应提交一个或几个按规定格式填写的、完整的、每个供货日历月所进口商品的海关申报单。完整的海关申报单应在下一个供货日历月的20日前提交。根据申报人有依据的申请，海关机构可以延长提交完整的海关申报单的期限，但不得超过90日。延长提交完整海关申报单的期限，并不会延长缴纳所计算的关税和税收的期限。如果在日历月期间临时海关申报单中申请进口的商品没有完成进口，则申报人应在完整的海关申报单提交期限届满前，以书面形式将此情况通知海关部门。

3. 申报人缴纳通过管道运输的商品进口关税和其他税收的义务，自海关部门登记临时海关申报单或完整海关申报单之时产生。申报人缴纳通过管道运输的商品进口关税和税收的义务，在《欧亚经济联盟海关法》第80条第2款规定的情况下终止。自进口通过管道运输的商品时，进口关税和税收应根据临时海关申报单中的信息，在每个供货日历月前一个月的20日之前缴纳。为计算和缴纳海关费用，适用供货月前一个月的15日实施的关税和税收税率。

4. 每个供货月进口商品的详细信息，应在每个供货月后一个月的20日前提交给海关部门。如果应缴纳的关税和税收金额在确认信息后增加，则在提交详细信息的同时应补缴增加的金额。多缴纳的金额根据本法第四十二节的规定退还。在通过管道运输商品时，适用接受临时海关申报单当日的限制规定。在临时申报通过管道运输的天然气时，为了确定其数量和质量，使用商品实际供货证明，该证明是根据作为该运输依据的外贸合同中约定的地点的仪表数值而起草的。

第 173 条　通过电力传输线路输送的商品进口和出口时，申报和缴纳关税、税收的特殊性

应申报进口和出口实际电量和（或）电量流动平衡，作为每个月的国家间输电线路反方向的电流的代数和。在海关申报单中（多个申报单）每个月进口或出口的电量以电能量流动平衡表示（所有电压等级的、所有工作状态的国家间输电线路上反方向的电量流动代数和，被调整到电能输送时电网中的损耗量），或者实际上分别进口和出口的电量，被调整到电能输送时电网中的损耗量。根据《欧亚经济联盟海关法》第 339 条第 2 款的规定，吉国政府规定了在沿电力输送线路、通过欧亚经济联盟海关领土在能源系统输送电能时应向海关部门提交信息的清单。应根据本法第六章规定的规则，缴纳通过电力输送线路进口到吉国和从吉国出口的商品的关税与税收。

详解：

管道运输货物海关制度下吉国海关调整立法对此有规定，在依照海关制度向海关申报后，准予将管道运输货物进口到欧亚经济联盟关境，准予将管道运输货物从欧亚经济联盟关境运出。在递交海关申报单时，不要求向海关呈验管道运输货物。

管道运输货物在进口到吉国关境或者从吉国关境出口时，由于运输商品的特殊属性，可以按吉国现行的技术规程和标准混合货物，以及改变货物的数量和质量。管道运输货物的数量和质量根据规定的管道运输货物的计量仪器读数予以确定，若没有这些计量仪器，则根据测量这些货物数量的其他设备和方法的读数予以确定，吉国立法对使用这些测量设备和方法，以及按照相应合同实际供应货物的文件、管道运输货物交接记录、这些货物质量证明书及依照吉国立法规定的证明对计算期间管道运输货物所生产、供应和消费数量实施精准分配的其他单证予以确定。

管道运输货物海关申报的特点依照《欧亚经济联盟海关法》第 104 条第 8 款规定。经实施此运输作业的海关许可，准予在吉国关境将管道运输的外国货物、管道运输的处于海关监管的欧亚经济联盟商品，从管道运输转装到其他运输方式或者从其他运输方式转装到管道运输。欧亚经济联盟成员国海关

对管道运输货物信息交换的协作办法中包括如果这些货物在数个成员国境内进出。

对管道运输货物适用海关转运海关制度的特点中：进境地是指管道运输货物计量仪器安装地点，计量仪器读数用以确定管道运输进口到吉国关境的商品数量。出境地是指管道运输通过吉国海关边界商品计量仪器安装地点，计量仪器读数用以确定管道运输从吉国关境出口的商品数量。指运地，通常是指管道运输货物计量仪器安装地点，计量仪器安装地点位于在其境内结束这些商品运输的欧亚经济联盟成员国，计量仪器读数用以确定商品数量，而在其境内结束货物运输的欧亚经济联盟成员国境内安装这些计量仪器前应该确定商品计量仪器安装地点位于另一成员国境内且是这些商品运输途中的最后一个地点。起运地是指管道运输货物计量仪器安装地点，计量仪器安装地点位于这些商品的始发国，计量仪器读数用以确定货物数量，安装货物计量仪器的地点位于另一国境内且是这些货物运输途中的第一个地点。

对于输电线输送商品进口到吉国关境和从吉国关境出口在向海关递交海关申报单不晚于实际供应电力的每一个日历月的下一个日历月最后一日，递交为了将电力置于放行供境内消费或者出口海关制度下的海关申报单。

进口到吉国关境或者从吉国关境出口的电力的实际数量应当向海关申报。电力的数量根据在工艺流程决定的地点安装的记录电力输送的电计量仪器读数，根据相应合同实际供应电数量的记录、交接证明书及证明电力实际输送的其他文件确定为每个日历月的电力溢流差额。如果负责国家间输电线使用或登记通过国家间输电线输送货物的组织之间签订的关于组织登记电力溢流的协定对此有规定，根据电力在依照这些协定确定的电力网中在输送电时的电力损失量校正过电流差额值。

在通过非欧亚经济联盟成员国境内输送具有欧亚经济联盟货物地位的电力时，从其境内这些货物开始输送的成员国发货人或者承运人，以及在其境内这些货物输送结束的收货人或者承运人，在电力输送日历月的下一个日历月最后一日前，向在其境内登记发货人、收货人或者承运人的海关提交申请并列出以下信息：输电线输送电力的发货人和收货人名称；电力进出口所依据合同的号码和签署日期；电力输送期间；输送的电力数量；电力计量仪器安装地名称和通过其实施电力输送的国家间电力线名称。

在通过吉国关境输送电力时，在其境内输送这些商品的吉国承运人在电力输送日历月的下一个日历月最后一日前，或者在吉国海关立法规定期限届满前，应当向在其境内承运人注册登记的吉国海关提交载明在计算期间输送电力数量信息和吉国立法规定的其他信息的申请。如果这些商品在欧亚经济联盟成员国境内输送，吉国海关对输电线输送商品信息需要和欧亚经济联盟的其他成员国交换。

吉国规定对输电线输送货物实施海关作业的特点和实施海关监管的特点，以及海关在规定的单证上填写记录的特点。在向海关申报从欧亚经济联盟关境运出的电力时，使用位于下列国家境内的计量器读数：电力发送国的成员国；如果具有规定海关官员接触这些计量仪器办法的成员国与作为邻国的第三方的国际条约；在依照负责使用国际电力传输线或登记通过国际电力传输线输送货物的组织之间签订的关于组织登记电力流动协定条件规定地点的邻国或其他国家。

如果管道运输或者输电线输送货物计量仪器出现故障，为了向海关申报和实施海关监管，使用承运人所运输商品的实际数量信息。为了防止对位于欧亚经济联盟关境的管道运输和输电线输送货物的计量仪器读数不经批准进行接触和改变读数信息，海关在这些仪器上施加识别标识。

管道运输或者输电线输送货物计量仪器所位于的设施的所有人，或者其授权的人，应当保障这些计量仪器位于其境内的海关被授权官员可以接触这些计量仪器，以实施海关监管和施加（拆除）识别标识。

在下列情形下管道运输或者输电线输送货物计量仪器所位于设施的所有人，应向海关提交所采用的计量管道运输或者输电线输送商品方式和办法的信息：根据这些商品计量仪器安装地所在关区的海关要求；在管道运输或者输电线输送商品计量所采用方式或办法改变时。

对管道运输和输电线输送商品不进行识别，并不妨碍海关为了海关目的使用单证中的信息、计量仪表及其他测量仪器的读数确定货物的数量、质量和其他特性。

第三十四节　国际运输交通工具

第 174 条　向吉国进口和从吉国出口国际运输工具

根据《欧亚经济联盟海关法》的规定向吉国进口和从吉国出口国际运输工具。国际运输工具在吉国境内到达地点和从吉国境内的离开地点用于办理空运和铁路运输海关业务的停留时间，如果承运人完成了欧亚经济联盟海关法和吉国海关事务领域法规定的要求，相应地，不应超过该类飞机保养作业表，或铁路站工作作业过程所规定的时间。用于技术维修或国际运输工具运行的配件和设备，应根据《欧亚经济联盟海关法》第 349 条的规定，向吉国进口和从吉国出口。从国际运输工具上被拆换下来的配件和设备，可以与该国际运输工具一并进口到吉国境内和从吉国出口。有关这些配件和设备以及完成维修的信息，应在国际运输工具海关申报单中注明。在其他情况下，从国际运输工具上拆换下来的配件和设备，应根据《欧亚经济联盟海关法》第 349 条第 3 款的规定进口到吉国，而从吉国出口时，无须缴纳针对出口海关程序所适用的关税。针对用于维修、技术保养，或运输工具运行目的的配件和设备，临时进口（准许进入）和临时出口海关程序，相应地完成于从运输工具上被拆换下来的配件和设备，或者之前被置于临时进口（准许进入）或临时出口程序下的配件和设备，从吉国出口或向吉国进口，或者完成于将上述商品置于其他未规定其进出口欧亚经济联盟的海关境内的海关程序下。为保证运输工具正常运行和技术保养所必需的器材，向吉国进口和从吉国出口，应符合《欧亚经济联盟海关法》第五十节的规定。

第 175 条 使用有条件放行的运输工具作为国际运输工具

根据《欧亚经济联盟海关法》第 279 条第 5 款和第 345 条第 4 款的规定，允许按照《欧亚经济联盟海关法》第四十八节规定的方式，使用根据临时进口（准许进入）海关程序进口到欧亚经济联盟的海关境内的运输工具，以及根据《欧亚经济联盟海关法》的规定作为有条件放行商品的其他运输工具，其中包括根据海关免税区程序进入欧亚经济联盟海关境内的运输工具，作为国际运输工具并临时从吉国出口、再反进口到吉国。

用于装载、卸载、处理和保护货物，或运输乘客和（或）行李的特殊设备，以及用于维修、技术保养或本条第 1 款注明的运输工具运行使用的配件，和从本条第 1 款注明的运输工具上因维修而被拆换下来的配件和设备适用本节的规定。

详解：

国际运输工具包括任何船只、飞机、车辆、铁路与特殊车辆。在商品通过吉国海关边界的商品转移地时，其停车的国际运输车辆，应在海关作业完成后按确定的时间离开。

通过吉国海关边界的经营国际运输的运输工具应当向海关申报：在临时进境的国际运输工具运入欧亚经济联盟关境和将这些经营国际运输工具复运出欧亚经济联盟关境；在临时出境的国际运输工具从欧亚经济联盟关境运出和将这些国际运输工具复运入欧亚经济联盟关境。

承运人是经营国际运输工具的申报人。受承运人委托的其他人以承运人名义可实施与向海关申报经营国际运输工具有关的海关作业。使用运输工具申报单向海关申报国际运输工具。根据运输商品的运输方式与通过欧亚经济联盟海关边界的位置，具有应当在运输工具申报单中载明的信息。可以采用吉国与第三方在运输领域里的国际条约规定的承运人标准单证作为运输工具申报单。如果在作为运输工具申报单与第三方在运输领域里的国际条约规定的承运人标准单证中不具有应当在运输工具申报单中载明的信息，需要通过提交规定样式的运输工具申报单向海关申报国际运输工具。同时，所提交的承运人标准单证视为运输工具申报单不可分割的一部分。这些单证的清单由吉国海关部门根据运输商品所采用的运输方式和国际运输工具通过吉国海关边界予以确定。

在将临时进境的国际运输工具复运出吉国关境时和将临时出境的国际运输工具复运入吉国关境时，采用书面方式向海关申报了上述国际运输工具，准予将在向海关相应申报临时进境或者临时出境的国际运输工具时向海关提交的运输工具申报单用作运输工具申报单。临时进境的经营国际运输工具，不缴纳关税与其他费用运入吉国关境。已运入吉国关境的临时进境的经营国际运输工具保持外国商品地位。临时进境期限届满前临时进境的经营国际运输工具应当复运出吉国关境，或者置于对外国商品适用的海关制度下，但海关转运海关制度除外。

自海关登记运输工具申报单之时起，这些国际运输工具申报人对作为联盟商品的临时出境的国际运输工具产生缴纳出口关税的义务。在下列情况发生时国际运输工具申报人对作为联盟商品的临时出境国际运输工具缴纳出口关税的义务终止：临时出境国际运输工具复运入欧亚经济联盟关境；将临时出境国际运输工具置于出口海关制度下，根据规定计算和应当缴纳出口关税；依照吉国规定没收临时出境国际运输工具或者将其转变为吉国财产；依照吉国海关规定扣留临时出境的国际运输工具，对在此扣留前已产生的缴纳出口关税的义务；刑事案件诉讼或者在对行政违法案件实施具体行政行为程序过程中收缴或者扣留的且对其作出退还决定的临时出境的国际运输工具，如果先前没有放行这些临时出境国际运输工具，置于临时储存或者置于一种海关制度下。

第六篇

海关费用规定

第三十五节　个人使用的商品的运送特点

第 176 条　个人使用的商品的运送特点

个人向吉国进口和从吉国出口个人使用的商品，应符合欧亚经济联盟海关法第四十九节，以及欧亚经济联盟成员国有关个人通过欧亚经济联盟的海关边界运送商品的国际公约的规定。吉国政府根据国际公约，有权对个人进口或出口商品规定补充限制。海关部门保证有关运送个人使用商品的规则信息，其中包括通过在运输和旅游组织发放国家语言、官方语言和外国语言所做的信息宣传册，以及在办理个人运送商品海关业务的地方放置信息栏。非随身携带或由承运人运送的个人使用的商品，可以根据申报人的选择向商品所在的海关部门，或者无论商品运送至何处，向个人长期或临时居住地所在的海关部门进行海关申报，并缴纳个人使用商品的关税，获得税收海关收据凭证。

详解：

个人使用的商品，是指个人进入欧亚经济联盟关境或者离开欧亚经济联盟关境时，根据运输单据证明的国际运输合同已交给或者将要交给承运人以实际通过欧亚经济联盟海关边界的、属于该个人的个人使用的商品。

双通道制度，是指允许通过欧亚经济联盟海关边界的个人自行选择的“红色”通道和“绿色”通道，以实施海关监管的简化制度。随身行李，是指个人实际进入欧亚经济联盟关境或者离开欧亚经济联盟关境时，携运的通过欧亚经济联盟海关边界的自用商品，其中包括手提行李。承运人送达的自用商品，是指承运人根据有运输单据证明的国际运输合同运输时，通过欧亚经济联盟海关边界给不通过欧亚经济联盟海关边界的个人或者来自不通过欧亚经济联盟海关边界的个人使用的商品。

个人使用的商品可以采取下列方式通过吉国海关边界：个人通过欧亚经济联盟海关边界时采用随身行李或者分离运输行李方式；采用国际邮件方式；承运人送达给没有通过欧亚经济联盟海关边界的个人，或者来自没有通过欧亚经济联盟海关边界的个人交由承运人运输。

吉国海关将通过欧亚经济联盟海关边界物品确定为归于个人使用的商品前提为：根据个人口头或者使用海关旅客申报单，以书面形式申报通过欧亚经济联盟海关边界的物品；根据物品的性质和数量；根据个人通过欧亚经济联盟海关边界和该个人将物品通过欧亚经济联盟海关边界或者物品运输给该个人的频率。抵达欧亚经济联盟关境的个人使用商品是通过欧亚经济联盟海关边界地点的免税贸易商店购买的商品，同样视为个人使用的商品。

个人使用的商品通过吉国海关边界的地点适用双通道制度。“绿色”通道是在物品通过欧亚经济联盟海关边界地专门标志的，用于采用随身行李运输不需向海关申报需要通过吉国海关边界地点。“红色”通道是在物品通过吉国海关边界地专门标志的，用于采用随身行李运输应向海关申报的个人使用的商品及对其根据个人意愿实施海关申报的商品需要通过吉国海关边界地点。

适用双通道制度商品需要通过吉国海关边界地点的名录及此名录编制办法，依照吉国海关调整予以规定。需要注意的是通过“绿色”通道并不意味着个人免予遵守在海关调整领域里的国际条约和法律文件。

商品通过吉国海关边界不适用双通道制度不会导致个人向海关申报依照规定不应向海关申报物品的义务发生，以及不免除个人应向海关申报商品的义务。

个人使用的商品必须向海关申报的情况有：采用分离运输行李通过欧亚经济联盟海关边界的个人使用的商品或者由承运人送达的个人使用的商品；采用任何方式运输通过欧亚经济联盟海关边界的，对其应当依照本法遵守禁止和限制规定的个人使用的商品（但自用交通工具除外），并需要提供遵守这些禁止和限制规定的文件和／或信息的证明；采用随身行李通过欧亚经济联盟海关边界的，对其应当缴纳的关税与其他税费；采用随身行李通过欧亚经济联盟海关边界的，对其应当缴纳关税与其他税费的个人使用商品，但自用交通工具除外；免缴关税与其他税费采用随身行李运入的个人使用的商品，但自用交通工具除外；采用任何方式通过欧亚经济联盟海关边界的自用交通工具；现金或旅行支票总额在其一次性运入吉国关境时或者从欧亚经济联盟关境一次性运出时超过 10000 美元的；应当依照本法遵守禁止和限制的文化藏品。

使用航空运输方式通过欧亚经济联盟关境过境的个人采用随身行李进出的个人使用的商品，不需向海关申报。如果此人在抵达欧亚经济联盟关境后，没有离开国际机场过境区而离开欧亚经济联盟关境，海关旅客申报单应采用俄语或英语，或者采用此海关旅客申报单递交给的海关所在成员国国家语言填写，而经海关部门许可后边可采用此海关旅客申报单将递交给的海关官员掌握的其他外国语言填写。个人在国际机场如果将随身行李交付给个人，且此人离开此国际机场海关监管区进入吉国境内，则需要采用航空运输通过欧亚经济联盟海关边界的随身行李中的个人使用的商品方式向海关申报。

在向海关申报个人使用的商品时（但通过国际邮件进出或者置于海关转运海关制度下的个人使用的商品除外），应声明自用商品运入吉国关境、在吉国关境或从吉国关境运出的目的：自由流通；暂时进境；自用交通工具可申报临时进境；运出；临时出境。

个人有权根据其意愿向海关申报不需向海关申报的个人使用的商品。如果个人将个人使用的商品采用随身行李和分离运输行李通过欧亚经济联盟海关边界，不超过数量限额（在这些限额内个人使用的商品不缴纳关税、进口环节税运入欧亚经济联盟关境。例如，根据吉国适用以下限制：年满 18 岁的人携带乙醇和酒精产品，总容量不超过每人 5 升。携带不超过 200 支香烟，或 50 支雪茄等），此人有权向海关申报不需申报的采用随身行李运入个人使用的商品。

对采用随身行李通过吉国海关边界的个人使用的商品，海关旅客申报单应向位于物品通过欧亚经济联盟海关边界地点的海关递交，其中包括为了将个人使用的商品置于海关转运海关制度下。对不满 16 岁个人的个人使用的商品申报由这些人的父母、收养人、监护人或保护人、其他陪同人或者没有陪同人时承运代理人办理，而如果没有父母、收养人、监护人或保护人、其他人陪同的未成年人团体有组织出境（进境），则为团体的领队人或者承运代理人的成员国个人或者外国个人完成。

在向吉国海关申报资金时（旅行支票除外），在海关旅客申报单中应指明票面相应金额，资金工具证明有获得上述票面价值或者相应金额的权利。如果没有票面价值和不能确定使用成员国货币或外币表示的金额时，资金工具证明有获得票面价值或者使用成员国货币或外币表示的金额的权利，在海关旅客申报单中应指明通过吉国海关边界的资金数量。为了打击通过犯罪途径获得的收入合法化（洗钱），以及对恐怖活动进行经济支持，在个人携带应当向海关申报的现金或资金工具通过欧亚经济联盟海关边界时，在海关旅客申报单中应注明以下信息：证明外国公民或无国籍人在成员国境内停留（居住）的权利文件、在吉国境内居住地（登记地）或者停留地地址；现金或资金工具来源，以及这些现金或资金工具打算如何使用的信息；现金或资金工具运输路线和运输方式（运输所采取的方式）的信息。

在个人使用的商品进行海关申报时的文件中必须提供以下信息：身份证件（其中包括未成年人身份证件）；个人具有的证明对其实施海关申报的个人使用的商品价值的单证；证明遵守规定的个人应当遵守禁止和限制规定的文件，提交这些文件以证明遵守禁止和限制规定；运输凭证；证明遵守免缴关税与其他税费运入条件的文件，其中包括证明依照吉国政府规定认定外国个人已迁移到吉国经常居住地的，或者证明外国个人获得难民、被迫移民身份的文件；在将自用交通工具运入吉国关境时，制作的证明放行此交通工具以临时位于欧亚经济联盟关境的海关旅客申报单，和具有能识别自用交通工具应当向海关申报的此自用交通工具部件信息的单证；证明对自用交通工具所有权、使用权或处分权的文件；证明现金或资金工具来源的文件。

第三十六节　海关费用总则

第 177 条　海关费用和税收

海关费用和税收包括：进口关税；出口关税；商品进口到吉国境内时征收的增值税；商品进口到欧亚经济联盟境内时征收的消费税；海关费（完成与商品放行有关行为、海关护送的海关费、初步裁定费）。海关部门征收的特别税、反倾销税和补偿税，是根据欧亚经济联盟成员国的国际公约和吉国海关事务领域法律的规定确定的，按照本法为征收进口关税规定的方式征收，除非本法另有规定。对于自然人运送个人使用的商品，适用本章，以及根据欧亚经济联盟海关法和欧亚经济联盟成员国的国际公约规定的特殊性。

第 178 条　海关费用的支付者

海关费用的支付者是申报人，或根据欧亚经济联盟海关法、欧亚经济联盟成员国的国际公约和本法规定应承担缴纳海关费用相关义务的其他人。

第 179 条　海关费用的缴纳期限

海关费用的缴纳期限根据《欧亚经济联盟海关法》第十一节确定，海关费用应在提交海关申报单之前或在提交海关申报单的同时缴纳。

第 180 条　海关费用缴纳的方式和形式

除运送个人使用的商品的进口关税外，进口关税应缴纳至欧亚经济联盟成员国国际公约规定的账户，不能被缴纳到其他费用账户。据支付者的意愿，进口关税可以在提交海关申报单前缴纳。提交海关申报单之前缴纳的进口关税金额的支配，应适用本法第 185 条规定的方式，并根据欧亚经济联盟成员国国际公约的规定执行。

海关费用的缴纳方式，由吉国政府规定。特别关税、反倾销关税、补偿关税和税收的缴纳方式，由吉国海关事务领域法律规定。海关费用应支付到吉国财政账户，除非欧亚经济联盟成员国国际公约另有规定。在特别情况下，海关费用可以在吉国海关部门收款处缴纳。根据本法规定的所有费用可以在电子支付方式完成业务而使用的、无法接受现金的设备上缴纳，以及通过缴费机或银行自动提款机，根据吉国政府规定的方式完成。

第 181 条　执行缴纳海关费用的义务

如果本条注明的资金金额不少于应缴纳的海关费用的金额，则缴纳海关费用的支付人的义务即被认为已完成：自将资金从支付人银行账户转出之时起，其中包括通过电子缴费机、银行自动提款机缴纳海关费用的情况；自将现金交入海关部门收款处或自通过电子缴费机和银行自助提款机缴纳现金之时起；自将多余缴纳的海关费用金额记账到海关费用缴纳账户之时起，如果这一记账是根据缴纳者申请进行的，则自海关部门收到记账申请之时起；自将预付金或押金记入海关费用缴纳账户之时起，如果这一记账是根据缴纳者的申请进行的，则自海关部门收到记账指令之时起；自银行、其他信贷组织或保险公司根据银行担保，委托人根据委托合同将缴纳的资金计入海关费用缴纳账户之时起；在以下资金追缴海关费用的情况下，自将资金计入本法第 180 条注明的账户之时起。海关费用缴纳者的财产抵押。为了放行商品以非现金方式缴纳海关费用时，海关费用的缴纳者完成义务的证明，即是海关费用进入本法第 180 条注明的账户，而在以电子缴费机、支付机或银行自动提款机根据本法第 180 条缴纳海关费用时，电子缴费机、支付机或银行自动提款机出具的文件即为这一证明，其中包括以电子方式证明完成向本法第 180 条注明的账户汇入的资金。自上述文件形成之时起，为缴纳海关费用完成的汇款，是不可召回的。对个人使用商品的海关费用，按照欧亚经济联盟成员国国际公约规定的方式由自然人缴纳。根据海关费用缴纳人以及本法第 182 条、第 251 条中注明的人的要求，海关部门应以书面形式出具不超过该申请前 3 年的海关费用缴纳证明。海关费用缴纳证明的形式，由吉国政府确定。

第 182 条　被置于用于内部需求海关程序下，并被有条件放行的商品，其海关费用的缴纳方式

在吉国境内有条件放行商品时，根据内部需求放行的海关程序，为获得欧亚经济联盟的商品地位需要缴纳海关费用，这一义务可以由申报人或合法持有商品的其他人承担。对于《欧亚经济联盟海关法》第 200 条第 1 款第 1 项注明的商品，海关费用应根据作为有条件商品放行依据的海关申报单计算，并由提供了海关费用缴纳优惠而未缴纳的海关费用缴纳，应按统一海关费率规定的进口关税税率计算的进口关税，与商品放行时缴纳的进口关税之间的差额缴纳。根据本条规定应缴纳的海关费用，不应加算滞纳金。

第 183 条　应缴纳海关费用利息的情况

关税和税收缴纳延期；在《欧亚经济联盟海关法》第 250 条第 5 款、第 251 条第 3 款、第 263 条第 2 款、第 276 条第 2 款、第 284 条第 3 款、第 291 条第 2 款规定的情况下；本法第 141 条规定的情况下。利息按以下金额缴纳：提供关税、税收缴纳延期或分期的，根据商品放行之日起第二天至缴纳关税、税收义务终止之日期间吉国国家银行实施的贴现利率，加算缴纳期限变更的关税、税收的利息；在《欧亚经济联盟海关法》第 250 条第 5 款、第 251 条第 3 款、第 263 条第 2 款、第 276 条第 2 款、第 284 条第 3 款、第 291 条第 2 款，以及本法第 141 条规定的情况下，根据吉国国家银行在规定期限内有效的贴现利率，加算应缴纳关税和税收的利息。利息应在不迟于关税、税收缴纳义务终止后的第二天缴纳。利息的缴纳、追缴和退还，应按欧亚经济联盟

海关法，本法针对相应关税和税收关于缴纳、追缴和退还规定的方式完成。

详解：

在欧亚经济联盟海关法的条件下海关费用制度发生了重大变化。吉国自2010年7月1日（7月6日）起海关付款的设立和适用问题不仅受到了合作条款的制约，界定了关税、税收的计算和支付的一般问题，还确定了适用的特殊性按照申报的海关手续的规定征收关税。

海关费用包括：进口关税；出口关税；商品进口到欧亚经济联盟关境时征收的增值税；商品进口到欧亚经济联盟关境时征收的消费税；海关规费。对运入欧亚经济联盟关境的自用商品应当依照规定缴纳或不缴纳海关费用。

通过吉国海关边界的商品以及在本法规定情形下的其他商品是关税、进口环节税征收对象。根据商品种类和适用的税率种类，关税的计算基础是商品的海关价值和以实物量表示的物理特性（如数量、质量、体积、容积）或者商品的其他特性。计算海关费用是由吉国海关规定的海关申报特点进行商品海关费用计算，适用吉国规定之日实施的税率。需注意为了计算进口关税，适用《欧亚经济联盟统一关税税则》的税率，但依照《欧亚经济联盟条约》规定的情形，以及欧亚经济联盟框架下的国际条约或者欧亚经济联盟与第三方国际条约规定，但进口关税的计算适用与《欧亚经济联盟统一关税税则》的税率不一致的情形除外。在没有遵守给予特惠关税的条件时，为了计算进口关税，适用《欧亚经济联盟统一关税税则》的税率。根据吉国被授权国家机关提供的信息，编制在吉国对商品适用进口环节税税率的总目录，并将其在联盟官方网站上予以刊载。在吉国对商品适用的进口环节税税率总目录的格式、编制办法、总目录中信息的管理和使用办法，以及提交关于这些税率信息的办法和技术条件（其中包括结构和格式），由欧亚经济联盟委员会规定。

第三十七节　商品的海关价值

第 184 条　商品的海关价值

向吉国进口时，通过欧亚经济联盟边境运送的商品，在欧亚经济联盟海关法规定的情况下，其海关价值，结合欧亚经济联盟成员国国际公约的适用特殊性确定。吉国政府对从吉国出口商品的海关价值确定的方式进行规定。向吉国进口时，通过欧亚经济联盟边境运送的商品，其海关价值的申报、监督和修改，应根据《欧亚经济联盟海关法》第八节的规定进行。

吉国政府规定：从吉国出口的商品，其海关价值的申报方式和形式；在欧亚经济联盟海关法规定的情况下确定海关价值时，进口到吉国海关境内的商品，其海关价值的申报单填写形式和规则；商品进口部分的总海关价值的数值，由该商品海关价值在无须填写海关价值申报单的商品中申报；在购买商品时给予买方最大折扣的比例；海关部门有关取消修改商品海关价值的决议方式。

根据《欧亚经济联盟海关法》第 68 条的规定，如果海关部门或申报人发现申报了不真实的海关价值信息，其中包括错误地选择商品海关价值确定方法和（或）错误地确定了海关价值，海关部门应在商品放行前后对海关价值实施监督的情况下，作出有关修改申报的商品海关价值的决议。在出现以下情况时，商品放行前实施海关价值监督，且无须进行补充审查，海关部门可以作出有关修改所申报商品海关价值的决定：对海关价值有影响的商品申报信息与海关部门在海关监督过程中确定的实际信息不相符的情况；发现申报的海关价值量与证明文件中所提出的因素不符；发现对海关价值量有影响的技术错误。

在缺少证明申报人申报的商品价值正确的资料时，海关部门有权根据本法第 199 条的规定在提供缴纳海关费用保证的情况下，根据临时（有条件）评估将商品放行。如果申报人不同意海关部门针对商品海关价值作出的决议，则可按本法规定的方式对该决议提出申诉。

通过欧亚经济联盟海关边界进入吉国领土的商品的海关价值的确定，应根据欧亚经济联盟成员国的国际协定进行，在欧亚经济联盟海关法规定的情况下，考虑到货物使用的特殊性，规范确定跨越欧亚经济联盟海关边界商品的海关价值的问题。

详解：

了解商品海关价值之前需要确定以下概念：

相同商品，是指包括物理特性、质量和影响力在内的所有方面都相同的商品。如果在其他方面这些商品符合本目录要求，外观上的微小差别不是不认定商品为相同商品的理由。如果进口到欧亚经济联盟关境的被估价商品不在同一国家生产，或者如果对这些商品的计划、开发、工程和结构工作、美工、工艺设计、绘制草图和平面图及其他类似工作在欧亚经济联盟关境完成，则商品不应被视为相同商品。仅在没有发现同一生产商的相同商品或者可用的信息不被接受使用时，才考虑被估价商品生产商以外的其他人所生产的相同商品。

公认会计原则，是指相应期间在相应国家按照规定程序适用的会计核算规则体系。

类似商品，是指不是在所有方面都相同，但却具有使其能够发挥与被估价商品相同功能及在商业上可以互换的，具有相似特性和由相似成分组成的，由同样材料生产的商品。在确定商品是否为类似商品时，还应考虑诸如质量、影响力和是否具有商标等特征。如果不在被估价商品所在的国家生产，或者如果对这些商品的计划、开发、工程和结构工作、美工、工艺设计、绘制草图和平面图及其他类似工作在欧亚经济联盟关境完成，则商品不认为是类似商品。同级别或者同种类商品，是指一组属于相应的经济活动种类。

自 2010 年 7 月 1 日（7 月 6 日）起，海关价值确定受《欧亚经济联盟海关边界货物海关价值确定协定》制约，俄罗斯联邦政府、白俄罗斯共和国政府和哈萨克斯坦共和国政府确定通过欧亚经济联盟海关边界运输的商品的海关价值协议。按照此协定确定海关价值的方法包括：

1. 进口商品成交价值法

进口商品成交价值，是指商品在销售以出口到欧亚经济联盟关境时，实付或应付补充加算的价格是其海关价值。满足下列条件：没有限制买方使用和处分商品的权利；商品销售或商品价格不取决于影响商品价格无法使用数量确定的任何条件或义务；在随后的销售、其他方式处分或者使用商品所得收益，或者商品销售款的任何一部分，买方不得直接或间接支付给卖方；买方和卖方不是关系人，或者买方和卖方虽是关系人，但其进口商品成交价值规定海关可以接受。

对进口商品买方已直接支付或应当直接支付给卖方或者为了卖方利益的其他人的所有支付总额，是对这些商品的实付或应付价格。同时，可采取欧亚经济联盟成员国立法没有禁止的任何形式实施直接或间接支付。如果所申报商品是在一个交易框架下获取数量的商品的一部分，对所申报商品已实付或应付价格，按照所申报商品数量与所获取商品总量的比，予以确定。买方和卖方具有相互关系事实本身不应成为拒绝使用成交价值来确定进口商品海关价值的理由。在此情形下，应当分析搭配销售情况，如果这种关系没有对已实付或者应付价格产生影响，则成交价值应被认定为确定进口商品海关价值可以接受的价值。

如果买方和卖方是关系人，并且根据申报人提供的或者海关通过其他方式获取的信息，海关发现买方和卖方的相互关系有影响实付或应付价格的证据，海关以书面或者电子方式将这些证据告知申报人。在此情形下，海关实施监管措施按相同或者类似商品的海关价值。如果有被审查价值接近进口商品成交价值的充分信息，海关不应要求申报人提供证明进口商品成交价值接近此被审查价值的补充信息。

对进口商品的已实付或应付价格与通过欧亚经济联盟海关边界的商品有关，对于买方据此给卖方的红利或者其他支付，如果与进口商品没有关系，则不包含在进口商品海关价值之中。

在按照进口商品成交价值确定其海关价值时，对这些商品已实付或应付价格应增加下列补充加算：未包括在对进口商品已实付或应付价格之中，买方已支付或应当支付的费用；为出口到欧亚经济联盟关境而生产或者销售进口商品，由买方免费或降价直接或间接提供使用的下列商品和服务采取相应方式分摊的价值，不包括在对进口商品已实付或者应付价格之中的金额；直接或者间接给卖方的，因随后的销售、其他方式处分或使用进口商品所获得收益（销售款）的一部分；将进口商品运输到这些商品应抵达欧亚经济联盟关境地点的费用，而如果委员会根据商品运输方式和此运输的特点规定了其他地点，则为运输到委员会规定地点的费用；装载、卸载或转装进口商品和实施将其运输到这些商品应抵达欧亚经济联盟关境地点的其他作业费用，而如果委员会根据进口商品运输方式和进口商品运输特点规定了其他地点，则为实施将其运输到委员会规定地点的其他作业费用；保险费；未包括在对这些商品已实付或应付价格之中的金额，与进口商品有关的，作为进口商品销售以出口到欧亚经济联盟关境的条件买方直接或间接已付或应付的，因使用知识产权客体支付的特许权使用费和其他类似费用（包括许可证使用费，专利、商标、著作权使用费）等。

2. 相同商品成交价值法

如果不能确定进口商品的海关价值，则与被估价商品在同一期间或者大约同一期间，但不早于被估价商品进口到吉国关境前 90 个日历日，销售出口到吉国关境且已运入吉国关境的相同商品成交价值是这些商品的海关价值。在确定进口商品海关价值时，应采用与被估价商品在相同商业水平和实质相同数量销售的相同商品成交的价值。如果没有发现这些销售，则采用在其他商业水平和以其他数量销售的相同商品成交的价值，且应考虑商品销售商业水平和数量差异而进行相应调整。基于文件证实合理的、准确的信息实施上述调整，同时调整也会导致相同商品成交价值增加或减少。

在依照本条规定确定进口商品海关价值时，若被估价商品和相同商品规定的费用存在较大差异，必要时应对相同商品成交价值进行调整。若发现相同商品成交价值不止一个，在确定进口商品海关价值时适用其中最低的价值。

3. 类似商品成交价值法

不能确定进口商品海关价值，则与被估价商品在同一期间或者大约同一期间，但不早于被估价商品运入欧亚经济联盟关境前 90 个日历日，销售以出口到欧亚经济联盟关境且已运入欧亚经济联盟关境的类似商品的成交价值来确定这些商品海关价值。

在依照本条规定确定进口商品海关价值时，应采用与被估价商品在相同商业水平和实质相同数量销售的类似商品成交价值。如果没有发现这些销售，则采用在其他商业水平和以其他数量销售的类似商品成交价值，且应考虑商品销售商业水平和商品数量差异而进行相应调整。基于文件合理性、准确性信息实施上述调整，调整会导致类似商品成交价值增加或减少。如果没有这些信息，则不采用类似商品成交价值方法确定被估价商品的海关价值。

在依照本条规定确定进口商品海关价值时，若被估价商品和类似商品规定的费用存在较大差异，应对类似商品成交价值进行调整。若发现类似商品成交价值不止一个，在确定进口商品海关价值时适用其中最低的价值。

4. 加算法

在依照本条规定确定进口商品海关价值时，以商品的计算价值作为基础，计算价值通过下列加算之和予以确定：制造或购买材料费用和生产费用；利润和一般费用数额，其与在商品销售以出口到吉国关境所在国家在销售与被估价商品同级别或者同种类商品时通常考虑的数额相当。利润和一般费用数额应总体考虑，且应根据生产商或以生产商名义提供的信息予以确定。如果这些信息与海关具有的为了出口到吉国关境同级别商品时的信息不符，海关根据其具有的信息可以确定利润和一般费用数额。

加算法目的是使用与被估价商品在同一国家生产的同级别或者同种类商品销售的信息。被估价商品和与其比较的商品是否为同级别或同种类商品问题，应当在每一具体情形下考虑相应情况予以单独解决。同时，核查为了出口到吉国关境可以提供其同级别或同种类商品销售的信息。海关部门无权要求外国人提供文件和信息以确定商品的计算价值。

为了确定商品的计算价值对商品的外国生产商或以外国生产商名义提供的文件和信息，经商品的外国生产商同意，以及提前告知商品生产商所在国被授权机关且其不反对实施此核查，吉国被授权机关可以在商品生产商所在国核查。海关根据其具有的信息确定了进口商品海关价值，则采用电子或书面方式告知申报人这些信息的来源，以及根据这些信息实施的计算。

第三十八节 预付款

第185条 预付款

预付款被认为是存入即将发生的出口关税、税收、关税支付账户的，缴纳人针对相关商品在出口关税、税收、海关费的具体种类和金额方面所不确定的货币资金。预付款应缴纳至吉国财政账户。

作为预付款缴纳的资金属于存入预付款的人的财产，不能被视作海关费用或资金抵押，直至该人向海关部门做出相应指令，或海关部门追缴预付款。存入预付款的人以本人或以其名义提交的海关申报单、返还预付款，或者完成能证明该人将自己的资金作为海关费用或保证缴纳关税、税收使用意愿的行为，可被视为该人的指令。存入预付款之人有关预付款使用的指令，但不包括退还预付款的申请，对该资金进行行政管理的海关部门，应将预付款视作海关费用或该费用种类和金额的资金担保。存入预付款之人的书面申请，海关部门应在收到申请后的30天内向该人提供作为预付款存入的资金使用书面报告，但不超过上述申请3年。作为预付款存入的资金使用报告的形式由吉国政府确定，其中应包含申请中注明的期限内的海关和其他种类费用方面的以下信息：有关申请中注明期限内收到的预付款金额，其中包括，如果根据缴纳人的申请，缴纳人之前以资金抵押方式存入的，或多缴纳的海关费用的资金获得了预付款的地位；有关用于缴纳海关费用和其他费用、资金抵押的预付款金额，并注明对于使用剩余预付款实施无争议的追缴关税和税收所依据的文件信息；有关返还给缴纳人的预付款金额，并注明返还申请和返还决议的信息。存入预付款的人不同意海关资金使用报告结果的情况下，应对该人的资金使用情况进行共同核查。这一核查结果应按吉国政府确定的形式办理证明。

第186条 返还的方式、返还预付款的申请的格式

返还的方式、返还预付款的申请的格式，由吉国政府规定。

详解：

预付款是为将来缴纳的关税、进口环节税、海关规费、保障措施关税、反倾销税和反补贴税，且缴纳人对具体商品没有确定关税、进口环节税、海关规费、保障措施关税、反倾销税和反补贴税具体种类和数额而提供的资金，如果依照吉国立法规定应交纳这些预付款。

吉国规定将预付款用作缴纳由海关征收的担保履行关税、进口环节税、担保履行缴纳关税、进口环节税义务，担保履行缴纳保障措施关税、反倾销税和反补贴税义务，吉国规定由海关征收的其他税费的可能性。

预付款只能在吉国境内拟用以缴纳海关税费、保障措施关税、反倾销税和反补贴税的货币交纳，而在欧亚经济联盟框架下的国际条约或成员国双边国际条约规定在其境内拟用以缴纳海关税与其他税费的这些预付款应使用这些国际条约规定的货币。

作为预付款缴纳的资金是缴纳预付款人的财产，且在缴纳预付款的人未向海关作出将预付款作为海关手续费或者作为缴纳关税与其他税费的指令，或者海关对费用未实施追索前，预付款资金不能视为缴纳其他税费的资金。缴纳预付款的人提交或者以其名义提交海关申报单，或者提交退还预付款申请，或者依照成员国立法规定实施其他行为证明此人做出将自己的资金用作海关税费的申请视为缴纳预付款的指令。

第三十九节　海关费

第 187 条　海关费

海关费，是指海关部门为完成与商品放行、商品海关护送，以及作出初步裁定等相关行为所征收的费用。海关费缴纳的方式、形式和期限，由吉国政府规定。海关费的金额不能超过海关部门在完成收费行为所支出的费用的大致价值。海关费缴纳人，海关费缴纳期限、计算、缴纳、返还、征收方式，以及不应征收海关费的情况，由本法和欧亚经济联盟成员国的法律规定。

第 188 条　完成与商品放行相关的行为和作出初步裁定的费用

完成与商品和运输工具放行相关行为的费用（以下简称海关业务费）应在以下时间缴纳：在根据所选择的商品和运输工具的海关程序完成与商品和运输工具放行相关的行为时；在完成海关业务时；在根据本法第六节作出海关部门初步裁定时。完成与商品和运输工具放行相关的行为，征收海关业务费，以海关价值的 0.25% 和（或）以结算指数缴纳。吉国政府对缴纳海关手续费的最高和最低金额进行规定。在以下情况，申报商品和运输工具时不缴纳海关业务费：在完成为了给予无偿帮助（协助）放行通过海关边境的商品时的行为；海关申报消费商标和外汇时，除非用于古钱币收藏；在申请放弃归国家所有的海关程序时；对于被国际或公共博物馆、档案馆、图书馆、其他国家或公共组织置于临时进口（准许进入）或临时出口海关程序的文物、展示目的的文物，以及以将商品置于出口和再进口程序下的方式完成上述程序行为时；对于由外国的外交代表处、领事机构、其他官方代表处、外国组织，以及这些代表处、机构、组织的职务人员向吉国进口和从吉国出口的商品，以及根据吉国加入的国际公约享有优先权、特权和（或）豁免权的个别外国个人使用的商品：在以口头或缔结条约的形式申报商品时；在不提供单独申报单申报商品时；吉国法律法规规定的其他情况下。对于作出初步裁定，应根据吉国政府规定的金额征收费用。

第 189 条　海关护送费

根据申报人或对商品享有权利的其他人的申请，海关部门可以提供海关护送，其中包括使用电子护送方式。对每个运送商品的运输工具的护送，每公里按十分之一结算指数的金额征收海关费。

详解：

海关费，是指海关部门为完成与商品放行、商品海关护送，以及作出初步裁定等相关行为所征收的费用。海关费缴纳的方式、形式和期限，由吉国政府规定。海关费的金额不能超过海关部门在完成收费行为所支出的费用的大致价值。完成与商品和运输工具放行相关行为的费用应在以下时间缴纳：根据所选择的商品和运输工具的海关程序完成与商品和运输工具放行相关的行为时；海关部门初步裁定时，征收海关业务费，以海关价值的 0.25% 结算缴纳。

第四十节　缴纳海关费用期限的变更

第 190 条　缴纳海关费用期限变更的一般条件

国家授权部门根据海关费用缴纳人的申请，在按照本法第四十节规定的方式保证缴纳海关费用的条件下，可以变更海关费用缴纳的期限为：30 天内；具有本法第 191 条规定。海关费用缴纳期限应以延期或分期的形式，并按欧亚经济联盟成员国的国际公约规定的依据、条件和方式进行变更。可以对一种或几种海关费用按类别，以及全部或部分应缴纳金额进行分期或延期缴纳。允许延期或分期缴纳的决议应在提交该申请后的 15 天内做出。

第 191 条　允许延期或分期的依据

在具备以下依据时，允许海关费用缴纳人根据本法第 190 条第 1 款第 2 项的规定延期和分期缴纳海关费用：由于自然灾害、技术事故或其他不可抗力给该人造成了损失；给该人的国家预算拨款，或该人完成的国家订购支付延迟；通过海关边界运送的商品是易腐烂商品；该人根据政府间协议进行供货；在公私合作项目实施框架内进行供货，如果根据吉国政府的决议，在公私合作协议中规定了延期或分期。

第 192 条　不允许延期或分期

如果申请人具有以下情况，则不能允许海关费用延期或分期缴纳：具有违反吉国税法或海关法相关的犯罪特征，被提起刑事诉讼或行政诉讼；被提起破产程序。

在发生本条第 1 款注明的情况时，不能作出允许延期或分期的决议，而已作出的决议应取消，应在 3 个工作日内将此状况书面回复申请延期或分期的人。

第 193 条　允许延期或分期缴纳海关费用

对于允许延期或分期缴纳海关费用的，应根据本法第 183 条规定的金额和方式征收利息。

第 194 条　海关费用缴纳的利息

在海关费用欠费缴纳前或缴纳的同时缴纳利息，但不应迟于延期或分期期限届满后的一天。利息应按照本法对海关费用所规定的方式进行缴纳、征收和退还。

详解：

在规定期限内没有履行或者部分履行缴纳关税义务时应缴纳滞纳金。同时关税缴纳期限变更为延期或分期形式。延期或者分期缴纳关税，即为变更进口关税缴纳期限，且缴纳人一次或者分阶段缴纳相应的延期或者分期缴纳款项。对所有应当缴纳的税额或者此税额的一部分，给予延期或者分期缴纳进口关税。

在给予分期缴纳关税放行商品时，给予分期缴纳的关税税额应当依照批准的分阶段缴纳进口关税税额的时间表予以缴纳。同时，分阶段缴纳规定税额中每一阶段缴纳的税额应当不晚于在相应期间内对此缴纳所规定期限最后一日予以缴纳。如果具有担保则给予延期或者分期缴纳进口关税，在不超过放行供境内消费海关制度放行商品之日的次日起一个月内，同时还需要缴纳延期产生的利息。

在海关给予延期或者分期缴纳关税的决定中，应载明给予延期或者分期缴纳关税的期限、延期或者分期缴纳关税的税额和在放行商品时作出此决定所必需的其他信息。海关在作出给予分期缴纳进口关税决定时还应批准分阶段缴纳进口关税税额时间表。

第四十一节　海关费用的一般性规定

第 195 条　保证缴纳海关费用的一般条件

保证缴纳海关费用的一般条件，由《欧亚经济联盟海关法》第十二节规定。在以下情况下，应保证完成缴纳关税和税收，允许海关费用缴纳延期或分期。如果应缴纳海关费用、滞纳金和利息的金额不超过欧亚经济联盟海关法注明的金额，则无须提交缴纳海关费用的保证。如果同一个人在一定期限内完成几项海关业务，海关部门应接受为完成这些业务提供的海关费用缴纳保证，当海关机构接受海关费用缴纳担保以便在吉国海关部门完成海关程序时，由国家授权部门确定条件。由负责缴纳这些费用的人，或其他任何对负责缴纳海关费用有利的人对海关费用缴纳提供保证。

第 196 条　用以下方式保证缴纳海关费用

商品和其他财产抵押；银行担保；向海关部门账号存入保证金并提交保证书。

在海关部门承认的情况下，可按本条第 1 款规定的任一方法保证缴纳海关费用。除本条第 1 款规定的方法外，国家授权部门规定可以提供保证缴纳海关费用的吉国法律规定的其他方法的情况。保证缴纳海关费用的适用方式，由吉国政府规定。

第197条 财产抵押

抵押对象可以是吉国民法和抵押法规定的财产，但不包括：位于吉国境外的财产；已经用于担保其他义务的财产，或因之前其他义务抵押给第三方；快速变质的商品、动物；电能、热能和其他能源；企业；财产权；流通商品抵押；根据吉国法律禁止自由销售的产品和废料；根据吉国法律规定只有根据法院判决方可追索的财产。海关部门和抵押人之间应签订有关抵押的合同，抵押人可以是承担海关费用缴纳的人或其他任何人。未完成对海关部门抵押保证的义务时，缴纳海关费用的欠费金额，将由海关部门以抵押财产的方式向国家财政账户拨付。追缴抵押财产应按照吉国民法和抵押法规定的方式进行。

第198条 银行担保

海关部门接受列入国家授权机构负责的银行和其他信贷机构名录的银行、信贷机构或保险公司出具的银行担保作为缴纳海关费用的保证。将银行其他信贷机构、保险公司列入银行和其他信贷机构名录的方式和条件，以及名录管理的方式，由吉国政府规定。

在未遵守出具的担保条件，以及具有其他违反吉国税法和海关法的情况下，银行、其他信贷机构和保险公司将被从名录中删除。对与出具银行担保、根据银行担保提出要求、担保人履行义务和银行担保终止相关的法律关系，由吉国民法规定。

第199条 将资金存入海关部门账户

将资金以吉国国家货币的形式存入海关部门的账户或收款处作为缴纳海关费用的保证，不应加算存款金额的利息。在未完成存款保证的义务时，应缴纳的海关费用、滞纳金、利息的总和应从存款额中汇入吉国财政。在完成存款保证的义务时，应根据本法第四十二节的规定退还已缴纳的资金，或者根据支付人的意愿，用于缴纳海关费用，计入未来海关费用账户，或用于保证缴纳海关部门其他海关费用。为了证明存入的存款，应向将资金存入海关部门账户或收款处的人出具存款单，存款单的使用形式和方式由吉国政府规定。

第 200 条　保证书的办理

保证书根据吉国民法，通过海关部门与保证人之间签署合约的方式办理。关税、税收缴纳人选择保证书作为缴纳关税、税收的保证时，希望成为保证人的，向海关部门发送签署保证书合约的提议。海关部门不承担因签署保证书而发生的费用。

详解：

对置于海关制度下的商品发运人和其他人可以替缴纳人担保缴纳海关费用，这里的其他人，是指有权占有、使用或处分其担保履行缴纳海关费用义务商品的人。如果依照《欧亚经济联盟海关法》第 405 条规定的缴纳海关费用海关代表具有连带义务，海关代表依照规定担保履行缴纳海关费用义务。履行缴纳海关费用义务的担保应提供给实施商品放行的吉国海关，吉国海关也可在法律规定的情况下，向欧亚经济联盟其他海关提供履行海关费用的义务。担保履行缴纳海关费用义务的人有权使用另一种担保方式来替换履行缴纳海关费用义务的担保方式。履行缴纳海关费用义务担保的有效期，应足以使海关及时向担保履行缴纳海关费用义务人发出在这些方式框架下履行义务的要求。吉国适用履行缴纳海关费用义务担保方式的办法提供履行缴纳海关费用义务担保的时间，以及提供此担保所使用的货币（索姆），由向其提供履行缴纳海关费用义务担保的吉国海关规定。

在海关转运海关制度下适用担保履行缴纳海关费用义务方式的特点，可由《欧亚经济联盟海关法》第 146 条第 8 款规定的欧亚经济联盟框架下的国际条约规定。吉国立法规定的方式提供履行缴纳海关费用义务担保文件的退还办法和方式。

如果同一人在一定期间内实施数个海关业务，为了担保履行在实施所有海关作业时产生的缴纳海关费用义务，可以提供履行缴纳海关费用义务的总担保。所有海关作业在向其海关提供总担保的吉国境内实施，依照海关转运海关制度运输商品时，可以在其他欧亚经济联盟成员国境内实施海关业务。海关接受履行缴纳海关费用义务的总担保，由此总担保担保履行缴纳义务中的海关费用可由欧亚经济联盟的任何一个海关追讨征收。

将商品置于海关过境海关程序之下时，确定担保的数额不应低于海关费用数额。如果商品是根据为国内消费或出口而放行的海关程序放置在其领土上的，而不考虑关税优惠和支付关税的特权，则应完成缴纳海关费用的义务。

第四十二节　海关费用征收

第 201 条　强制征收海关费用的一般规则

在规定期限内未缴纳或未全部缴纳海关费用时，海关部门按本节规定的方式强制征收海关费用。根据本节的规定，对承担缴纳海关费用的人进行强制征收。在适用强制征收海关费用措施前，海关部门向承担缴纳海关费用的人提出缴纳海关费用的要求。以下情况不强制征收：如果缴纳海关费用的要求为在缴纳期限届满或导致出现缴纳本法规定的义务的事件到来之日起 6 年内提出；如果对于一份海关申报单中注明的商品，或在同一时间、由同一个发货人发送给同一个收货人的商品，未缴纳海关费用的总额不超过 3500 索姆。

第 202 条　滞纳金

在规定的期限内未缴纳海关费用（逾期）时，应缴纳滞纳金。除本条规定的情况外，自海关费用缴纳期限届满后的 1 天起到缴纳海关费用的义务完成之日，或做出提供延期或分期决定之日止，每天加算未缴纳海关费用 0.09% 的金额作为滞纳金。向保证人或担保人提出缴纳海关费用要求时，自保证书或银行担保所保证的义务完成期限届满后的 1 天开始加算滞纳金。向负责缴纳海关费用的人提出缴纳海关费用的要求时，滞纳金加算提出要求的当日。

如果在要求中提出的期限内未缴纳海关费用，则根据本条第 1 款的规定加算滞纳金。如果违反提交海关申报单的期限，当商品处于临时保管状态时，不加算也不需缴纳临时保管期间的滞纳金。滞纳金应与海关费用同时缴纳，或者在缴纳海关费用后缴纳，但不能超过 1 个月。由于未及时缴纳海关费用而加算的滞纳金总数，不能超过海关费用基本欠费额的 100%。提交请求延期或分期缴纳海关费用的申请，不能中止加算欠缴额的滞纳金。应根据本法规定的方式，缴纳、征收和退还滞纳金。

第 203 条　有关缴纳海关费用的要求

有关缴纳海关费用的要求，是指海关部门向缴纳人发出的有关在规定期限内未缴纳或加算不足的海关费用金额，以及必须在该要求规定的期限内缴纳海关费用、滞纳金和（或）利息的书面通知。要求应包含有关应缴纳海关费用的金额、在发出要求之时加算的滞纳金金额、根据本法缴纳海关费用的期限、执行要求的期限，以及有关强制追缴海关费用和纳税人未执行要求的情况下追缴的保证方面采用的措施、有关提出要求的依据等信息。要求的形式由吉国政府规定。并按规定的方式交送的情况下，方能生效。缴纳海关费用的要求，应自发现未缴纳或未足额缴纳海关费用之日起 30 天内向支付人发出。执行有关缴纳海关费用要求的期限，不应超过自收到要求之日起的 30 天。要求应交给该组织的负责人或其他授权代表，或者自然人，并应由其亲自签收或以其他方式证明收到要求的事实和日期。如果上述人员逃避接收要求，则通过邮政部门送达挂号信的形式。在国家授权机构收到有关送达挂号信的通知时即认为要求已被接收。规定的期限内未执行有关缴纳海关费用的要求时，海关部门将根据本节规定采取强制追缴海关费用的措施。有关缴纳海关费用的要求，应送达给缴纳人，无论是否会追究其刑事责任或行政责任。

第 204 条 通过法院追缴海关费用

在规定期限内未缴纳的关税和海关费用，属于对国家财政的欠债。如果承担缴纳海关费用和税收的人，在缴纳期开始时或本法第 288 条规定的申诉期届满时未予缴纳，海关部门将移交法院进行强制追缴应缴纳的海关费用欠债，或者提交有关破产申请，并要求根据吉国破产法的规定对责任人进行破产清算。

第 205 条 用未缴纳海关费用的商品充抵海关费用

商品充抵未缴纳海关费用。在本法规定的情况下，海关部门有权使用未缴纳海关费用的商品应充抵海关费用，如果这些商品未按本法规定的方式被放行用于自由流通。在未交送有关缴纳海关费用的要求时，只有在海关部门未 找到负责缴纳海关费用的人的情况下，方可对未缴纳海关费用的商品进行充 抵。未缴纳海关费用的商品充抵该费用、没收商品或其他行为，应按照吉国 税法、本法和其他法律法规规定的方式进行。

第 206 条 用缴纳人的其他财产追缴海关费用

在未执行有关缴纳海关费用要求的情况下，海关部门有权以缴纳人未提取存款的剩余部分或缴纳人的其他财产，追缴应缴纳的海关费用。追缴存款金额，应在这些资金存放于海关部门账户期间，根据海关部门负责人或其副职的决定进行。海关部门应在追缴后的 3 个工作日内，将有关使用存款追缴海关费用的决定书面通知将该资金存入海关部门账户的人。应根据吉国税法的规定，使用缴纳人的其他财产追缴海关费用。

第 207 条 查封缴纳人的财产

只有根据法院的判决，海关部门方可查封缴纳人的财产。

第 208 条　银行执行海关费用汇款指令的义务

银行应无条件地执行缴纳人将海关费用汇入海关部门账户的汇款指令，以及海关部门将海关费用汇入国家财政账户的汇款指令。缴纳人的账户有资金的情况下，银行无权拖延执行海关费用的汇款指令。执行或未按照规定方式执行本条规定的海关费用汇款义务，银行将根据吉国法律承担法律责任。

第 209 条　海关费用死账注销的前提

海关费用死账注销的前提：自海关费用缴纳期限届满，或产生缴纳海关费用义务的事件开始之日起 6 年内未支付该费用；自然人死亡，没有权利的继承人或财产继承人；认定自然人失踪或无行为能力，以及在没有财产或财产不足的情况下；认定缴纳人破产或其他吉国法律规定的情况。

详解：

履行缴纳海关费用义务担保应提供给实施商品放行的吉国海关。履行缴纳海关费用义务使用下列方式：资金、银行保函、保证书、财产抵押。

如果同一人在一定期间内实施数个海关作业，为了担保履行在实施所有海关作业时产生的缴纳海关费用义务，可以提供履行海关费用义务的总担保。履行海关费用义务担保金额的确定：履行缴纳海关费用义务的担保金额，根据将商品置于放行供境内消费海关制度下或者出口海关制度下，且相应不适用特惠关税在放行商品海关所在成员国应缴纳的海关费用额予以确定。

如果在确定履行缴纳海关费用义务担保金额时，因为没有关于商品的准确信息不能准确确定应当缴纳的海关费用额，则根据已有信息可以确定的商品价值和 / 或以实物量表示的物理特性以海关费用最大税率确定海关费用额。

第七篇

商品置于海关程序下的相关业务

第四十三节　海关费用和其他费用的返还

第 210 条　返还多缴纳或多追缴的海关费用

多缴纳或多追缴的海关费用，是指作为海关费用实际缴纳或追缴的资金金额超过根据吉国税法和海关事务领域法所规定的应缴纳的金额。多缴纳或多追缴的海关费用，应根据缴纳人的申请，由海关部门返还。上述申请应在缴纳之日起 3 年内提交给缴纳上述金额的账户所属的海关部门。在发现多缴纳或多追缴海关费用的事实后，海关部门应自发现这一事实之日起的 1 个月内通知缴纳人有关多缴纳或多追缴的海关费用金额。缴纳或多追缴的海关费用应根据收到海关费用的海关部门的决议返还。审理返还申请、做出返还决议和返还多支付或多追缴的海关费用所必需的总期限，不能超过自提交返还申请和提交所有必需的文件之日起 1 个月。在违反上述期限的情况下，对未按照规定期限返还的多缴纳的海关费用，违反返还期限的每一天将加算利息。

利率等同于违反返还期限期间吉国国家银行实行的贴现利率。返还在海关费用已计入海关部门账户的条件下进行。多缴纳或多追缴的海关费用，应返还到缴纳或追缴海关费用的缴纳人账户上，除非申请中另有声明。如果是由他人替缴纳人缴纳的海关费用，则应返还给该人。应以国家货币返还多缴纳或多追缴的海关费用。在返还多缴纳或多追缴的海关费用时，也应返还因未返还海关费用所加算和追缴的滞纳金和利息。以下情况不予返还多缴纳或多追缴的海关费用：缴纳人存在海关费用债务；在规定期限届满后提交返还海关费用金额的申请。根据缴纳人的要求，多缴纳或多追缴的海关费用可以记账到其他海关费用缴纳义务、滞纳金、利息或罚金账户的方式返还。应根据本条使用的返还方式，对多追缴或多缴纳的海关费用记账。如果存在海关费用债务、滞纳金和利息，海关部门有权自行将多缴纳或多追缴的海关费用用于偿还债务。海关部门应在完成记账后的 3 个工作日将记账情况通知缴纳人。在所有发生返还的情况下，海关部门都应在完成返还后的 10 日内通知缴纳人登记所在地的税务机构有关发生的返还的日期、理由和金额。

第 211 条　关于返还海关费用的典型情况

以下情况也会发生关税、税收返还：召回海关申报单；以返还已缴纳关税金额的方式提供税费优惠；恢复最惠或特惠待遇；海关程序的条件规定了在将外国商品出口到吉国境外，或销毁，或放弃归国家所有，或进口国产商品或其加工产品到吉国境内的情况下返还已缴纳的关税、税收金额；经海关部门同意变更之前申请的海关程序，如果商品被置于新选择的海关程序下应缴纳的关税和税收金额低于最初申请的海关程序的税收金额，但不包括《欧亚经济联盟海关法》第 282 条第 5 款、第 6 款规定的情况；商品放行后确定海关价值，如果应缴纳的关税和税收的金额低于临时估价时所缴纳的金额；欧亚经济联盟的成员国国际公约和吉国有关进口商品的保障措施、反倾销或反补贴法规定的情况。申请人提交申请，根据本节适用返还多缴纳或多追缴的海关费用的规定，在发生返还已缴纳关税和税收情况后第二天起的 1 年内返还关税和税收。

第 212 条　返还担保金

在完成了所担保义务的情况下，如果自完成义务之日起 3 年内向海关部门提交了返还担保金的申请，则应返还担保金。在上述期限届满后，无人提出申请的担保金将被变成吉国预算并不予以返还；担保金由担保金缴纳账户或收款处所属的海关部门，或担保金所担保完成的海关业务或海关程序所在的海关部门负责返还；如果担保金是以现金形式存入海关部门的收款处，则根据缴纳人的意愿，可以汇款方式将担保金返还到缴纳人指定的账户。

详解：

对具体商品作为海关费用缴纳或征收并确定税额的，且超过依照规定应当缴纳海关费用额的资金，以及多缴纳或者多征收的海关费用，海关费用依照规定应当退还（冲销）。多缴纳的海关费用应根据收到海关费用的海关部门的决议返还。审理返还申请、作出返还决议和返还多支付或多追缴的海关费用所必需的总期限，不能超过自提交返还申请和提交所有必需的文件之日起 1 个月内。在违反上述期限的情况下，对未按照规定期限返还的多缴纳的海关费用，违反返还期限的每一天将加算利息。利率等同于违反返还期限期间吉国国家银行实行的贴现利率。多缴纳的海关费用，应返还到缴纳或追缴海关费用的缴纳人账户上，除非申请中另有声明。如果是由他人替缴纳人缴纳的海关费用，则应返还给该人。在返还多缴纳的海关费用时，也应返还因未返还海关费用所加算和追缴的滞纳金和利息。

第四十四节　有关海关业务的基本条款

第 213 条　本节的适用范围

商品置于相关海关程序的海关业务，应根据《欧亚经济联盟海关法》第二十六节和本法通过的吉国法规所规定的方式和条件办理。相关的海关业务完成的方式和流程，无论过关商品类型、过关使用的运输方式，以及运送商品人员的类别都由吉国政府规定。电子商品申报时具有完成海关业务的特殊性，则由吉国政府另行规定。

第 214 条　与商品置于海关程序相关的业务

与商品置于海关程序相关的业务，包括填写海关文件，应使用吉国官方语言或吉国海关部门规定的其他语言。

第 215 条　与商品相关的业务

在商品放行前，商品的装载、卸载、倒装、补修被损坏的包装、开包或重新包装、运输，以及其他与商品相关的业务，只有在通知海关部门后方可进行。

详解：

实施海关作业的办法：实施海关作业的办法由欧亚经济联盟海关法、吉国海关法和在海关调整领域里的其他国际条约和法律文件规定，或者在海关调整领域里的国际条约和法律文件规定情形下，依照吉国海关调整规定。根据通过吉国海关边界的商品种类、商品运输方式、将商品通过欧亚经济联盟海关边界的人、商品海关申报和放行特点，以及商品置于其下的海关制度，规定实施海关作业的办法和/或流程。吉国海关规定的实施海关作业的办法和流程，不应导致全部或者部分不适用关税调节措施、禁止和限制规定及内部市场保护措施。无论商品原产地、商品起运国和目的国是哪，均实施海关作业。在实施海关作业时海关的要求应有根据，并以保障遵守在海关调整领域里的国际条约和法律文件及吉国海关调整立法所必需的要求为限。

根据利害关系人说明理由的请求，海关可以在海关所在地以外和/或海关工作时间外实施一些海关作业。

吉国海关法规定的人员应当向海关提交依照本法规定实施海关作业所必需的单证和/或信息。海关有权要求仅提交为保障遵守在海关调整领域里的国际条约和法律文件、吉国海关法和海关监管其遵守的吉国立法所必需的且依照本法规定需提交的单证和/或信息。

吉国海关可以从海关信息系统及在信息协作框架下从国家机关（组织）信息系统中获取为实施海关作业所必需的单证的信息、单证中的信息和/或海关为实施海关作业所必需的其他信息，应通过海关官方网站和/或信息传播的其他方式告知公众。

实施海关作业所必需的单证应采用电子文件或者纸质文件形式予以提交。如果《欧亚经济联盟条约》、在海关调整领域里的国际条约和法律文件及/或成员国与第三方国际条约没有规定必须提交这些单证原件，则准予提交这些单证的副本（其中包括电子单证的纸质副本），向海关提交使用吉国国家语言或者外国语制作的单证。

特殊类商品实施海关作业的优先程序：为了消除自然灾害、自然紧急情况、人的技术和生产活动紧急情况后果所必需的物资，为执行维和行动或者开展演习所必需的军用产品，易腐商品，以及存活动物，放射性材料，爆炸物，国际邮件，快运货物。用以在国际展览活动中展示的商品，人道主义和技术援助物资，大众传媒报道和材料。为修理经营国际运输的运输工具和/或维持经营国际运输的运输工具安全运营所必需的备件、发动机、耗材、设备和工具，吉国国家银行（中央银行）和其分支机构进口的成员国货币、外币、其他外汇、贵金属（其中包括黄金）以及其他类似商品。吉国规定优先实施海关作业的其他商品。

海关制度下的商品申报人范围：吉国人是与外国人订立合同的一方，根据该合同，商品通过欧亚经济联盟海关边界，具有商品占有权、使用权和 / 或处分权的，如果货物不在一方是外国人的合同框架下通过欧亚经济联盟海关边界；外国人是具有在吉国境内按照规定办法设立和 / 或登记的代表机构或者分支机构具有对商品占有权和使用权的，商品不在合同框架下通过欧亚经济联盟海关边界，在申报海关仓库海关制度、临时进口（暂准进口）海关制度、复出口海关制度、特殊海关制度时；位于欧亚经济联盟关境的外交代表机关，领馆，国家在国际组织或者其代表机构，其他组织或者其代表机构；承运人，其中包括海关承运人，在申报海关转运海关制度时；依照吉国与第三方国际条约规定获取此国际条约规定的，给予此人将位于欧亚经济联盟关境的商品从欧亚经济联盟关境运出权利的文件的外国人，在申报海关仓库海关制度、复出口海关制度和出口海关制度时。

申报人的权利：查看海关监管商品，并对其实施货运作业；经海关许可对海关监管商品提取样品和 / 或试样；在海关官员对商品实施海关查看和海关查验的方式进行海关监管时及在这些人提取商品样品和 / 或试样时在场；了解海关所具有的对申报人所申报商品的样品和 / 或试样的研究结果；对海关或者海关官员的决定进行申诉；为了核实申报人所申报商品的信息聘请鉴定人；享有本法规定的其他权利。

申报人的义务：实施商品海关申报；向海关提交证明在海关申报单中所申报信息的单证；根据海关要求呈验所申报商品；缴纳海关费用；履行规定的其他要求。

第四十五节 海关申报

第216条 应该海关申报的商品

1. 从非欧亚经济联盟成员国的国家进口到吉国境内的商品，包括通过欧亚经济联盟成员国境内、按海关过境程序进口的商品，以及从国境内出口到欧亚经济联盟海关境外的商品，在将其置于海关程序和变更海关程序时，应根据本条的规定办理海关申报。

2. 商品申报单以电子形式提交。商品信息、海关程序、商品申报单的情况应以书面形式办理的清单，文件、商品申报单的接受方式，以及在申报时根据申报人申请海关部门以书面形式出具的证明接收文件，由吉国政府规定。商品申报单中应反映《欧亚经济联盟海关法》第181条规定的信息。在以书面形式提交商品申报单时，这一申报单应同时提交其电子版复印件。在欧亚经济联盟委员会决议规定的情况下，吉国政府规定了以书面形式提交申报单无须同时提交电子版复印件。

3. 填写申报单的方式由欧亚经济联盟委员会的决议规定。在欧亚经济联盟委员会决议规定的情况下，无论海关程序、商品种类、商品运送人、运输工具的状况，应在商品申报单中注明的信息可以由吉国政府规定简化。

以《欧亚经济联盟海关法》第190—192条规定的方式提交商品申报单，海关部门登记、变更其中已申报的信息，召回提交的申报单。如果提交海关申报单的期限是在海关部门的非工作日结束，则该期限可延伸到海关部门的后一个工作日结束。

第 217 条　商品申报地点

商品的海关申报单可以提交给任何有权接收申报单的海关部门。国家授权部门有权对个别类别的商品规定一定的申报部门，但只能是为保证有效监督海关法执行所必需的措施的情况下。这种情况下，应考虑到贸易部门和运输部门的利益。在向其他海关部门提交商品申报单时，海关部门可根据《欧亚经济联盟海关法》第 190 条第 4 款的规定拒绝登记这一申报单。

第 218 条　商品申报单提交的记录

1. 海关部门应按照吉国政府确定的方式记录商品申报单提交的日期。在以电子方式申报商品时，在该申报单进入海关部门电子系统时会自动登记商品申报单的提交，并向申报人发送包含该日期的电子通知。

2. 根据申报人或海关代表的要求，海关部门必须出具有关商品申报单提交日期的书面证明。

第 219 条　以电子形式申报

以电子形式申报时，根据吉国法律的规定，海关申报单通过电子数字签字签署。

第 220 条　商品申报人

1. 商品申报人可以是根据吉国法律设立的、所在地在吉国境内的法人，在吉国境内作为个体经营者注册并长期居住的自然人，以及在吉国境内拥有长期居住地并具有《欧亚经济联盟海关法》第 186 条第 1 款规定特征的自然人。

2. 海关过境程序下的商品申报人，可以是具有《欧亚经济联盟海关法》第 186 条第 3 款规定特征的人。

3. 在提交商品申报单时，只有在《欧亚经济联盟海关法》第 186 条第 2

款规定的情况下，外国人方有权作为商品申报人。在海关申报和完成其他将商品置于海关程序下所必需的海关业务时，申报人的权利、义务和责任，根据《欧亚经济联盟海关法》第 187—189 条的规定确定。在海关申报和完成其他海关业务时，海关代表享有与申报人同样的权利。

第 221 条　商品申报单提交期限

商品申报单提交期限由《欧亚经济联盟海关法》第 185 条规定。在本法第 224—228 条规定的情况下，适用商品申报单提交的特殊期限。如果商品申报单提交期限是在海关部门的非工作日结束，则该期限的结束日期被认为是该日期之后的海关工作日。

第 222 条　在商品申报时提交文件

在进行商品海关申报时，与申报单一起向海关部门提交《欧亚经济联盟海关法》第 183 条、第 240 条、第 253 条、第 265 条、第 294 条、第 299 条、第 308 条规定的文件。根据海关程序、商品和申报人的类别，本法规定了相应简化的文件清单。吉国政府有权补充缩减商品申报时提交的文件清单，无论海关程序的申报形式（书面、电子）、商品与申报人的类别如何。申报人向海关部门提交完成海关业务法律权利的证明文件。又对上述文件进行修改时，申报人必须将此通知文件提交给海关部门。

完成海关业务法律权利的证明文件包括：本国法人的创立文件；如果根据《欧亚经济联盟海关法》第 186 条第 2 款、第 3 款的规定之外国人有权作为商品申报人，则包括外国法人分公司或办事处的注册证书；如果是自然人作为商品申报人，则需提供护照：法人的国家注册证书或自然人作为个体经营者的国家注册证书；根据吉国法律规定证明作为申报人在国家机构登记的文件。

如果申报单填写的依据的是个别不能与申报单一同提交的文件，则根据申报人有依据的书面申请，海关部门以书面形式准许在商品放行后的一定期限，但不迟于登记申报单后的 5 天内提交这些文件。申报人提交在规定期限提交文件的书面保证书，应根据本法第 239 条的规定提交许可证、证书、许可和（或）其他证明遵守规定的禁令和限制，以及放行商品所必需的文件。

第 223 条　预申报

如果申报人根据本法第 222 条提交了海关申报所必需的文件，针对外国商品的预申报，可按《欧亚经济联盟海关法》第 193 条规定的方式到达吉国境内前提交。为了海关目的应该使用随货的运输或商业文件，海关部门在预申报时应接受申报人认证的这些文件的复印件或这些文件的信息，必要时将上述信息与原件中包含的内容进行对照。

在海关预申报时，海关申报单中可以不包含商品到达吉国境内前和提交到海关部门之前申报人所不明了的信息。这些信息，应根据欧亚经济联盟委员会决议确定的方式做出商品放行决定前，记入海关申报单中。在修改与之前根据运输文件或商业文件复印件申报的不同的价值、数量或重量指数时，必须提交证明修改价值、数量或重量的文件。

在向吉国境内进口商品后申报人发现价值、数量或重量指数与之前申报的相关信息不一致，则申报人有权根据《欧亚经济联盟海关法》第 192 条的规定召回预申报单。海关部门自接受预申报单之日起 30 日内，如果商品未出示给接受预申报单的海关部门，则预申报单即被认为未提交，或者如果在这期间实施了禁令和限制令，则海关部门将拒绝放行该商品。

商品到达吉国境内之前，提交预申报单和完成其核对，则预申报单可以作为对商品适用本法规定的海关业务所必需的唯一文件使用，同时适用接受预申报单当日实行的关税和税收税率，以及吉国国家银行规定的汇率。

第 224 条　不完全海关申报

1. 如果基于不取决于申报人的原因而使其不具备填写海关申报单所必需的所有信息，则允许提交不完全海关申报单，条件是申报单中申报商品放行所必需的信息，申报人保证在海关部门规定的、不超过自海关部门接受不完全申报单之日起 5 日的期限内提交不足的信息。

2. 如果海关部门接受不完全海关申报单，则适用欧亚经济联盟海关法和吉国海关事务领域法针对最初即提交完全的，并按规定方式填写的海关申报单的情况同样的要求和条件，包括海关费用计算和缴纳的方式。

第 225 条　阶段性海关申报

1. 在由同一个人根据本条规定的条件和方式，长期经过欧亚经济联盟的海关边界运送同一种商品的情况下，申报人可被允许提交所有进口或出口的所有商品的阶段性申报单。

2. 为了适用本条申报人在申报期间计划完成以下的时间阶段：向海关部门出示进口到吉国境内的商品；装运从吉国境内出口的商品，将商品交给负责商品国际运输的承运人，在进行商品国际运输时，为了出口目的将商品倒装。

3. 如果商品有同样的名称和同样的外经活动商品名录的同一分类代码，则将商品视为同一个商品。

4. 如果在 30 日内进行了 3 次及以上同一商品的供货，则该商品即被视为长期通过海关边界运送的商品。

5. 可以在阶段性申报单中申报的商品批次，是符合本条第 3 款、第 4 款条件的商品，该商品应是在同一个海关部门申报，为执行在外经交易过程中签署的一个合同中的义务，或者根据商品加工许可申报加工产品时，或根据单方外经交易，或者无须完成某个交易，无论在所申报的、不超过 30 日的供货阶段独立供货的数量如何而进口或出口到吉国境内外。

6. 通过提交阶段性申报单的方式申报商品时，应在提交该申报单的同时，根据申报单登记当日实行的税率，缴纳进口关税。提交阶段性申报单的方式申报商品时，适用海关部门登记申报单当日的外汇汇率和限制令。阶段性海关申报，是在所申报的供货阶段开始前 10 日内，通过向海关提交本条第 5 款规定的同一批商品的阶段性海关申报单的方式完成的。在申报单中根据申报的供货时间阶段计划进口或出口商品的数量申报信息，在阶段性申报单中应申报商品放行、海关费用计算和缴纳所必需的信息，以及证明遵守欧亚经济联盟海关法规定的限制令的信息，可以识别所申报商品数量总额和质量特点的信息。

7. 申报人应按吉尔吉斯共和国政府规定的形式，在以下期限内，向海关部门申报阶段性申报单中申报的商品的确切信息：申报进口商品时，在供货阶段结束后的 10 个工作日内；在申报出口商品时，在实际出口阶段性申报单中所申报的所有商品批次后的 1 个月以内。

8. 在阶段性申报单中申报的出口商品，应在供货阶段结束之日起的 3 个月内完成实际出口。不允许发出的商品数量超过阶段性申报单中申报的数量。

9. 如果在阶段性申报单中申报的商品批次中包含的商品，发生以下情况，则将认为未提交商品阶段性申报单：未在本条第 8 款规定的期限内：在申报的供货期内，未向接受阶段性申报单的海关部门出示。

10. 阶段性海关申报单不适用于应征收出口关税或适用限制令的出口商品。从事生产经营的授权经济业务人，有权在外国商品根据本条及以下特殊性规定进口到吉国境内后，进行阶段性海关申报：阶段性海关申报单中注明在第一批商品供货开始到商品临时保存期届满前期间所有到达的、发送给授权经济业务人的所有商品，而在提交申报单之前放行商品的情况下，则应注明提交申报单期限届满前的商品；阶段性海关申报单的提交可以针对被置于海关境内加工或用于内部需求加工的海关程序下的商品。

第 226 条　临时海关申报单

1. 在从吉国境内出口通过管道输送或输电线路输送的商品时，允许按照吉国政府规定的方式，通过提交临时海关申报单的方式申报商品。在将商品实际运到吉国境外以后，申报人必须在海关规定的期限内，提交完整的、按规定方式填写的海关申报单。

2. 临时申报单允许根据在一定时阶段内大概数量商品的出口计划，根据计划通过海关边界的商品数量或外经交易条件规定的商品价格确定方式，以及预计商品质量所确定的假定海关价值（估价）来申报信息。临时申报单时，适用海关部门接受上述申报单当日所适用的非费率调整措施。

第 227 条　在规定时间阶段运送的未组装或散装的商品，包括非成套或非成品商品申报的特殊性

1. 在本条规定的时间阶段内，计划分几个批次进口或出口的未组装或散装的商品，包括非成套或非成品商品，可以按一个外经活动商品名录的分类代码进行申报。

2. 适用本条第 1 款规定的商品的申报条件是：存在根据成品或成套商品分类代码的能证明未组装或散装商品，包括非成套或非成品商品分类的商品分类决议（本节内称为“分类决议”），国家授权机构出具的商品或其配件；在由申报人签署的外经交易框架下进口商品时，商品配件发送给同一个收货人；根据用于内部需求放行或海关免税区程序的规定，向同一个海关部门申报进口商品。

3. 未组装或散装商品，包括非成套或非成品形式进出口的商品，在申报该商品前，申报人向商品申报所在地区的海关部门发送有关计划供货的书面通知（本节内称为“通知”），并随附经申报人认证的分类决议。通知中应注明以下信息：有关申报人；有关分类决议（决议号码及签发日期）；有关商品进出口的计划期限；有关商品在吉国的所在地，即商品即将保存、安装或组装（对于进口商品）的地点。

4. 申报人有权在通知中注明对进口商品实施海关监管有意义的其他信息。

5. 每个单独批次的未组装或散装商品，包括非成套或非成品形式进出口的商品，都应向即将进行申报的海关部门出示。

6. 出口商品的组件，应根据出口商品配件放行申请，以及海关申报所必需的随附文件、分类决议和通知复印件放行。

7. 进口商品组件，应根据申报人提交的有条件放行申请及随附的海关申报所必需的文件、分类决议和通知复印件被有条件的放行。有条件放行的申请（出口商品组件放行申请）根据《欧亚经济联盟海关法》第 180 条规定的商品申报单的形式和填写方式书写。有条件放行申请（出口商品放行申请）中应注明根据分类决议所规定的外经活动商品名录的分类代码。

8. 商品所有组件进口（出口）日之后的 30 日内，应向海关部门提交商品的完整申报单，其中注明根据分类决议规定的外经活动商品名录的分类代码。

商品完整申报单的提交期限，不应超过有关有条件放行第一批商品申请（出口商品组件放行申请）的登记之日起的一年。商品完整申报单的提交期限可以由海关部门根据申报人有依据的申请延长，申请中应注明申报人提交完整申报单所必需的期限。在此种情况下，提交完整申报单的总期限不应超过有条件放行第一批商品申请登记之日起的 3 年。

9. 填写有条件放行申请（出口商品组件放行申请）和商品申报的特殊性，由吉国政府规定。

10. 根据本条规定申报商品时的关税和税收，应根据分类决议外经活动商品名录的分类代码对商品使用的和提交申报单当日实行的税率缴纳。

11. 有关修改分类决议的决定根据本法第六节规定生效后，应根据分类决议的修改内容填写有条件放行申请（进口商品组件放行申请）和完整的申报单。

12. 在分类决议根据本法第六节规定终止效力时，每个单独批次进口（出口）的商品组件都应按规定方式提交单独的商品组件申报单进行申报。在这时，商品的个别组件根据外经活动商品名录，按适用的代码和商品分类原则进行分类。个别组件申报单的提交期限不能超过通知相关人员有关分类决议终止效力之日起的 30 日。

13. 在计算本条第 12 款注明的个别商品组件申报单中的关税、税收金额时，使用登记该申报单当日实行的关税、税收税率以及外汇汇率：根据个别商品组件中申报单加算的海关费用，自提交每个有条件放行申请（出口商品组件放行申请）之日起至缴纳所加算的金额或无争议方式追缴之日止，每延迟缴纳该费用一天征收滞纳金。

14. 本条条款适用于外经活动商品名录（欧亚经济联盟海关法附录）中第 84—86、88—40 商品组项和 7308、7309、7310、8701、8702、8704—10、8705、8709、9301、9406 商品项下任何商品（不包括 9406 副项下的移动房屋）。

第 228 条　同一批商品中包含的不同名称的、注明每个分类代码的商品的申报特点

1. 根据申报人的要求在进口到吉国境内或从吉国境内出口的、同一批商品中包含的不同名称的商品，可以在符合本条规定的条件时进行申报。

2. 国家授权机构有权规定出口商品可以根据注明外经活动商品名录规定的每个分类代码进行申报的情况，以及进口商品不能根据注明外经活动商品名录规定的每个分类代码进行申报的情况。

3. 进口到吉国境内的商品，可以根据注明外经活动商品名录规定的每个小分类代码进行申报，条件是较高水平的关税税率适用于该分类代码。如果包含在一批商品中的商品具有不同的外经活动商品名录规定的分类代码，但适用同一个关税税率，则应注明属于较高消费税税率的商品分类代码，而在消费税税率相等的情况下，则适用较高税率的增值税税率。

4. 在可以根据一个外经活动商品名录规定的分类代码申报的一批商品中，应包含规定了从价税的商品（包括零税率）或只有关税和消费税特殊税率（包括零税率）的商品，且根据商品产地国应对这些商品适用相同的特惠制。

5. 如果是包含在同一批商品中的商品，应征收特殊税率的关税和消费税，规定的关税或消费税税率适用的计量单位，对每种海关费用都应是一样的。

6. 进口到吉国境内的或从吉国境内出口的商品，可以根据外经活动商品名录规定的不征收进口或出口关税。

7. 包含在一批商品中的所有商品的名称和数量的信息，应通过提交商品清单的方式，由申报人申报。可使用发货明细单、装箱单、清单或其他类似文件作为这一名单。商品名单作为商品申报单不可分割的一部分用于海关目的的审核。

8. 为了审查对本条第 7 款规定的遵守情况，海关部门有权要求申报人提交个别申报商品的详细信息。

9. 如果对包含在同一批货物中的个别商品适用了禁令和限制令，则应根据外经活动商品名录规定的单独的分类代码申报，且对上述商品不适用本条第 1—7 款的规定。

详解：

根据海关申报方式，采用电子形式的海关申报单和纸质形式的海关申报单。在海关申报时采用下列种类的海关申报单：商品申报单；转运申报单；海关旅客申报单；运输工具申报单。在吉国规定情况下还应填写海关价值申报单，在海关价值申报单中应申报商品海关价值信息，其中包括商品海关价值确定方法、商品海关价值的金额、与商品海关价值确定有关的商品交易条件和交易情况的信息。海关价值申报单是商品申报单不可分割的一部分。

在商品申报单中必须载明下列信息：申报的海关制度、商品申报人、海关代表、发货人、收货人、买方和卖方。经营国际运输工具，以及在欧亚经济联盟关境运输所使用的运输工具；商品信息（为了计算和征收海关费用，为了保障遵守禁止和限制规定、内部市场保护措施、海关采取的知识产权保护措施，识别一个十位数商品编码，按照《对外贸易活动商品目录》中这个商品编码获得相关信息）。

在转运申报单中应当载明下列信息：按照运输单据（运输凭证）的发货人和收货人、申报人、承运人、商品起运国和目的国、运输商品的运输工具、关于依照商业单据、运输单据的商品的名称、数量和价值、商品编码、商品的毛重或体积、件数、运输单据（运输凭证）的商品目的地、途中计划进行的转装或者货运作业。

证明在海关申报单中所申报信息准确性的单证包括：实施商品交易的凭证；运输单据（运输凭证）；证明递交海关申报单的人权限的证明；证明遵守禁止和限制规定、内部市场保护措施的单证；商品原产地文件；在依照《对外贸易活动商品目录》对商品归类时使用的证明商品特性的文件；证明缴纳海关费用和 / 或担保履行缴纳关税费用义务的文件；享有海关条件的文件；证明商品所申报的海关价值，其中包括确定商品海关金额和方法的文件；经营国际运输的运输工具登记和所属国籍的文件，如果在将商品置于海关转运海关制度下时使用公路运输方式运输商品；证明将商品置于所申报海关制度下的条件的文件；在将境外加工海关制度下的商品的加工产品置于放行供境内消费海关制度下时，证明商品加工作业所申报价值的文件。

海关拒绝登记申报单的理由：海关申报单递交给无权登记海关申报单的海

关；海关申报单由不是被授权的人提交和 / 或没有署名，或者没有采取适当方式予以证明；不遵守海关申报的形式；依照在海关调整领域里的国际条约和法律文件规定应当载明的信息在海关申报单中没有载明，和 / 或海关申报单没有按照规定办法予以填制；没有按照规定样式填制海关纸质申报单，和 / 或海关电子申报单或者海关纸质申报单的电子形式的结构和格式不符合这些单证规定的结构和格式；没有实施依照吉国立法规定在递交海关申报单前或者在递交海关申报单同时应实施的行为；对所申报的商品没有遵守依照吉国规定的，在递交海关申报单前或者递交海关申报单同时应当遵守的商品海关申报的特点。

拒绝登记海关申报单时，海关应说明拒绝的所有理由，以及消除这些拒绝理由的建议。如果拒绝登记海关纸质申报单，此海关申报单和在递交此海关申报单时所提交的单证（如果递交海关申报单同时提交了单证）应退还给申报人或者海关代表。同时，海关留存一份海关申报单。

除因技术故障、通信（电信网和互联网）运行故障、停电引起海关所使用的信息系统发生故障，如果没有拒绝登记的理由，但对于本申报单纸质文本的电子形式的结构和格式符合规定的结构和格式的理由除外，海关不使用信息系统登记递交的海关纸质申报单。

第四十六节　海关代表

第 229 条　海关代表

根据《欧亚经济联盟海关法》第 12 条、本法以及吉国政府通过的条例，作为海关代表从事经营的本国法人可以成为海关代表。国际机构不能作为海关代表。海关代表应承担《欧亚经济联盟海关法》第 16 条、第 17 条规定的义务和责任。在完成海关业务时，海关代表享有《欧亚经济联盟海关法》第 15 条规定的权利，以及委托其在与海关部门的相互关系中代表自己利益的人所享有的权利。

第 230 条　连带缴纳责任

根据本法应缴纳的海关费用，海关代表与申报人承担连带缴纳责任。

第 231 条　信息的保密义务

与所代表的人的民事关系，建立在根据吉国民法签署的合约基础上。从所代表的人处获得的信息，构成商业、银行或其他受法律保护的秘密和其他机密信息，海关代表及其工作人员不能泄露或出于自己的目的使用、转达给第三方，但不包括吉国现行法律规定的情况。

第 232 条　海关业务专家

海关业务专家是具有中等或高等专业教育的、获得海关业务专家专业证书的、有行为能力的吉国公民。海关业务专家的专业证书是证明持有人在专业证书有效期内可以作为海关业务专家的文件。签发专业证书的方式和对海关业务专家的要求，由吉国政府通过的海关代表条例规定。

详解：

海关代表以申报人或者其他利害关系人名义并受申报人或者其他利害关系人委托，依照在海关调整领域里的国际条约和法律文件规定将其列入海关代表名录的海关所在成员国境内实施海关作业。海关代表与申报人或者其他利害关系人的关系建立在合同基础上。吉国规定对海关代表直接实施海关作业工作人员的专业技能要求和向这些人颁发其符合这些技能要求证书的条件。

在实施海关作业时，对海关代表不应提出比申报人或者其他利害关系人在实施海关作业时，依照本法规定条件和要求更不利的条件或者更加苛刻的要求。

海关代表开展活动列入海关代表名录的条件是：具有因对被代理人的财产造成损害或者违反与这些人的合同可能产生的海关代表民事责任风险保险合同，保险金额由吉国规定；按照规定金额担保履行在海关事务领域里开展活动的法人义务，而对于法人，其作为海关代表开展活动的领域限于对没有征收出口关税和没有置于出口海关制度下的商品实施海关作业，按照成员国立法规定金额担保履行在海关事务领域里开展活动的法人义务；向海关提出列入海关代表名录申请之日在规定期限内履行的缴纳海关税费的义务和其他条件。

吉国规定将希望作为海关代表开展活动的法人列入海关代表名录的条件是在编人员中不少于两名工作人员，具有证明他们符合吉国立法规定的专业技能要求的文件。

海关代表的权利：在实施海关作业时，海关代表具有与授权海关代表在与海关相互关系中代表其利益的人相同的权利；海关代表在开展自己的活动时有权要求被代理人提供为了实施海关作业所必需的单证和信息，其中包括具有构成商业秘密、银行秘密及其他受法律保护的秘密或者其他机密信息的单证和信息。吉国规定海关代表将其活动范围限定在对一些种类商品实施海关作业，实施一些海关作业或者在某一活动区域实施海关作业的权利。

海关代表的义务：按规定完成列入海关代表名录的条件；按规定向海关提交使用信息技术的报告；海关代表和 / 或其工作人员为了自身目的不得泄露、使用从被代理人处获取的构成国家秘密、商业秘密、银行秘密和其他受法律保护的秘密及其他机密信息；按规定缴纳海关费用的义务；在自这些信息变更之日起或者其知悉这些变更之日起 5 个工作日内，将对其在列入海关代表名录时所申报信息的变更告知将其列入海关代表名录的海关，并提交证据证明这些变更的文件和其他义务。

海关代表义务不包括遵守依照海关制度规定使用商品的条件和依照在海关调整领域里国际条约和法律文件规定仅由被代理人承担的其他义务。

如果海关代表以申报人名义实施海关作业，海关代表与此申报人按照应当履行缴纳海关费用义务的全部金额承担连带义务。

第四十七节　授权经济业务人

第 233 条　授权经济业务人

根据《欧亚经济联盟海关法》第 38 条的规定，授权经济业务人可以是根据吉国法律注册的，从事向吉国境内进口商品用于生产或其他经营使用的，以及从吉国境内出口商品的，被列入授权经济业务人名录的法人。

第 234 条　提供给授权经济业务人的特别简化办法

1. 根据《欧亚经济联盟海关法》第 41 条第 1 款的规定，可以向授权经济业务人提供以下特别简化办法：在开放场地和其他授权经济业务人的场地临时保管商品，而无须将其列入临时保管仓库业主名录；在根据《欧亚经济联盟海关法》第 197 条规定提交海关申报单之前放行商品；对放置于授权经济业务人开放式场地和其他区域的商品进行与放行相关的业务包括根据本法第 235 条规定将商品进口到吉国境内时，完成针对应发送给授权经济业务人的商品的海关过境程序；欧亚经济联盟海关法规定的其他特别简化办法，包括商品预申报、其中的提交不完整和（或）阶段性海关申报单，根据《欧亚经济联盟海关法》第 193 条、第 194 条，以及本法第 223—227 条规定提交不完整的海关申报单和阶段性海关申报单。

2. 根据《欧亚经济联盟海关法》规定，吉国政府有权确定不适用提供给授权经济业务人特别简化办法的商品清单。在适用提供给授权经济业务人的特别简化办法时，不适用根据本法第 217 条规定的个别商品申报地的限制。

根据《欧亚经济联盟海关法》第 215 条第 3 款第 4 段的规定，外国商品从到达地海关到内部海关过境的特殊性，是指应发给授权经济业务人的外国商品，无须将上述商品送到目的海关所在地，而是可以将其运送到授权经济业务人的场所、开放场地和具有海关监管区地位并位于目的地海关工作区的其他区域。上述海关监管区的边界，在本条规定的协议中规定，并应具有特别标识。授权经济业务人应保证进入海关监管区的进入许可方式。在本条第 4 款规定的情况下，在应发送给从事生产经营的授权经济业务人的外国商品，在提交海关申报单之前或适用预申报放行商品方面的海关过境程序完成的特殊性，由本法第 235 条规定。

3. 本条第 4 款规定的外国商品海关过境程序完成的特殊性，不适用于根据国际公约实施的外国商品海关过境，该国际公约直接规定了海关部门即是商品的送达地点。根据《欧亚经济联盟海关法》第 41 条第 2 款，只有在授权经济业务人有权作为预计可适用特别简化办法的商品申报人时，包括以授权经济业务人名义和根据其委托工作的海关代表进行商品海关申报时，方可适用本条第 1 款规定的特别简化办法。根据《欧亚经济联盟海关法》第 94 条第 4 款规定，从事海关业务的海关部门在适用特别简化办法时应与授权经济业务人相互协作。

上述协作的方式，包括授权经济业务人与海关部门之间的信息交换程序、资料构成和格式，根据本法由授权经济业务人拆除海关铅封、封条的转交方式，都由相应的海关部门与授权经济业务人在做出获取授权经济业务人地位的决议时通过签署的协议进行规定。上述协议的标准格式由吉国政府通过。根据《欧亚经济联盟海关法》规定，上述协议应作为规定授权经济业务人适用海关境内加工、在海关境外加工和用于内部需求加工海关程序的条件的文件使用。在相应的加工海关程序适用最大期限届满时，海关部门应与授权经济业务人签署新的协议。上述协议作为规定相应加工海关程序条件的文件使用，并不解除授权经济业务人遵守使用和完成相关的加工海关程序的其他义务。

4. 根据《欧亚经济联盟海关法》第 6 条第 1 款第 6 项，第 94 条第 1 款、第 2 款，第 128 条第 2 款第 4 项的规定，为了在向吉国境内进口商品时加快海关业务的办理，在授权经济业务人适用商品预申报时，包括提交不完全、阶段性申报单，海关部门可以在商品抵达吉国境内前通知授权经济业务人进行商品海关查验，但不包括这种预先通知会妨碍海关监督或会降低监督效力的情况。若存在这种情况，海关查验可以由海关部门在不提前通知授权经济业务人的情况下进行。提前通知授权经济业务人进行商品查验的方式，由吉国政府确定，如果根据风险控制系统，海关部门将通过对授权经济业务人或海关代表根据委托提交的申报单中申报商品进行海关监督的决定，则这一海关监督将优先在授权经济业务人存放这一商品的场所、开放式场地和其他区域内进行。本条第 1 款注明的特别简化办法，在以下情况不能提供：如果授权经济业务人向吉国境内进口商品，发货人或卖方是在提供优惠征税制度，并且（或）未规定在进行财政业务时公开和提供信息的国家和区域（以下称离岸区）注册的法人：如果对授权经济业务人进口到吉国海关境内的商品，通过离岸区的财政业务进行支付。

第 235 条　完成从事生产经营的授权经济业务人的外国商品的海关过境程序，在提交海关申报单之前或使用预申报商品的特殊性

1. 为了在从事生产经营的授权经济业务人所在地完成海关过境程序，在运输工具到达授权经济业务人所在地之前的 3 个小时，而商品在海关部门规定的工作时间外——在海关工作时间结束前 3 个小时到达时，授权经济业务人应在提交海关申报单之前以电子文件的方式向目的地海关部门发送《欧亚经济联盟海关法》第 197 条第 1 款中注明的、商品放行所必需的文件或海关申报单，以及所做的补充信息，随附《欧亚经济联盟海关法》第 193 条规定的文件。如果在海关部门与授权经济业务人之间的协议规定的、不超过授权经济业务人提交文件之时起五个小时的期限内，根据本条第 1 款规定，目的地海关部门没有通知有关因计划查验商品、检视运输工具并确认识别方式完整性而禁止解除识别方式的情况，则认为在商品到达运送地点后已收到海关部门解除识别方式的许可。在上述情况下，授权经济业务人将接受承运人的商品，有权拆除识别方式并卸载商品。授权经济业务人从承运人处接受商品的事实，应通过在运输和（或）商品护送文件上标注相应标记的方式确认。标注上述标记后，授权经济业务人应立即向海关部门发送电子数码签字签署

的，有关从承运人处接受商品的日期和时间的通知。承运人按本条规定的方式向授权经济业务人转交受海关监管商品，并不需获得目的地海关部门的允许。自从发送给海关部门的通知中注明的承运人处接受商品之时起，商品即被认为已被海关部门放行：自这一刻起，授权经济业务人就产生了《欧亚经济联盟海关法》第 197 条第 2 款规定的缴纳关税、税收的义务。在应缴纳进口关税和税收的金额不少于授权经济业务人，根据《欧亚经济联盟海关法》第 39 条的规定提供的缴纳关税和税收的保证金额的条件下，允许在提交授权经济业务人作为申报人的商品申报单之前放行。

2. 如果适用预申报时，在运输工具到达授权经济业务人所在地时，申报单中未补充缺少的信息和（或）未缴纳商品的关税和税收，或者海关部门在本条第 2 款注明的期限内向授权经济业务人发送了有关在提交的文件中缺少放行商品所必需信息的电子通知，这些文件是根据《欧亚经济联盟海关法》第 197 条第 1 款的规定提交的，在拆除识别方式、卸载这些商品后，商品获得临时保存商品的地位，并被保存在建于授权经济业务人的场所、开放式场地或其他地方的海关监管区内，无须将商品置于临时保管仓库，或其他海关监管区域，直至授权经济业务人完成上述商品的放行条件。如果在本条第 2 款注明的期限内，海关部门通知了授权经济业务人计划对商品进行查验（包括进行海关检查）、对运输工具进行检查和（或）确认识别方式的完整性，这些行为应由海关部门按优先方式立即完成。在海关部门完成上述行为时，识别方式可以被移除，商品只有经海关部门准许方可从运输工具上卸载：海关查验和海关抽检可以在建于授权经济业务人的场所、开放式场地或其他地方的海关监管区内进行，而无须将商品和运输工具存放于临时保管仓库或其他海关监管区域。授权经济业务人通过在运输文件和（或）随货文件上标注相应标记的方式确认从承运人处接受商品后，承运人应立即前往目的地海关部门提交上述带有授权经济业务人标记的文件，以及申报单和其他文件，以便完成海关过境的程序。海关过境程序根据《欧亚经济联盟海关法》第 225 条第 4 款、第 5 款的规定完成。

第 236 条 对授权经济业务人的场所、开放式场地和其他区域装备和配备的要求

授权经济业务人可以在授权经济业务人的场所、开放式场地和其他区域临时保存商品。授权经济业务人的场所、开放式场地和其他区域具有海关监管区的地位。上述海关监管区的边界由海关部门和授权经济业务人在本法第 234 条规定的协议中确定，并应带有特别标识。海关监管下的商品输出到上述区域之外，须经海关部门准许。授权经济业务人用于临时保存外国商品的场所、开放式场地和其他区域，应装备和配备可以保证商品完整性、排除他人（非授权经济业务人工作人员）擅自进入的可能性，并保证可以对这些商品进行海关监督的状态。允许在同一个场所，以分开放置的方法保存海关监管下的商品和其他商品，分开放置应保证是对授权经济业务人任何可以接受的方法，可以在视觉上区分海关监管下的商品与其他商品（隔带、隔板、操作通道、相应的标识牌和标记等）。允许将海关监管下的堆积和液体商品与同样质量和类别的商品一同保存。海关部门对从事生产经营的授权经济业务人的场所、开放式场地和其他区域装备和配备的要求进行规定。

第 237 条 授权经济业务人核算系统和提交报表

授权经济业务人应根据吉国会计和税务核算法的规定对进出口商品进行单独核算以便形成完整和真实的商品信息和对库存和流动进行应有的监督。授权经济业务人应在每季度下一个报告期开始月份的 10 日前向海关部门提交适用《欧亚经济联盟海关法》第 41 条第 1 款规定的特别简化办法完成的海关业务的商品总数报告。在做出以下决定前一年的期间，如果不存在追究授权经济业务人海关事务领域违法行政责任的事实，则授权海关部门作出有关授权经济业务人每年在报告期结束后第一个月的 1 日前提交报告的决定。根据《欧亚经济联盟海关法》第 41 条第 1 款第 1 项的规定临时保存的商品核算报告，提交给海关部门时，应包含有关放置商品保存的日期，运输文件的名称和编号，商品名称及外经活动商品名录的代码、净重、毛重，每种商品名称的发票价值、证明发票价值的文件号码和日期，外贸合同编号等信息。根据

《欧亚经济联盟海关法》第 41 条第 1 款第 2 项、第 3 项的规定适用特别简化办法的商品核算报告，应包含有关放置商品保存的日期，适用的特别简化办法信息，以何人名义完成海关业务的信息，海关申报单号码，随附的运输文件号码，商品名称，及外经活动商品名录的代码、净重、毛重，商品的发票价值，已缴纳关税和税收金额等信息。报告可以以电子形式，并加注电子数码签字的形式，或电子形式无电子数码签字但必须以提交纸质信息的形式提交给海关部门。

如果在规定期限内未向海关部门提交和（或）未及时提交本条第1款规定的报告，且之前提交的报告包含了不真实的信息，对此授权经济业务人将根据吉国法律的规定承担责任。授权经济业务人按本条规定的方式提交的报告形式，由吉国政府规定。

详解：

按照规定条件列入授权经济业务人名录的，依照吉国规定设立的法人是授权经济业务人。在将法人列入授权经济业务人名录时给予列入授权经济业务人名录证书。从列入授权经济业务人名录的证书生效之日起授权经济业务人属于低风险水平类别。将法人列入授权经济业务人名录和将其从此名录中注销的办法、给予列入授权经济业务人名录的证书、中止和恢复列入授权经济业务人名录证书效力的办法，由吉国海关调整立法规定。将法人列入授权经济业务人名录、将其从此名录中注销，以及中止和恢复列入授权经济业务人名录的证书效力，由依照吉国立法设立此法人的该成员国海关实施。在审核希望列入授权经济业务人名录的法人遵守列入此名录的条件时，以及在监管授权经济业务人遵守其列入此名录的条件时，可以适用海关监管方式和保障海关监管实施的措施。授权经济业务人有权享有在欧亚经济联盟关境的特殊便利。

吉国海关按照欧亚经济联盟委员会规定样式编制授权经济业务人名录，将授权经济业务人名录在海关官方网站上刊载，并保证每月不少于一次对其进行更新。欧亚经济联盟委员会根据海关管理的授权经济业务人名录编制授权经济业务人总名录，将授权经济业务人总名录在欧亚经济联盟官方网站上刊载。并保证每月不少于一次对其进行更新。授权经济业务人总名录样式、其编制和管理办法，以及提供海关管理的授权经济业务人名录中所具有资料的技术条件，由欧亚经济联盟委员会规定。

授权经济业务人名录的证书可以有三种类型，证书样式及其填制办法由委员会规定。自将法人列入授权经济业务人名录之日起届满 10 个日历日后证书生效，且有效期不予限定。给予证书的成员国海关不晚于自将法人列入授权经济业务人名录之日起 5 个日历日内，将法人列入授权经济业务人名录的日期和证书生效日期的信息通知此法人和该成员国海关。

将法人列入授权经济业务人名录并给予第一种类型证书的条件是：此法人作为海关代表、临时储存仓库占有人、海关仓库占有人开展对外经济活动和在海关事务领域里的活动不少于 3 年，或者在海关登记列入授权经济业务人名录申请（本章以下简称申请）之日前作为海关承运人开展活动不少于 2 年，开展对外经济活动每年递交按照吉国海关规定数量但不少于 10 份的商品申报单。或者每年通过欧亚经济联盟海关边界商品的总价值为成员国海关调整立法规定的数额，但不少于按照海关登记申请之日实施的汇率相当于 50 万欧元。开展提供商品运输服务的对外经济活动的人，每年递交的转运申报单不少于 250 份；作为海关代表在海关事务领域里开展活动的人每年递交，按照成员国海关调整立法规定数量但不少于 200 份的海关申报单。或者每年在其递交的海关申报单中所申报的商品总价值为成员国海关调整立法规定的金额，但不少于按照海关登记申请之日实施的汇率相当于 50 万欧元；作为临时储存仓库占有人、海关仓库占有人在海关事务领域里开展活动的人每年储存商品总价值为成员国海关调整立法规定的数额，但不少于按照海关登记申请之日实施的汇率相当于 50 万欧元；作为海关承运人在海关事务领域里开展活动的人每年递交不少于 250 份转运申报单。

该法人股东（持有希望列入授权经济业务人名录的法人 10% 及 10% 以上的股票）、设立人、负责人、总会计师的成员国自然人，在所有成员国没有因犯罪或者刑事违法行为被追究刑事责任的事实。

将法人列入授权经济业务人名录并给予第二种类型证书的条件是：除第一种类型证书所需的条件外，还需拥有、经营、管理或者租赁指定用作临时储存商品的构筑物、房舍（房舍的一部分）和 / 或露天场地（露天场地的一部分）。如果构筑物、房舍（房舍的一部分）和 / 或露天场地（露天场地的一部分）是租赁的，在递交申请之日对这些构筑物、房舍（房舍的一部分）和/或露天场地（露天场地的一部分）租赁合同订立的期限应不少于1年。

将法人列入授权经济业务人名录并给予第三种类型证书的条件是：海关登记申请前不少于两年，法人列入授权经济业务人名录并给予第一种类型证书或者第二种类型证书。

为了列入授权经济业务人名录，法人（申请人）向依照其立法设立法人的吉国被授权海关递交申请。此申请样式、填制办法和证明在申请中所申报信息的文件名录，由欧亚经济联盟委员会规定。申请应随附证明在申请中所申报信息的单证。递交申请可以不同时向海关提交单证，如果海关从海关所使用信息系统中，以及在信息协作框架下从成员国国家机关（组织）信息系统中可以获取关于这些单证信息和/或这些单证中的信息。为了列入授权经济业务人名录并获取第一种类型证书和第二种类型证书，申请人有权递交一份申请。海关自登记申请之日起5个工作日内作出审核申请的决定或者作出拒绝审核申请的决定。如果具有拒绝审核申请的理由，海关需将此拒绝理由告知申请人。

申请审核期限由吉国海关调整立法规定且不得超过自其登记之日起120个日历日。如果在递交申请时没有拒绝审核申请的理由，而在申请中载明的信息申请人没有文件予以证明，海关自登记申请之日起5个工作日之内将告知申请人提交这些单证必须在1个月内。

授权经济业务证书效力中止的理由是：授权经济业务人关于中止证书效力的申请；对授权经济业务人提起破产程序；授权经济业务人没有履行规定义务；在海关发出的通知中规定期限内，没有履行或者没有适当履行缴纳海关费用的义务，以及在规定期限没有缴纳滞纳金、利息；商品登记系统不符合成员国海关调整立法规定要求；法人财务可持续性不符合本法规定；不拥有、不经营、不管理或不租赁授权经济业务人用作临时储存商品的构筑物、房舍（房舍的一部分）和/或露天场地（露天场地的一部分），如果遵守这些要求是列入授权经济业务人名录的条件；根据实施行政违法行为的要件，只要在一个成员国对授权经济业务人提起行政违法行为案件（开始实施具体行政行为程序），成员国立法规定将因实施此行政违法行为被追究责任确定为中止证书效力的理由；对作为这些法人的股东（具有列入授权经济业务人名录法人10%

及 10% 以上的股票）、设立人（参加人）、负责人、总会计师的吉国自然人，根据实施犯罪或者刑事违法行为的要件在任何一个成员国提起刑事诉讼，对犯罪或者刑事违法行为的诉讼归海关和其他国家机关管辖，且吉国立法将因实施犯罪或者刑事违法行为被追究责任确定为中止证书效力的理由。海关不晚于规定理由的信息之日起 10 个工作日内作出中止证书效力的决定。作出中止证书效力决定的海关自作出此决定之日起 5 个工作日内将此决定通知授权经济业务人，并指明中止理由，以及将关于此决定的信息告知给其他成员国海关。

将授权经济业务人从授权经济业务人名录中注销的理由：授权经济业务人关于将其授权的经营者名录中注销的申请；对列入授权经济业务人名录的法人进行清算；列入授权经济业务人名录的法人改组，但成员国立法规定情形除外；自获取中止证书效力通知之日起 120 个日历日内，授权经济业务人没有证明消除证书效力中止的原因；对实施行政违法行为（成员国立法将追究因实施行政违法行为的责任确定为将授权经济业务人从授权经济业务人名录中注销的理由）法院或者其他被授权机关（官员）作出的追究行政责任的决定（判决）生效；对实施犯罪（刑事违法行为）法院判决生效。

授权经济业务人将作为申报人的商品在依照下列海关制度规定在递交商品申报单前可以申报放行商品：放行供境内消费；关境内加工；加工供境内消费；自由海关区；自由仓库；不缴纳海关费用的临时进口。在递交商品申报单前申报商品放行时，将作为商品申报人的授权经济业务人在递交电子形式的商品申报单前递交商品放行申请。在递交商品申报单前放行商品申请可以采用纸质形式递交，如果因为技术故障、通信（电信网和互联网）运营故障、停电引起海关所使用的信息系统故障，以及在成员国立法规定的其他情形下海关没有保障人递交电子形式的此申请的可能性。

在此情形下，在递交商品申报单前放行商品申请依规定予以递交。对在递交商品申报单前放行的商品申报单，应由递交了商品放行申请的授权经济业务人不晚于商品放行当月的下 1 月 15 日前递交。为了对授权经济业务人将作为申报人的商品递交商品申报单，在申报商品放行时，不需要提供履行缴纳海关费用的担保。

如果给予法人的证书效力中止，或者将法人从授权经济业务人名录注销，此法人在依照海关转运海关制度运输商品时，在临时储存商品时和在其他情形下应当实施海关作业或者其他行为（实施这些海关作业或者其他行为的义务在证明书效力中止前或者将法人认证经营者名录中注销前）。

为了开展海关与授权经济业务人之间的协作，应签订协定（备忘录或其他文件），如果成员国海关调整立法对此有规定。授权经济业务人可以从其负责人中和其在编的负责适用特殊便利实施海关作业的人中，确定与海关总体协作的责任人。为了在适用特殊便利时（其中包括异常情况）协调与授权经济业务人的协作，海关可以确定负责开展此协作的官员，吉国规定海关与授权经济业务人协作办法。

第八篇

海关监管

第四十八节　商品放行

第 238 条　商品放行

海关部门根据《欧亚经济联盟海关法》第二十八节的规定进行商品的放行。如果一批货物中包含几种商品，海关部门将放行符合放行条件的商品。申报人有权在该批货物中其他剩余商品被放行之前不将已被放行的商品运出临时保管仓库。

第 239 条　在商品放行后提交文件

如果商品放行时无法向海关部门提交许可证、证书、许可或其他证明遵守限制令的文件，根据申报人有依据的书面或电子形式的申请，海关部门应以书面或电子形式准许在获取这些文件所必要的期限内提交这些文件，但不能迟于放行商品后的45天，除非对获取该文件规定了其他期限。在申报人提交书面或电子形式的有关在规定期限内提交文件的保证书后，方可放行商品。

禁止将本条第1款注明的商品转交给第三方，包括通过销售或其他转让方式的转交；如果由于对该商品质量和安全性检查而规定限制进口上述商品的情况下，则禁止任何形式的使用该商品（使用、需求）。海关部门有权要求申报人提供遵守本条第2款限制令的保证书，在获得文件前对商品包装、保存场所加注铅封、封条以及采取保证遵守上述限制令的其他措施。如果申报人在向海关部门提出申请之前的1年内曾因海关事务领域违法行为被追究行政责任，则海关部门拒绝准许在商品放行后提交本条第1款的文件。如果拒绝准许在商品放行后提交本条第1款规定的文件，海关部门应在收到申请后的一天内，以书面或电子形式将此决定通知申报人，并说明拒绝的理由。

第240条　商品放行期限

如果本法未作其他规定，则应在最短期限内放行商品，但不能迟于《欧亚经济联盟海关法》第196条第1款规定的期限。

在上述期限内海关部门在必要时将对海关申报单、商品及其文件进行查验。只有在以下情况，依据《欧亚经济联盟海关法》第196条第4款的规定，允许延长商品放行时间为海关申报单登记后的第二天起的10个工作日内：如果根据欧亚经济联盟海关法和本法条款，在申报人提供缴纳关税、税收保证的条件下可以放行，在提供上述保证前；如果申报人未提交许可证、证书、许可或其他证明遵守限制令的文件，在申报人提交上述文件前，或根据本法第239条规定以书面或电子形式提交申请前；为了根据本法第36条规定确定商品的外经活动商品名录的分类，进行补充查验，在查验结束前；根据《欧亚经济联盟海关法》第69条规定进行补充查验，在提供支付关税和税收相应担保前；查询申报单中所申报商品的补充文件和信息，或在查明申报单中所申报商品与提交文件中包含的信息，和（或）标记或其他商品包装上的信息，和（或）商品的外形不相符时，按海关检查的形式查验，从其他监督和监察部门获得的提前通报的有关可能在申报时违法的信息，以及在识别进出口吉国境内外商品时，可能存在本法第245条中注明的，违反欧亚经济联盟海关法、吉国海关事务领域法的行为，在获得所查询的补充文件之前或完成海关商品检查之前；由于必须缴纳根据海关部门的决议补充加算的关税、税收而提交有关延长商品放行期限的申报人的书面申请，在缴纳关税、税收之前。

如果欧亚经济联盟海关法未直接规定商品在查验补充文件和信息前不能放行，或者提交用于查验的商品未按种类和（或）名称在包装位置划分出来，和（或）包装和标记的信息未在商业和（或）运输文件中注明，海关部门有权依据本条第 2 款第 4 项延长放行期限。在上述状况致使海关部门无法进行必要的查验以便确定商品与信息是否相符的情况下，可以延长商品的查验期限。商品查验期限可以延长到对商品有授权的人将一批商品单独分类所需要的时间。

第 241 条　在提交商品申报单前放行商品

在提交商品申报单前放行商品的依据和条件，由《欧亚经济联盟海关法》第 197 条规定。

第 242 条　有条件放行

被有条件放行的商品，是在《欧亚经济联盟海关法》第 200 条第 1 款规定情况下的商品，以及以下商品：在规定的时间阶段内以未组装或散装形式，包括非成套或非成品形式的、分批进口的商品的组件；被置于海关仓库（其中包括在海关仓库未实际存放的情况）、免税贸易、在海关境内加工、用于内部需求加工、临时进口（准许进入）、再出口、海关过境、销毁、适用于进口到吉国境内商品的特别海关程序下的商品；吉国政府规定情况下的其他商品。

本条第 1 款第 1 项中注明的商品组件，禁止转交给第三方，包括通过销售或其他转让方式的转交，且被认为是在海关部门根据所申请的海关程序做出放行决定之前有条件放行。本条第 1 款第 2 项中注明的商品，被认为是在获得欧亚经济联盟商品地位前、实际销毁前，或从吉国境内出口到欧亚经济联盟境外，或放弃归国家所有之前有条件放行。

第 243 条 拒绝放行商品

在根据《欧亚经济联盟海关法》第 201 条规定拒绝放行商品时，海关部门应向申报人退还其海关申报单，以及根据本法第四十二节规定已缴纳的海关费用金额（不包括海关业务费）。可以根据本法第十一章的规定，对拒绝放行商品的决定提起诉讼。如果拒绝放行商品的决定被认定是不合法的，申报人再次申报时，有权要求适用首次提交商品申报单登记之日实行的关税和税收税率、外汇和限制政策。如果只是未遵守一批货物中的个别商品的放行条件，海关部门应放行其他剩余商品。在这种情况下，海关部门只返还属于拒绝放行商品的文件。如果这些文件无法分离，海关部门将进行复印并按规定方式公证。申报人有权在再次申报被拒绝放行的商品时使用文件的公证件。

详解：

吉国海关放行商品，遵守商品置于所申报海关制度下的条件或者遵守为了使用依照规定的条件，缴纳了因海关实施与商品放行有关行为的海关费，采用海关信息系统，通过制作电子单证，或者通过在海关纸质申报单或者在递交商品申报单前在商品纸质放行申请上填写相应记录办理商品放行手续。

吉国海关依照吉国海关规定在商业单据、运输单据上填写商品放行记录，或者在填写了商品放行记录的商业单据、运输单据上填写取消商品放行记录的情况和办法。自海关申报单登记之时起 4 小时内，海关应完成商品放行，如果海关申报单在海关工作时间结束前不到 4 小时内登记，则在该海关工作时间开始之时起 4 小时内完成商品放行。

预申报商品时商品放行期限自情况发生之时起计算，如果登记了海关申报单的海关获得将商品存放在海关申报单中规定的海关监管区，以及在海关申报单中规定的抵达地卸载商品的许可；登记了海关申报单的海关获得将商品存放在海关申报单中规定的海关监管区的通知。

商品放行期限可以延长时间的情况：实施或者结束采用规定的海关监管方式或保障海关监管实施的措施已经开始的海关监管所需时间；海关申报单中所申报信息进行变更和（或）补充的要求所需时间；依照规定提供履行缴纳关税与其他税费义务担保所需时间。经海关负责人许可可以延长商品放行期限。

在延长商品放行期限时，海关应在不晚于自海关申报单登记之日的次日起 10 个工作日内完成商品放行。在延长置于海关转运海关制度下的商品放行期限时，海关在不晚于自转运申报单登记之日的次日起或者本条规定的一种情况发生之日的次日起 5 个工作日内完成商品放行。

如果在规定期限内不能完成海关单证、其他单证和（或）信息的审核，经海关领导人许可，商品放行期限在规定期限届满之日的次日起予以延长，延长期限为实施此审核期限。如果指定了海关鉴定，为了完成此海关鉴定需要更长的期限，且没有依照规定提供履行缴纳关税与其他税费义务的担保，商品放行期在届满之日的次日起予以延长，延长期限为实施海关鉴定期限。海关向申报人或报关代理人发出此延长的通知不晚于给予许可之日的下一个工作日，通知中必须说明延长商品放行期限所依据的原因。

在递交商品申报单前，商品不缴纳关税可以依照关内加工海关制度、自由海关区海关制度、自由仓库海关制度、临时进口海关制度申报放行。在递交商品申报单前申报放行商品时，在递交商品申报单时作为商品申报人的人向海关递交电子的或者纸质的商品申报单前放行商品的申请。

吉国海关拒绝登记在商品申报单前放行商品的申请的理由：在递交商品申报单前放行商品的申请递交给无权登记海关申报单的海关；在递交商品申报单前放行商品的申请由没有被授权的人递交，或者没有签名，或者没有采取适当方式予以核证；在递交商品申报单前放行商品的纸质申请没有按照规定样式制作，电子文件形式申请的结构和格式不符合此申请规定的结构和格式；在递交商品申报单前放行商品的申请中没有载明相关信息；没有与在递交纸质单证的递交商品申报单前放行商品的申请一并提交的单证；没有与在递交电子形式的递交商品申报单前放行商品的申请一并提交的单证。

海关拒绝商品放行根据下列理由：不履行海关放行商品的条件，以及对自用物品、经营国际运输的运输工具和备用品规定的海关放行条件；不履行海关变更（补充）在海关申报单中所申报信息的要求；在定期海关申报时没有遵守此定期海关申报的特点，和申报人具有在规定期限内没有履行的缴纳海关税费与其他税费的义务；商品放行期限内没有呈验商品；商品放行期限没有恢复；旅客申报单中申报的物品没有依照规定归于自用物品；海关发现了违反在海关调整领域里的国际条约和法律文件和（或）吉国立法的情况。

第四十九节　海关监管的一般条款

第 244 条　海关监督

吉国海关部门根据欧亚经济联盟海关法、吉国海关法的规定进行海关监督。对《欧亚经济联盟海关法》第 95 条规定的实体和地点进行海关监督。在实施海关监督时，海关部门依据挑选原则，并局限在足以保证遵守欧亚经济联盟海关法和吉国海关法的海关监督形式；在选择海关监督方式和方法时，为了在海关监督时不给申报人、承运人和其他人带来商品保存、运输工具滞留、商品放行期限延长的损失，海关部门应使用海关监督技术手段提前分析信息，如果这不是由于与查明海关事务领域严重违法行为迹象，以及采取截获或制止上述违法行为全面措施的必要性的非常状态引起的。为了提高海关监管的效力，海关部门根据吉国法律规定，与其他国家监督机构及本条注明的人相互协作。吉国海关部门根据欧亚经济联盟海关法和本法规定进行个别形式的海关监管时，所办理的文件、命令、纪要和其他程序文件的形式，由国家授权部门确定，但不包括当欧亚经济联盟海关法注明的授权属于欧亚经济联盟委员会确定的情况。

第 245 条　风险控制

风险控制使用的战略和战术、收集和整理信息、分析和评估风险、制定和实施风险控制措施的方式，由国家授权部门确定，海关部门使用包含在已确定的风险面中信息的方式，由国家授权部门制定规则。包含在已确定风险面中限制接触的信息，不能泄露（扩散）或转交给第三方，包括国家机构，但不包括本法第 6 条规定的情况。转交这一信息的方式由国家授权部门根据吉国法律的规定确定。

第 246 条　海关监管区

为了实施与进行海关业务和海关监督相关的措施，根据欧亚经济联盟海关法和本法规定，建立长期或临时的海关监管区。长期海关监管区设置于吉国国家边境，通过吉国国家边境的通行站属于海关部门所有的场所和区域、临时保管仓库、海关仓库和免税商店区内建立；临时海关监管区在本条未规定的其他地方建立。

海关监管区的建立和标识方式以及海关监管区的制度由吉国政府确定。生产和其他商业经营的实施、商品、运输工具、人员，包括其他国家机构的职务人员通过海关监管区边界及在其范围内的移动，应经海关部门准许并在其监督下，按吉国政府规定的方式进行。

本条规定不适用于根据本法第 234 条规定在授权经济业务人的场所、开放式场地和其他区域商品的临时保管。

第 247 条　海关监督的期限

对于有条件放行的商品，以及在返回进口保证下或根据在海关境外加工程序从吉国海关出口的商品，应按照欧亚经济联盟海关法和吉国海关事务领域法的规定进行检查，可以在商品处于海关监管期间或完成临时出口或海关境外加工程序行为前实施。海关部门在商品放行后，自结束商品海关监管之时起的 3 年内进行海关监管。

第 248 条　招收其他部门专家协助实施海关监管细则

海关部门有权邀请其他执法或监督部门的专家协助进行海关监管。应按照吉国法规及国家授权部门和相关执法或监督部门的共同命令规定的方式，邀请其他执法或监督部门的专家参与海关监督。如果该项工作不属于专家的职责范围，则邀请其他国家部门的专家相关的费用由海关部门按照吉国政府确定的方式承担。

第 249 条　海关监管所必需的文件和信息

申报人、实施海关事务领域经营人和其他相关人员，应根据《欧亚经济联盟海关法》第 98 条的规定向海关部门提交进行海关监管所必需的文件和信息。海关部门有权从实施国家法人登记的部门和其他国家机构获得实施海关监管所必需的信息。信息交换的方式，由国家授权机构与管理上述信息的国家部门共同制定。海关部门以书面和（或）电子形式查询海关监管所必需的文件和信息。被要求提供文件和信息的人，应立即将文件和信息发送或签发给海关部门，必要时制作或从他人处获得，但不应迟于 5 天时间。根据该人的有依据的申请，海关部门可以将此时间延长至提交该文件和信息所必需的时间。

海关监管所必需的文件，应由申报人和其他相关人员，以及海关部门在该商品失去海关监管地位当年后的 5 年内保存。授权经济业务人、海关代表、临时保管仓库的业主、海关仓库的业主、免税贸易商店的业主和海关承运人，应在完成海关业务当年后的 5 年内保存上述文件。

第 250 条　银行需提供海关监管所必需信息

海关检查的海关部门有权根据吉国银行经营法的规定，向具有涉及被检查法人和自然人经营信息和文件的银行查询信息要求，银行应在收到之日起 10 天完成。不允许要求对银行向海关部门提交的文件进行公证，除非吉国法律另有规定。海关部门向银行发送查询文件和信息的方式和形式，以及银行向海关部门提供所查询的文件和信息的形式和方式，由国家授权部门经与吉国国家银行协商确定。

第 251 条 发现非法输入吉国境内的商品或违反海关程序适用条件处理

海关没收商品，依据是海关部门执行行政违法行为案件的命令或在被发现该商品的人或其代表在场时被提起的刑事诉讼。这些商品应被放置在根据本法第 69 条规定的临时保管仓库或按照《欧亚经济联盟海关法》第二十一节规定的其他地方。

被没收商品的所有人有权缴纳根据《欧亚经济联盟海关法》第 81 条，本法第 182 条规定的关税和税收，提交证明遵守限制令的文件并申报商品，对上述海关费用金额不加算滞纳金。如果 5 天内支付海关费用，则在完成遵守对这些商品的限制要求的情况下，不予没收这些商品。办理交接单一式三份，由没收商品的海关部门职务人员和被返还没收商品的人，或其代表，以及保存没收商品的人或其代表签字。该交接单第二份应交给被返回没收商品的人或其代表，第三份交给保存没收商品的人或其代表。

上述规定不适用于禁止进口到吉国境内的商品、根据吉国法律规定禁止流通的商品、吉国政府确定清单的商品，以及根据欧亚经济联盟成员国的国际公约或吉国法律规定了进口数量限制的商品。上述商品应在吉国政府确定的情况和方式下被销毁，被确定实施了非法进口该商品到吉国境内的人、被没收商品的人，如果知道或应该知道被没收商品进口到吉国境内的非法性，则由他们支付销毁费用，或者在其他情况下由国家预算资金支付费用。

第 252 条 海关监管技术手段

为了缩短海关监管的时间与提高监管效率，海关部门可以使用海关监管技术手段，使用这些手段的清单和方式由吉国政府确定。

第 253 条　海关监管下的商品、应受海关监管的运输工具、场所、容器和其他可能存放商品的地方与识别适用方式

海关监管下的商品、应受海关监管的运输工具、场所、容器和其他可能存放商品的地方与识别适用方式由吉国政府确定。

第 254 条　海关监管的结果

海关监管的结果根据本章规定办理可以作为刑事、民事和行政案件的证据提交，并应由法院审理上述案件。审理对海关部门及其职务人员作出的决议申诉案件根据吉国刑事诉讼法、民事诉讼法规定与其他证据一同进行评估。

第 255 条　海关监管时专家和鉴定人的参与海关监管时的海关鉴定

1. 在《欧亚经济联盟海关法》第二十节第 101 条、第 102 条规定的情况和方式下，邀请专家和鉴定人参与海关监管。

2. 根据《欧亚经济联盟海关法》第二十节的规定以及本条的规定，指定和开展海关监管时的海关鉴定。

3.《欧亚经济联盟海关法》第 139 条第 2 款规定的海关鉴定的期限，可以经海关鉴定的海关部门负责人（或其副职）的书面准许给予延长，并注明延长这一期限的理由，但不包括根据本法在得到鉴定结果前不予放行商品的情况。在上述情况下，应在不超过商品放行期限的时间内完成鉴定，并参考根据《欧亚经济联盟海关法》第 196 条第 4 款规定的上述期限的延长。

4. 在其他组织进行海关鉴定时海关鉴定的期限可以根据指定海关鉴定的海关机构书面许可予以延长，并注明延长鉴定期限的理由。在上述情况下，鉴定应该在不超过商品放行期限的时间内完成，并根据《欧亚经济联盟海关法》第 196 条第 4 款的规定延长上述期限。

5. 进行海关鉴定的期限，在欧亚经济联盟海关法第 139 条规定的情况下，以及在呈交的物品与指定海关鉴定的决议中所注明的清单不相符的情况下可

以被中止，但不超过 10 个工作日。海关鉴定期限中止的方式由吉国国家授权机构确定。

6. 其他组织缺少所要求专业的鉴定人的情况下可以拒绝进行海关鉴定。

7. 用于海关鉴定的商品样品的选取方式，由吉国政府规定确定。

8. 进行海关鉴定时指定海关鉴定的决议、鉴定人的意见的形式，由吉国政府规定。

9. 与进行鉴定相关的费用，由本条中注明的人支付，但不包括根据海关监管结果被追究刑事责任或行政责任而进行鉴定的情况。

10. 作出有关邀请其他组织的鉴定人进行鉴定的决定的方式，由吉国政府确定。

详解：

吉国海关部门依照本法实施监管。为了发现违反在海关调整领域里的国际条约和法律文件通过欧亚经济联盟海关边界的商品，对通过海关边界的自然人可以实施海关监管。采用海关监管方式和保障实施海关监管措施的流程（规程）依照吉国海关调整立法规定。在实施海关监管时吉国海关基于选择性原则选择海关监管对象、海关监管方式或保障实施海关监管的措施。在选择海关监管对象、海关监管方式或保障实施海关监管的措施时，依照吉国海关规定使用风险管理系统。

吉国海关监管可以实施至这些情况发生之日起届满 3 年。对列入在海关事务领域里开展活动的人的名录或者经认证的经营者名录的人的活动的海关监管，可以在他们处于这些名录中的期间实施，按吉国规定也可以将其从名录中注销。如果海关具有商品违反在海关调整领域里的国际条约和法律文件规定已进口到欧亚经济联盟关境或位于欧亚经济联盟关境的信息。为了核查证明商品放行事实的信息，海关可以对位于欧亚经济联盟关境的商品实施海关监管。

在实施海关监管时，海关不需要吉国其他国家监管机关实施海关监管的许可、命令或决议。在实施海关监管期间海关及海关官员无权规定在海关调整领域里的国际条约和法律文件及吉国没有规定的要求和限制，不得在实施海关监管时对海关或者海关官员的决定和行为（不作为）涉及其利益的承运人、申报人、在海关事务领域里开展活动的人和其他人，以及商品和运输工具造成不合法损害。

海关监管对象是：置于放行供境内消费海关制度下获得了欧亚经济联盟商品地位的商品，置于复进口海关制度下的商品，放行自由流通的自用物品，以及在复运入欧亚经济联盟关境时保持了欧亚经济联盟商品地位的商品。对依照海关制度使用商品条件遵守的海关监管，由在其境内商品置于海关制度下的吉国海关实施。

商品海关价值实施海关监管的特点：所申报的商品的海关价值实施海关监管时，海关对商品海关价值确定的正确性及其申报的正确性进行审核。海关有权要求申报人提交对商品价格形成有影响的因素，以及对通过欧亚经济联盟海关边界的商品其他有关情况的书面说明。进口到欧亚经济联盟关境的商品海关价值监管的其他特点，其中包括商品海关价值不准确确定的迹象，认定商品海关价值信息不真实。

商品原产地海关监管的特点：在海关申报单中申报的信息和（或）在向海关提交的单证中具有的商品原产地信息进行核查，其中包括核查商品原产地文件中具有的信息的真实性，以及商品原产地证书的真实性、其制作和（或）填写的正确性；为了核查商品原产地证书中所具有信息的真实性，以及商品原产地证书的真实性和（或）依照进口商品原产地确定规则获取补充文件和（或）信息，海关有权向国家机关或者签发了和（或）被授权核查商品原产地证书的被授权组织发出请求；如果在海关申报单中申报了商品原产地不明，且在实施海关监管时发现对所申报商品可以适用取决于商品原产地的关税调节措施、禁止和限制规定、内部市场保护措施，海关有权要求其提供商品原产地文件。

商品放行后对有条件放行商品实施海关监管的特点：有条件放行商品遵守给予缴纳关税优惠的目的和条件和（或）因适用缴纳进口关税、进口环节税优惠使用和（或）处分这些商品的限制规定视为没有予以证明。

吉国规定商品通过欧亚经济联盟海关边界的地点：临时储存仓库、海关仓库、自由仓库区域和免税贸易商店区域，以及其他地点，是海关监管区。为了临时储存商品、对商品和运输工具实施货运作业及其他作业、实施商品海关查看和（或）海关查验方式的海关监管，在其他地点可以设立海关监管区。

如果海关监管区用以在其经常存放处于海关监管的商品，此海关监管区可以是永久海关监管区。

对于海关监管区的设立和撤销标识的办法由吉国海关调整规定。

实施海关监管所必需的单证：海关单证；证明遵守缴纳关税规定的文件；实施海关作业时制作的单证；所申报的海关制度商品使用条件的文件。在海关事务领域活动人在实施海关业务当年后的 5 年内，应当保存对与提供在海关事务领域里的服务有关的必需的单证。

第九篇

海关部门的组织结构与工作保障

第五十节　海关监管的形式和方式

第 256 条　海关监管的形式和方式

海关监管的形式和方式由海关部门按照《欧亚经济联盟海关法》第十六节、第十九节规定的方式和形式，及本法规定的条款实施海关监管。

第 257 条　海关部门的职务人员检验商品和运输工具

海关部门的职务人员检验商品和运输工具，包括国际邮件、自然人的行李，以便获得有关海关监管下商品的性能、产地、状态、数量，有关商品的运输工具及其货物间的海关铅封、封条和其他识别手段的信息确认。商品和运输工具外部可视检验商品，自然人的行李，运输工具，货物容器，现存海关铅封、封条和其他海关监管目的的商品识别手段，如果这一检验与运输工具或其货物间的开封和商品包装损坏无关。

在海关监管区内，商品和运输工具的检验可以在申报人、其他对商品和运输工具享有权利的人的代表缺席的情况下进行。根据商品和运输工具的检验结果，在发现商品和运输工具数据与申报的信息和提交的文件不相符，导致损坏商品和运输工具或外部特征识别手段的完整性，进行检验的海关部门职务人员按欧亚经济联盟委员会通过的形式办理证明。

根据海关部门对场所和区域进行海关检验的决议，对场所和区域进行海关检验。根据进行外出海关检查的决议，在外出海关检查时对场所和区域进行海关检验，对场所和区域的海关检验在所需要的最少期限内进行。

第 258 条 商品和运输工具的海关查验

海关部门对本法规定要求的遵守情况，进行海关查验。在以下情况进行海关查验：在存在依据推断运送商品和运输工具的人向吉国境内进口或从吉国境内出口带有禁令和限制的商品时，或违反本法规定的方式运送商品和运输工具；根据申报人或对商品拥有授权的其他人的申请；海关申报单和其他申报商品时提交的文件中存在对作出商品放行决定具有影响的不真实信息；未遵守有条件放行商品使用和支配的限制规定；根据风险控制系统的分析结果；根据使用海关监管技术手段的海关监管结果；根据本法第 234 条第 9 款的规定。

海关查验是与以下海关部门职务人员相关的行为：打开商品包装或运输工具的货物间，或容器、集装箱和其他商品所在的或可能在的地方，同时破坏加在其上的识别手段，拆除、拆卸或其他破坏检视物体及其部分完整性的办法；对照商品和运输工具运送时和办理商品和运输工具海关手续时提交的文件中所包含的信息；对照实际商品数据与所申报信息或提交文件是否相符。

被授权进行海关查验的海关部门职务人员，通知申报人或对商品拥有权利的人有关进行海关查验的地点和时间。申报人、对商品拥有授权的其他人及其代表有权申请参加海关查验。

进行海关查验开始的时间应考虑参与人到达的合理时间。

在场所和（或）区域进行的海关查验，无须建立海关监管区。根据海关部门职务人员的要求，申报人或对商品拥有授权的其他人及其代表，应参加海关查验并向海关部门职务人员提供必要的协助。没有承运人特别授权的代表时，驾驶运输工具的自然人可以作为代表。

在以下情况，海关部门有权在申报人、对商品拥有授权的其他人及其代表缺席时，进行海关查验：上述人员未出现或者这些人是未知的；在出现对国家安全、公众和动物的生命和健康、对瘟疫的出现、环境、对保护吉国家文化遗产的威胁和其他刻不容缓的情况时，其中包括如果有迹象表明货物是易燃物质、爆炸物、炸药，有毒、有害的化学和生物物质，麻醉药品，精神状态调节药品，烈性药剂，有毒的放射性物质，核材料和其他类似的产品，而且以及散发难闻气味的商品；通过国际邮件邮寄商品时；违反商品出口程序将商品滞留在吉国境内。在上述情况下，海关查验应在两个见证人在场的情况下进行。根据海关查验结果，应按照吉国政府规定的形式办理海关查验证明，一式两份。

第 259 条 海关部门核算海关监管商品的方式和形式

海关部门核算海关监管商品的方式和形式，由吉国政府确定。

第 260 条 检查商品核算和报告系统

1. 根据《欧亚经济联盟海关法》第 121 条第 3 款的规定，检查商品核算和报告系统作为海关监管的一种形式，对从事海关事务领域经营的人、授权经济业务人，以及处于在海关境内加工、在海关境外加工、用于内部需求加工、临时进口（准许进入）、海关免税区、自有仓库和用于内部需求放行，并与限制使用和支配一同提供关税和税收优惠的海关程序商品实施检查商品核算和报告系统。

2. 对核算和报告系统检查的组织、实施和登记，由吉国政府确定。

3. 从事海关事务领域经营、采用特别简化办法，以及使用或拥有被置于海关仓库、免税贸易商店、在海关境内加工、在海关境外加工、用于内部需求的加工、临时进口（准许进入）、海关免税仓库等海关程序下或用于内部需求放行海关程序下并提供关税、税收纳税优惠并同时限制其使用和支配的人，或者在商品放行后与提交《欧亚经济联盟海关法》第 195 条第 1 款第 1 项中注明的文件相关的限制使用和支配外国商品的人，或保存商品的人，应提交有关被保存的运输、销售和（或）使用商品的报告和完成的海关业务报告。

4. 本条第 3 款注明的报告，可以电子形式并带有电子数码签字，或以电子形式不带有电子数码签字，但必须提供经组织负责人、总会计师或授权人签字和公章认证的纸质信息的方式，向海关部门提交。

5. 海关代表必须在每季度的报告期结束后月份的 10 日前向海关部门提交有关完成海关业务的商品总数报告。报告中应注明每个业务的以下信息：完成海关业务的海关部门的名称；海关申报单的编号；所申报的海关程序；发货人（收货人）的名称、纳税人的识别码；被代表人与海关代表的合约编号和日期；已缴纳海关费用和税收的人；已缴纳海关费用和税收的金额；商品名称，并注明外经活动商品名录的代码；商品海关价值；商品的净重：完成工作和提供服务交接单的日期和编号；填写海关申报单之人的姓名、身份证明文件（护照）的序号和编号。

6. 申报人、从事在海关境内加工经营的人，为了核对加工制造的产品数量、废料和剩余材料的数量，每季度在报告期结束后月份的 10 日前，向海关部门提交有关完成适用在海关境内加工的海关程序的要求和条件的报告。在报告中应注明向海关部门提交当日的以下信息：被置于在海关境内加工海关程序下和在生产过程中使用的商品名称和数量，并注明相应申报单的编号；自欧亚经济联盟的海关境内出口的，或根据用于内部需求放行海关程序放行的，或根据欧亚经济联盟海关法的规定被置于其他海关程序的加工产品的名称和数量，并注明相应申报单的编号；未被置于海关程序下的加工产品的名称和数量；商品加工所产生废料的名称和数量。

7. 有关在海关境内商品加工许可中注明的加工产品、废料、剩余材料数量的最终核对报告，应根据《欧亚经济联盟海关法》第 249 条第 1 款，在海关境内加工程序完成后、但不迟于最后一批加工产品放行之日起 30 日内提交。

8. 申报人、在海关境外从事加工经营的人，为了核对加工制造的产品数量、废料和剩余材料的数量，每季度在报告期结束后月份的 10 日前，向海关部门提交有关完成适用内部需求加工的海关程序的要求和条件的报告。在报告中应注明向海关部门提交当日的以下信息：根据所签发的、用于内部需求加工海关程序下加工商品的许可，以及被置于该海关程序下和在生产过程中使用的商品名称和数量，并注明相应申报单的编号；被放行用于自由流通的，或根据欧亚经济联盟海关法被置于其他海关程序下的加工产品的名称和数量，并注明相应申报单的编号；未被置于海关程序下的加工产品的名称和数量；商品加工所产生的废料的名称和数量。

9. 有关在用于内部需求商品加工许可中注明的加工产品、废料、剩余材料数量的最终核对报告，应根据《欧亚经济联盟海关法》第 273 条规定，在用于内部需求商品加工的海关程序完成后，但不迟于最后一批加工产品放行后的 30 天内提交。

使用和（或）拥有被置于临时进口（准许进入）、海关免税区、免税仓库，或用于内部需求放行及提供关税税收纳税优惠，并在商品放行后限制这些商品的使用和（或）支配，或与提交《欧亚经济联盟海关法》第 195 条第 1 款第 1 项注明的文件相关的限制使用和支配的被置于海关程序下商品的人，应根据海关部门的要求，每 6 个月至少提交一次有关完成上述海关程序适用条件和要求的报告，以及有关遵守商品使用和（或）支配限制的报告。保管外国商品的人，但不包括授权经济业务人，应在吉国政府规定的期限内提交有关所保管商品的报告。向海关部门提交本条注明的报告方式，以及临时保管仓库、海关仓库、免税贸易商店业主、海关承运人向海关部门提交报告的方式，由吉国政府确定。

10. 授权经济业务人进行核算和向海关部门提交报告的方式，在本法第 237 条中规定。

11. 于在规定期限内未向海关部门提交和（或）未及时提交本条规定的报告，以及提交包含不真实信息的报告，本条第 4 款注明的人应根据吉国法律的规定承担责任。

第 261 条　海关检查

为了检查对欧亚经济联盟海关法及本法要求的遵守情况，海关部门按照《欧亚经济联盟海关法》第 122 条和第十九节的规定进行海关检查。海关检查的组织、实施与登记的方式，涉及海关检查的文件的形式，对准备文件的要求，由吉国政府规定。

海关部门根据《欧亚经济联盟海关法》第十九节规定的方式和条件进行外出海关检查和室内检查。

外出海关检查和反向外出检查，应根据经授权机关负责人或其副职签字的、有关外出海关检查的决议执行。在《欧亚经济联盟海关法》第 132 条第 12 款规定的情况下中止外出海关检查。外出海关检查的中止和恢复，需由授权部门的负责人或其副职作出决议。外出海关检查的中止期限不能超过 6 个月。如果由于需要根据吉国国际公约向欧亚经济联盟成员国或外国的职能机构查询，且在 6 个月内没有收到所查询的信息，这些信息是对检查结果具有实际意义的，则上述检查的中止期限可以增加 3 个月。

第 262 条　进行外出海关检查允许海关部门职务人员进入被检查人场所

在《欧亚经济联盟海关法》第 133 条第 3 款规定的情况下，被检查人有权拒绝海关部门的职务人员进入其场所。被检查人无理由拒绝实施外出海关检查的海关部门职务人员进入被检查人场所，实施此项检查应有两名见证人在场。

证明需由实施海关外出检查的职务人员、被检查人或其代表，以及见证人签字，该证明的复印件交给被检查人或其代表。检查人或其代表拒绝在证明上签字时，实施外出海关检查的职务人员应在上述证明中对此进行相应的记录。被检查人有权对签字证明的理由做出书面解释。

第 263 条　外出海关检查时查封商品、没收商品和文件的方式

1. 为了《欧亚经济联盟海关法》第 134 条第 1 款第 11 项规定的目的，实施商品查封和没收。

2. 查封商品的依据是：发现不带有特别商标、识别标志或其他方式的商品标识，如果根据欧亚经济联盟海关法或吉国法律规定进口到吉国境内的商品

上需带有这样的商标、识别标志和标识的，或者商品上的商标或识别手段具有造假痕迹；检查人的商业文件中缺少证明海关申报和（或）商品放行实施的信息，如果根据欧亚经济联盟海关法或吉国法律规定，商品在吉国境内流通时这些信息必须在商业文件中注明；以及发现这些信息不真实或缺少应注明这些信息的商业文件，如果这些文件根据欧亚经济联盟海关法或吉国法律规定是必需的；证明被检查商品可能是有条件放行的商品，及违反这些商品使用和（或）支配限制或违反提供进口关税和税收纳税优惠条件而使用商品的迹象；证明未遵守针对所检查的商品提供纳税优惠的方式和条件的迹象；能证明违反海关程序条件和要求使用所检查商品的迹象。

3. 查封商品，是指禁止支配和使用商品。被查封的商品，将交由所有者或拥有商品权利的其他人保管。只有经做出查封决定的职务人员或司法部门准许，方能使用被查封商品。不允许将被查封商品转交给他人，转让或以其他方式支配。

4. 在发现被检查商品是被禁止进口到欧亚经济联盟海关境内或在吉国境内流通的；及存在足够依据推断，商品查封并不足以保证商品的完整性时，应实施商品没收。被没收商品应根据本法第 69 条规定放置在临时保管仓库中，或根据《欧亚经济联盟海关法》第二十一节规定的原则存放在其他地方。

5. 如果被检查人的文件复印件不足以用于海关检查，而进行海关检查的职务人员有充足的理由推断，文件正本可能被销毁、藏匿、修改或替换，则进行海关检查的职务人员有权没收文件原件。没收原件时，需办理没收原件证明，一式两份。第二份证明及没收文件的复印件应交给被没收人。文件的复印件上应注明有关没收文件原件证明的编号和日期、实施没收的职务人员的签字。

6. 没收商品和文件，以及查封商品，应根据吉国行政和刑事责任法的规定实施。

7. 外出海关检查结束之日起 2 个月内，无人认领的被没收商品，将根据法院判决归国家所有。

详解：

吉国海关监管方式：传唤解释；审核海关单证与其他单证（信息）；海关查

看；海关查验；海关人身检查；海关检查房舍和场地；海关稽查。

传唤解释，是指海关官员从掌握对实施海关监管有意义的信息的承运人、申报人和其他人处获取这些信息。由海关制作通知，将该通知交给或者发送给被传唤人。

审核海关单证与其他单证（信息）即审核：海关申报单；其他海关单证；证明在海关申报单中所申报信息的单证；依照本法规定向海关提交的其他单证；在海关申报单中所申报的信息和（或）在向海关提交的单证中具有的信息；向海关提交的或者海关依照本法获取的其他信息。

为了审核信息的真实性、单证填写和（或）制作的正确性，遵守依照海关制度规定的商品使用条件、遵守因适用缴纳关税限制规定，遵守对依照本法规定不应置于海关制度下的一些种类商品规定的商品使用办法和条件，以及为了保障遵守在海关调整领域里的国际条约和法律文件和（或）成员。

吉国海关调整可以规定对在海关申报单、证明在海关申报单中所申报的信息、在海关申报单中所申报的和（或）在向海关提交的单证中具有的信息在商品放行后开始的审核海关单证、其他单证和（或）信息的情形，以及将实施此方式海关监管通知人的办法和（或）信息。在审核海关单证与其他单证（信息）框架下，海关有权收集和分析补充信息，包括向其他国家机关和其他组织发送请求。

吉国海关发现不遵守本法的证据，其中包括在这些单证中载有的信息不真实的证据。海关有权要求其提供为了确定在海关申报单中所申报的被审核信息和在其他单证中载有的信息的真实性所必需的商业文件书面解释。

申报人解释遵守：提供的单证和（或）信息与审核海关申报单和在递交海关申报单时，提交的单证中的信息有关不晚于规定期限届满前四个小时；提供的单证和（或）信息与审核海关申报单信息如果延期则不晚于海关规定期限届满前一个工作日。如果解释不能提交，海关依照本法规定拒绝放行商品。

海关查看即不打开运输工具载货舱，不拆开商品包装及不分解、不拆卸和不以其他方式破坏被检对象（包括自然人行李）及其部分的完好无损。目视查看商品（其中包括运输工具和自然人行李）、货物容器及海关封志、印章和其他识别标识，但在海关检查房舍和场地时，海关监管过程中实施的查看除外。申报人缺场的情况下也可以实施海关查看。

如果海关查看结果通过在向海关提交的运输单据（运输凭证）、商业单据或者海关单证上填写实施海关查看事实的记录予以制作，根据对商品具有权限的人要求，海关官员应当制作海关查看记录：在商品通过欧亚经济联盟海关边界地点实施海关查看时，不晚于实施海关查看后两个小时的工作时间；在其他地点实施海关查看时，不晚于自实施海关查看之日的下一个工作日开始之时起两个小时。海关查看记录应制作两份，其中一份交给对商品具有权限的人或者其代理人。

海关查验，即拆开商品包装、打开装有或者可能装有商品的运输工具载货舱、容器。集装箱去除施加在其上的海关封志、印章或者其他识别标识。拆解或者以其他方式破坏被检查对象及其部分的完好无损，查看商品和对商品（其中包括运输工具和自然人行李）实施的其他行为。

下列情形下申报人缺席时，海关有权实施海关查验：不能确定申报人具体信息；对国家安全，人、动物和植物的生命和健康存在威胁，对周围环境，吉国国家文化财产保护，存在威胁及发生其他紧急情况（易燃物质、易爆物品、爆炸物质、毒气或毒剂、危险化学品和生物品，麻醉品、精神药物、烈性物质、剧毒物质、放射性物质）以及商品散发不正常气味的情况；国际邮件寄递商品；违反欧亚经济联盟关境进出口海关制度规定将商品留在欧亚经济联盟关境。

吉国海关查验必须在两名见证人在场情况下实施，在海关查验时记录下列信息：实施了海关查验的海关官员及在实施海关查验时在场人的信息；申报人或者对商品具有权限的其他人不在场实施海关查验的原因；海关查验结果；记录样式所规定的其他信息。

海关人身检查，是指对自然人进行检查的一种海关监管方式。可以对通过欧亚经济联盟海关边界且位于海关监管区或者国际机场过境区的自然人实施海关人身检查，如果具有充分理由认为这些人身上藏匿有违反在海关调整领域里的国际条约和法律文件、成员国立法规定通过欧亚经济联盟海关边界的物品且不主动交出。海关人身检查实施的目的是发现自然人身上藏匿有违反在海关调整领域里的国际条约和法律文件、吉国规定通过欧亚经济联盟海关边界的物品，且海关人身检查是一种特殊的海关监管方式。

海关人身检查应由与被实施海关人身检查的人相同性别的海关官员且有

两名相同性别见证人在场，在符合卫生保健要求的隔离室内实施。其他自然人不得观看海关人身检查。仅有医务工作人员，且必要时使用专门的医疗器械，可以对被实施海关人身检查的自然人检查身体。在对未成年自然人或者无行为能力自然人实施海关人身检查时，其法定代理人或者其陪同人应当在场。

吉国海关人身检查开始前，海关官员应当让自然人了解实施海关人身检查的决定和在实施此海关人身检查中其具有的权利，以及建议其主动交出违反在海关调整领域里的国际条约和法律文件、成员国立法规定通过欧亚经济联盟海关边界的物品。

在实施海关人身检查时，海关官员行为不得侵犯被实施海关人身检查的自然人的名誉和尊严，不得对此自然人的健康造成损害和财产造成损失。在实施海关人身检查过程中，被实施海关人身检查的自然人和其法定代理人应当履行实施海关人身检查的海关官员的合法要求。实施海关人身检查结果应制作海关人身检查记录，其样式由委员会规定，上述记录应在实施海关人身检查过程中或者在海关人身检查结束后一小时内提交。

海关人身检查记录由实施了海关人身检查的海关官员、被实施了海关人身检查的自然人或者其法定代理人或者其陪同人、见证人签字，而如果对被实施海关人身检查的自然人检查身体，还需医务工作人员签字。

海关检查房舍和场地，是指对房舍和场地以及位于这些地点的商品和（或）单证进行目视检查。海关检查指定用作临时储存仓库、海关仓库、自由仓库等，经认证的经营者指定的临时储存商品的房舍或露天场地。吉国立法对此有规定批准开展海关检查房舍和场地，海关检查房合和场地应出示展示海关检查命令和海关官员证。如果被拒绝进入房舍和场地、海关官员有权强行进入房舍和场地。海关检查房舍和场地应在开展检查所必需的最短时间段内实施，且不得持续超过一个工作日。海关检查房舍和场地的结果应制作海关检查房舍和场地的记录，记录应制作两份，其中一份应当交给（发送给）其房舍和（或）场地被检查的人。

海关稽查是为了核查人遵守在海关调整领域里的国际条约和法律文件在海关放行商品后采用的监管方式。

海关稽查是对在海关申报单中申报的和（或）向海关提交的单证中具有

的信息，和依照本法规定向海关提交的或者海关获取的其他信息，与会计核算和会计报告的单证和（或）数据、账户的其他信息进行比较。

被稽查的对象包括：申报人；承运人；在不是临时储存仓库地点开展商品临时储存的人；在海关事务领域里开展活动的人；在商品放行后对商品具有权限的人；经认证的经营者；直接或间接参加了被置于海关制度下的商品交易的人与其他。

吉国海关稽查内容：商品置于海关制度下的事实；在海关申报单中所申报的和（或）在证明在海关申报单中所申报信息的单证中具有信息的真实性；遵守对有条件放行商品使用和处分的限制规定；在海关事务领域里开展活动的人履行对本法规定的义务；遵守依照本法规定的海关制度使用商品的条件；遵守在海关调整领域里的国际条约和法律文件。

吉国保障实施海关监管的措施：口头询问；要求提供和获取为实施海关监管所必需的单证和信息；海关鉴定、选取商品的样品；对商品、单证、运输工具、房舍和其他地点进行识别；使用海关监管技术设备；采取海关押运；商品运输路线；对海关监管的对其实施海关作业的商品进行登记；聘请专家；聘请其他国家机关专家和鉴定人；要求对商品和运输工具实施货运作业和其他作业；实施海关监视；检查是否具有商品登记系统和检查商品的登记。

在实施海关监管时，海关可以使用海关监管技术设备（设备、仪器、计量仪器、装置和工具）和其他技术设备。海关监管技术设备清单和其适用办法由成员国海关调整立法规定。海关监管技术设备对人、动物和植物的生命和健康应是安全的，且不得对人、商品和运输工具造成损害。

为了保障在欧亚经济联盟关境运输海关监管商品，海关采取海关押运措施。运输海关监管商品的运输工具或者海关监管运输工具进行押运。海关押运由海关官员实施。如果海关作出决定采取海关押运，海关将作出此决定通知承运人并从作出此决定之时起不晚于 24 小时内组织海关押运。

在实施海关监管时，海关在必要时可以聘请与这些行为结果没有利害关系的具有向海关提供协助（其中包括在使用海关监管技术设备时）所必需的专门知识和技能的专家实施一些行为。专家有权了解与其实施参与的行为有关的材料，了解根据其参与的实施行为的结果制作的文件，并就其实施的行为提出应当载入这些文件的声明或意见。

专家应当参与实施需要专门知识和技能的行为，或者实施这些行为，就其实施的行为作出解释，签字证明事实、内容和结果。专家不得泄露其获取的构成商业秘密、银行秘密、税收秘密或者受法律保护的其他秘密的信息及其他机密信息，用于其他目的或者移交第三人。如果在实施海关监管过程中，发现了违反在海关调整领域里的国际条约和法律文件，因聘请专家海关发生的费用由被实施海关监管的人的资金补偿。在其他情形下由实施海关监管的海关所在成员国预算资金支付这些服务的费用。

吉国其他国家机关聘请的专家和鉴定人不得泄露构成国家秘密、商业秘密、税收秘密、银行秘密或者受法律保护的其他秘密的信息，以及涉及对外经济活动参加者和在海关事务领域里其他活动参加者的机密信息。

第五十一节　海关部门

第 264 条　吉国海关部门具有执法机关的地位

任何国家机构，除吉国最高法律机构和执行机构外，都无权作出涉及海关部门职能的决定，在没有相应许可的情况下完成或修改海关部门的职能，赋予海关部门其他任务或以其他方式干扰海关部门符合吉国法律规定的工作。

第 265 条　吉国海关拥有旗帜和徽标

在吉国海关部门的公路交通车辆上允许加注徽标。旗帜和徽标的描述和图案，由吉国政府规定。

第 266 条　海关部门的所在地

吉国海关部门的所在地由吉国政府根据客流和货流量、个别地区外经联系发展强度、运输单位、出口商、进口商、其他外经活动参与者的需求，以及其他因素确定。吉国海关部门位于直接属于吉国海关部门的场所。海关岗和海关组织部门可以位于属于临时保管仓库、海关仓库、免税贸易商店业主的场所内。海关岗和海关岗的组织部门也可以位于从事固定进出口业务的外经活动参与者的场所内。

第 267 条　海关部门的工作时间

吉国海关部门在吉国国家边境与邻国通行站所在地重叠的边防通行站的工作时间，应尽可能满足邻国海关的工作时间。根据相关人员有理由的申请，并在具备必要的条件时，个别海关业务可以在海关部门工作时间外完成。

第 268 条　海关部门及其职务人员应在其职能范围内作出决定，实施作为

吉国海关部门及其职务人员应在其职能范围内，根据吉国法律的规定作出决定，完成行为。在吉国海关部门及其职务人员作出决定、实施作为（不作为）时，应以国家授权部门的隶属部门的申诉权和监督权作为遵守法律要求的保障。

第 269 条　吉国海关部门与国家机构、组织的协作与合作

当吉国海关部门查明按照吉国法律规定应属于其他国家部门职权范围的违法行为的证据时，海关部门应该立即将此信息转交给相应的国家部门。吉国海关部门依据吉国加入的国际公约以及与外国海关签署的协议，与外国海关部门协作。

详解：

海关在其权限范围内保障在吉国关境履行下列任务：保护吉国国家安全，人、动物和植物的生命和健康，周围环境安全；加快和简化商品通过吉国海关边界的条件；保障履行欧亚经济联盟法律的在海关调整领域里的国际条约和法律文件。

海关履行的职责：实施海关作业和海关监管，其中包括在提供行政互助框架下实施海关作业和海关监管；征收海关税费及保障措施关税、反倾销税和反补贴税，监管其正确计算和及时缴纳，退还（冲销）和对其采取强制征收措施；保障遵守对通过欧亚经济联盟海关边界商品的关税调节措施、禁止和限制规定、内部市场保护措施；在对通过欧亚经济联盟海关边界的现金和（或）资金工具进行海关监管时，打击通过犯罪途径取得的收入合法化（洗钱）和对恐怖活动提供经费；预防、发现、制止犯罪和行政违法行为；在欧亚经济联盟关境保护知识产权；编制海关统计；实施出口监管（监督）、放射性监管（监督）和其他形式的国家监管（监督）。

对不合法的决定、行为（不作为）造成的损害，海关依照吉国规定承担责任。对于海关或者海关官员不合法的决定、行为（不作为）给人造成的损失应依照吉国规定予以赔偿。对海关官员合法的决定、行为给人造成的损失不予赔偿。海关官员对不合法的决定、行为（不作为）依照吉国规定承担纪律责任、行政责任、刑事责任和其他责任。

海关基础设施包括海关监管技术设备、工程系统、信息系统、电信系统和它们的保障设备的建筑物、构筑物、房舍、露天场地（本节以下简称海关基础设施），以及保障海关活动的社会用途的设施。位于商品通过欧亚经济联盟海关边界地点的海关基础设施的建设和技术装备的规范要求由委员会规定，且考虑与保障海关活动有关的其功能用途的特点。对位于海关和属于成员国海关系统的机构所在地、在其区域内可以实施海关作业和可以开展海关监管的其他地点的海关基础设施的建设和技术装备要求，根据海关提供的一定期间内的商品和运输工具通过欧亚经济联盟海关边界的汇总信息，通过欧亚经济联盟海关边界地点的海关基础设施的状态、发展和趋势进行分析。

吉国海关在实施海关作业时所作的决定，以及按照规定办法办理的实施海关监管的结果，在成员国相互承认并在欧亚经济联盟关境具有同等法律效力。对海关或者海关官员的决定的申诉，任何人都有权对海关或者海关官员的决定按照海关或者海关官员的决定被申述的海关所在吉国规定的程序和期限进行申诉。

吉国海关就在海关调整领域里的国际条约和法律文件适用问题和其他属于海关权限的问题向人无偿开展咨询。在开展咨询时，海关官员不以海关名义审核依照本法、在海关调整领域里的其他国际条约和法律文件规定应当向海关提交的海关申报单及其他文件，以及不制作这些海关申报单和文件。在开展咨询时提供的信息不是海关或者海关官员在对商品实施海关作业时作出决定或者实施行为的证据。

海关编制海关统计。海关统计包括成员国与非欧亚经济联盟成员国对外商品贸易海关统计和专门海关统计。依照吉国立法规定编制对外商品贸易海关统计可以由该国其他国家机关实施。为了履行海关承担的任务，形成和使用专门海关统计资料。

吉国海关当局的旗帜和徽标需经吉国政府批准。海关当局的旗帜挂在海关当局所在的建筑物上。吉国驻外海关办事处大楼上也挂有海关当局的旗帜。海关当局的旗帜象征着在其下漂浮的海上和河流船只的归属。

吉国海关当局与其他执法部门和其他国家机构、企业、组织和公民合作，以解决海关业务问题。

国家机构及其官员有义务协助吉国海关当局决定分配给它们的任务，包括为此创造适当的条件。

根据吉国的立法，吉国海关当局有权允许在其职权范围内执行某些行动，海关当局与其他国家机构、企业、组织和公民互动。在某些情况下，立法允许在海关当局、其他国家机构、企业和组织的职权范围内采取某些行动。同时，海关当局有权控制这类活动（如私人临时仓库的所有者等）。

第五十二节　海关部门职员使用武力、特殊工具和武器

第 270 条　海关部门职务人员使用武力、特殊工具和武器的条件

在本法规定的情况和方式下，吉国海关部门的职务人员有权使用武力、特殊工具和武器。吉国海关部门的职务人员应通过特别培训及定期检查在使用武力、特殊工具和武器情况下的适合性。在使用武力、特殊工具和武器时吉国海关部门的职务人员必须注意以下事项：警告即将采取这些措施并在这时提供足够的时间完成自己的要求，但不包括延迟使用武力、特殊工具和武器会给自己的生命和健康造成直接危险的情况，以及在突然或武装袭击、使用军事技术和交通工具的袭击可能带来严重的后果，或这种警告在当时的情况下是不适宜或不可能的；保证对受到身体损伤的人提供医前救护，并立即向吉国海关部门负责人通报已发生的情况；尽力根据违法行为和实施违法行为的人的执行和危险程度、反抗力量的程度将消除危险所造成的损失降到最低。吉国海关部门的负责人应立即将所有死亡或严重身体损伤的情况通知检察院。超过授权范围使用武力、特殊工具和武器，将按照吉国法律规定被追究责任。

第 271 条　海关部门的职务人员有权采取武力手段的情况

为了制止违法行为，扣押实施违法行为的人，消除抵抗、制止不服从法令或要求、妨碍合法进入场所和区域、接触处于海关监管下的商品和运输工

具，以及其他妨碍海关职务人员执行公务的其他行为，在非武力手段不能保证这些义务完成的情况下，吉国海关部门的职务人员有权采取武力手段。

第 272 条　海关部门的职务人员有权使用特殊工具的情况

在以下情况吉国海关部门的职务人员有权使用手铐、塑胶棒、催泪物质、开启场所的设备、强制停车工具和其他特殊工具：用于反击对吉国海关部门职务人员或他人的攻击；用于反击对属于吉国海关部门的楼房、场所、设施、交通工具的攻击，或他们所使用的海关监管下商品、交通工具，以及同样在上述实体被占领时为了解除占领；为了扣押和将违法行为人押送至吉国海关部门工作地点，如果这些人不服从、反抗，或者给周围人或自己带来伤害；为了制止向海关职务人员施加武力反抗；为了停止车辆，如果该车辆的司机没有执行海关职务人员的停车要求；存在其他阻碍吉国海关部门职务人员完成自己义务的情况。禁止对可见怀孕特征的妇女、有明显残疾特征的人和未成年人使用特殊工具，除非他们实施了武装反抗、实施团伙攻击或其他威胁人们生命和健康安全、威胁海关监管下商品和运输工具完整性行为的时候。吉国海关部门职务人员使用的武器和弹药的清单，由吉国政府规定。

第 273 条　海关部门的职务人员有权使用武器的情况

作为极端措施，在以下情况吉国海关部门的职务人员有权使用武器：为了反击对吉国海关部门职务人员的攻击，当他们的生命和健康遇到危险时；为了制止企图抢夺吉国海关部门职务人员的武器的行为。被吉国海关部门职务人员扣押的人通过缩短与上述这一职务人员的距离或以其他方式企图接近武器或触及该武器，都将被视为企图抢夺该武器；为了反击团伙或武装攻击属于吉国海关部门的楼房、场所、设施和交通工具，或海关部门使用的位于海关监管下的商品和交通工具；为了扣押进行武装反抗的人，以及拒绝执行交出武器合法要求的武装人员。除此之外，在以下情况吉国海关部门职务人员有权使用武器：以损坏车辆的方式使车辆停止，如果司机对吉国海关部门的职务人员的生命和健康造成了实际威胁，且不服从多次停车要求；为了消除威胁吉国海关部门职务人员的生命和健康动物的危害性；为了警告会使用武器、给出警报或求救信号。禁止对妇女、有明显残疾特征的人和未成年人使用武器，除非他们实施了武装反抗、威胁吉国海关部门职务人员生命和健康的武装团伙攻击或其他攻击、在人员大量聚集可能给他人造成伤害的情况。对每个使用武器的情况，吉国海关部门的职务人员应立即书面向吉国海关部门的负责人或其副职汇报，而后者则应在使用武器的 24 小时内向检察官汇报。

详解：

吉国政府规定作为最后手段，经授权的国家机构下令携带、储存和使用武器的海关当局官员有权在下列情况下使用武器：在海关官员的生命或健康受到威胁时；击退对海关当局拥有或用于海关管制的货物和车辆的建筑物、设施和车辆的团体或武装攻击；拘留提供武装抵抗的人以及拒绝遵守交出武器的法律要求的武装人员；如果司机对海关官员的生命和健康构成真正的危险，不遵守海关官员一再提出的停车要求，则通过损坏车辆来拦截车辆；警告使用武器后无回应的情况。

在使用武器的情况下，海关官员必须立即在使用武器之日起 24 小时内通知检察院。使用超出其权力的武力将受到纪律、行政或刑事处罚。

法律禁止对孕妇、有明显残疾迹象的人和未成年人使用特殊手段，但武装抵抗、团体或其他威胁袭击的情况除外。在必要的防卫或极端需要的国家，在没有特殊手段的情况下，官员有权使用武器或任何简易手段（如木棍、金属棒攻击罪犯或绳索束缚罪犯）。

在以下情况吉国海关部门的职务人员有权使用手铐、塑胶棒、催泪物质、开启场所的设备、强制停车工具和其他特殊工具：用于反击对吉国海关部门职务人员或他人的攻击；用于反击对属于吉国海关部门的楼房、场所、设施、交通工具的攻击，或他们所使用的海关监管下的商品、交通工具，以及同样在上述实体被占领时为了解除占领；为了扣押和将违法行为人押送至吉国海关部门工作地点，如果这些人不服从、反抗，给周围人或自己带来伤害；为了制止向海关职务人员施加武力；为了使车辆停止，如果该车辆的司机没有执行海关职务人员的停车要求；存在其他阻碍吉国海关部门职务人员完成自己义务的情况。

禁止对可见怀孕特征的妇女、有明显残疾特征的人和未成年人使用特殊工具，除非他们实施了武装反抗、实施团伙攻击或其他威胁人们生命和健康安全、威胁海关监管下商品和运输工具完整性行为的时候。

吉国海关部门职务人员使用的武器和弹药的清单，由吉国政府规定。

作为极端措施，在以下情况下吉国海关部门的职务人员有权使用武器：当他们的生命和健康遇到危险时，为了反击对吉国海关部门职务人员的攻击；为了制止企图抢夺吉国海关部门职务人员的武器的行为。被吉国海关部门职务人员扣押的人通过缩短与上述这一职务人员的距离或以其他方式企图接近武器或触及该武器，都将被视为企图抢夺该武器；为了反击团伙或武装攻击属于吉国海关部门的楼房、场所、设施和交通工具，或海关部门使用的位于海关监管下的商品和交通工具；为了扣押进行武装反抗的人，以及拒绝执行交出武器合法要求的武装人员。

除此之外，以下情况吉国海关部门职务人员有权使用武器：以损坏车辆的方式使车辆停止，如果司机对吉国海关部门的职务人员的生命和健康造成了实际威胁，且不服从多次停车要求；为了消除动物对吉国海关部门职务人员的生命和健康所产生的威胁；为了警告会使用武器、给出警报或求救信号。

禁止对妇女、有明显残疾特征的人和未成年人使用武器，除非他们实施了武装反抗、威胁吉国海关部门职务人员生命和健康，以及武装团伙攻击或其他攻击、在人员大量聚集可能给他人造成伤害。对每个使用武器的情况，吉国海关部门的职务人员都应立即书面向吉国海关部门的负责人或其副职汇报，而后者则应在使用武器的 24 小时内向检察官汇报。

第五十三节　海关部门的工作保障

第 274 条　国家授权机构和作为其组成部分的吉国海关部门的工作援助

国家授权机构和作为其组成部分的吉国海关部门的工作，由国家财政资金，以及其他吉国法律规定的来源，外国和国际组织以技术援助的形式援助（无偿援助）、拨款并提供物质技术保障。

第 275 条　海关部门工作信息的保护

吉国海关部门工作信息的保护包含吉国海关部门职务人员的信息，侦查作业活动的组织、战术、方法和手段等信息的文件和材料，应由吉国海关部门存档。吉国海关部门的档案材料，应根据吉国法律规定的方式交由吉国国家中央档案局存档。根据吉国法律规定，吉国海关部门保护国家秘密和机密信息。

详解：

为了忠实履行职责创造条件，国家保障海关部门提供充足的后勤支持、薪酬条件，所有这些都是通过国家预算和其他来源进行的。海关部门的所有条件（房地、设备、武器、制服等）都是根据政府批准的国家规范提供的。海关部门的安置以领土原则为基础：直接靠近国家边界对面的检查站或在该国境内从事进出口业务设施。

吉国立法规定了海关机构雇员在执行公务时死亡、健康受损、财产被毁或损坏的命令和数额。支付养恤金的决定，由工作地点的海关办事处负责人根据法院判决或者调查机构或检察官终止刑事案件或初步中止刑事案件的决定做出调查。

根据该法实施该组织的海关当局有权：开展透明的现场搜索活动；与表示希望协助实施该组织的机构的人合作；在业务和搜查活动过程中使用办公场所与其他财产。

根据法律，实施该组织的海关部门有义务：

1. 采取措施，保护人和公民、财产的宪法权利和自由，并确保社会和国家的安全；

2. 执行调查机构、调查员、检察官的指示和法院关于开展业务搜查行动的裁决；

3. 根据法律援助协定，遵守有关国际执法组织（如刑警组织）和外国执法机构的请求。

对构成国家、商业、银行或其他受法律保护的秘密的信息，以及机密信息（不公开的、可能对受法律保护的权利和利益造成损害的信息）不得泄露，如果海关官员用于个人目的，转让给第三方将按吉国法律处理。

第十篇

海关支配商品与运输工具的特殊情况

第五十四节　通过海关边界商品的供货监督

第 276 条　商品和运输工具通过海关边界时的供货监督

为了警告、查明、制止和揭示与禁止自由销售或限制流通的商品非法流通相关的犯罪，根据吉国侦查作业活动法的规定，从事侦查作业活动的机构，有权对供货来源进行监督与侦查作业，这些侦查作业活动包括：吉国境内进口与出口活动、禁止自由销售或限制流通的商品、实施犯罪行为的工具与通过海关边界运送将被视为走私的商品。

通过海关边界的商品的供货监督，由吉国海关部门根据吉国加入的国际公约实施，或根据为制止非法商品、毒品或镇静剂的国际非法流通，查明其参与人而与外国海关或其他部门签订的协议实施。从事侦查作业活动的其他机构需与吉国海关部门协商，根据授权国家机构与其他从事侦查作业活动的国家机构签署的协议进行监督。

第 277 条 出口到吉国境外的商品监督

根据吉国加入的国际公约或与外国职能部门的约定，出口到吉国境外的供货监督的决议作出后，应该保证在吉国不会引起刑事案件，而实施此类供货监督的部门负责人，应按规定方式立即通知检察院做出有关决议。吉国海关部门有权根据吉国侦查作业活动法的规定从事侦查作业活动。在监督通过海关边界、被禁止自由销售或限制流通的商品的供货时，这些商品可能按吉国政府规定的方式被全部或部分没收或更换。对公众健康、周边自然环境具有高危险性的商品，或者作为大规模杀伤性武器加工主要成分的商品，应根据吉国政府规定的方式更换。

详解：

在实施控制下交付过程中扣押或更换跨越吉国海关边界运输的货物的程序按照 2004 年 12 月 28 日吉国政府令来实施。

第十一篇

对海关决议的申诉流程与方式

第五十五节　扣押商品转化为国家所有的商品，被扣押的、非行政违法行为或犯罪对象的商品的支配依据和方式

第 278 条　商品转化为国有

根据刑事案件或行政责任案件的法院判决在适用财产没收时，自该司法判决生效之日起；根据吉国海关部门或其他授权部门有关认定财产无主的规定或有关在本法规定的情况下，将没收商品转归国有的申请（起诉）所作出的法院命令，自法院命令生效之日起；根据将商品置于放弃归国家所有的海关程序，自向吉国海关部门根据交接单转交商品之日起。

第 279 条 转化为国有商品的支配

根据法院判决转化为国有的商品，可按吉国法律规定的方式，通过销售、销毁或回收的方法进行支配。根据将商品置于放弃归国家所有海关程序转化为国有的商品，应按吉国政府规定的方式转交。

第 280 条 海关部门无偿转交转化为国有商品的权利

吉国海关部门，有权无偿向社会保障、卫生教育领域机构、儿童机构、社会居民保障机构转交被转化为国家所有的药品、卫生用品、医用产品、快速变质食品、儿童食品和治疗性食品，以及衣物、鞋子和其他必需品；向博物馆转交没有文化价值的历史文物、科学项目和艺术作品；向动物园、动植物保护区、博物馆转交植物和动物标本；向宗教组织转交祭礼物品。不允许为了商业目的无偿转让转归国家所有的商品。

如果本条第 1 款注明的部门、机构、组织提出书面申请要求无偿向其转交本条第 1 款注明的商品，并保证不用于商业活动使用，海关部门在收到上述商品转归国家所有的文件后，将审理将上述商品无偿转交的可能。为了做出有关无偿转让本条第 1 款注明的商品的决定，海关部门将向国家财产管理领域的授权部门发送经吉国海关部门认证的下列文件的复印件：商品转归国有的文件；本条第 1 款注明的部门、机构和组织要求无偿转让商品的申请；包含商品价值的文件；证明无偿转让的商品质量和安全性的文件；证明计划无偿转让的商品不具有文物价值的鉴定结论（针对具有文物价值特征的商品）；其他属于商品的、海关部门所有的文件。有关向国家财产管理领域授权部门发送文件信息，应同时提交给国家授权机构。根据所提交的文件，吉国海关部门应在收到该文件之日起 30 天内作出有关签发无偿转让转归国有商品命令的决议，或者有依据的拒绝完成申请要求的决议。吉国海关部门根据命令，按交接证明组织向本条第 1 款注明的部门、机构、组织的代表转交商品，这些拥有完成财产接收授权的代表应根据吉国法律规定办理相应文件和委托证明。

第 281 条　扣押不属于行政违法行为或犯罪对象的商品及其文件

1. 吉国海关部门根据《欧亚经济联盟海关法》第 145 条第 1 款规定的依据，扣押不属于行政违法行为或犯罪对象的商品及其文件。扣押不属于行政违法行为或犯罪对象的商品及其文件时，应根据欧亚经济联盟委员会确定的形式办理纪要，并应将该纪要的复印件交给承运人、临时保管仓库业主或吉国海关部门已确定、拥有扣押商品的其他人，以及这些商品的收货人或发货人。被扣押商品和文件在不迟于临时保存期限或欧亚经济联盟海关法规定的其他期限届满后 1 天，由吉国海关部门根据本条第 2 款规定的扣押纪要没收，以便运出欧亚经济联盟的海关境外、完成海关申报，或完成《欧亚经济联盟海关法》第 152 条、第 170 条、第 185 条、第 192 条、第 208 条、第 231 条、第 234 条、第 305 条、第 354 条规定的其他行为。

2. 根据本法典第 69 条的规定，被扣押的商品放置在临时保管仓库，或转交给在吉国海关部门工作区域从事仓库服务的组织保管。需要有特别保存条件的商品，应转交给相应的特别组织（机构）或国家机构。在将上述商品转交保管时，应办理交接证明，其中一份留归吉国海关部门，另一份交给负责保管商品的组织（机构）留存。如果吉国海关部门确定了商品的合法所有人，则应向其发送该交接证明的复印件。《欧亚经济联盟海关法》第 147 条规定的情况下，应返还被扣押商品及其文件。在返还上述商品时，应办理证明，一式三份，由吉国海关部门负责返还这些商品的职务人员和向其返还扣押商品的人或其代表，以及保存商品的人或其代表签字。上述证明的第一份留归吉国海关部门，第二份交给商品被返还人或其代表，第三份交给负责保存扣押商品的人或其代表。保存扣押商品的费用，由向其返还商品的人支付。

3. 被扣押的文件应返还给扣押商品的被返还人或其代表。在返还被扣押文件时，应办理证明，一式两份，由吉国海关部门负责返还这些文件的职务人员和文件被返还人或其代表签字。上述证明的第二份交给文件被返还人或其代表。根据《欧亚经济联盟海关法》第 45 条的规定，吉国海关部门自商品被扣押之日起 1 个月内负责保存被扣押商品，但不包括快速变质的食品，这类商品的保存期限不超过扣押之时起 24 小时，以及禁止进口到欧亚经济联盟海关境内或出口到这一领土之外的商品，这类商品的保存期为自扣押之日起的 3 日。期限届满后，无人认领的被扣押商品，将根据本法第 283 条的规定进行销售、销毁或有效利用。

第 282 条 未转归国有的商品的支配

1. 被扣押的商品、被吉国海关部门根据本法第 251 条规定没收的商品，由被授权的销售、销毁或加工（有效利用）商品的组织、企业、机构（以下称授权组织）将其销售、销毁或有效利用。扣押或没收商品的吉国海关部门，应提前且不应迟于《欧亚经济联盟海关法》第二十一节规定的被扣押商品保管期，或根据本法第 251 条规定的被没收商品保存期限届满前的 15 日，以书面形式向申报人通知有关可以支配根据本条规定被扣押或被没收商品的开始时间和商品即将转交的日期，如果商品未申报，则通知商品的所有者，如果商品的所有者是外国人，或者吉国海关部门没有有关商品所有者的信息，则通知扣押或没收时商品的所属人。这一书面通知应由本部门注明的人本人签收，或以其他方式证明收到该通知的事实和日期。在扣押快速变质商品时，应在该商品扣押当日，以可能的业务通讯方式发出通知，包括以电子方式转交信息。

2. 实施商品扣押或没收的吉国海关部门，应在不迟于《欧亚经济联盟海关法》第二十一节规定的被扣押商品保管期限，或本法第 251 条规定的被没收商品保管期限届满后的 1 日，办理保存期限届满证明，一式两份。本条规定的吉国海关部门的证明，在办理后的 3 个工作日内，应以挂号信，并以回执通知的方式提交给通知相关人员。第二份证明留存在吉国海关部门。经海关部门认证的复印件，应由临时保管仓库业主或海关仓库业主，或商品被扣押人或被没收商品保管人留存。吉国海关部门的证明是作为本条规定的被扣押或被没收商品的依据。

3. 扣押或没收商品的吉国海关部门，应计算以下关税和税收金额：对于被扣押商品，根据商品被扣押当日应计算的该商品被置于内部需求放行海关程序下应缴纳的关税、税收金额；对于被没收的商品，根据《欧亚经济联盟海关法》第 81 条的规定计算。扣押或没收商品的吉国海关部门，应在被扣押或被没收商品保管期限届满之日起的 3 个工作日内，通知授权组织有关保管期限届满、商品所在地、数量和授权组织接受和出口商品所必需的其他特点，并随附扣押证明复印件，以及核算应缴纳的关税和税收。如果被扣押或被没收商品属于快速变质商品，则应在扣押或没收商品当日，通过可能的业务通讯方式包括电子方式转达信息，并注明商品易变质的性质。对被扣押或被没收商品保管期限届满的信息，吉国海关部门同样应通知商品申报人或其持有人，如果确定了商品的合法所有人，则通知其合法所有人或者商品被没收的人。

4. 扣押或没收商品的吉国海关部门，应根据交接证明将商品转交给授权组织。授权组织或其代表，为了核算、估价和支配，应在接到海关部门通知后的 10 个工作日内从海关部门接受并将被扣押或被没收商品出口。扣押或没收商品的吉国海关部门，有权根据授权组织有理由的申请，延长商品接受和出口期限，但不超过 1 个月。在收到吉国海关部门通知之日起 3 个工作日内，由授权组织接受并支配快速变质的商品。被扣押和被没收商品由授权组织根据市场价格销售。为了保证向国家财政支付应缴纳的吉国海关部门计算的关税和税收全部金额，由授权组织在尽可能短的期限内、不迟于交接证明之日起 3 个月内，对这些商品进行支配。

5. 如果在注明的期限内，被扣押或被没收商品不能被销售，授权组织应与吉国海关部门协商延长销售期限，但不超过 2 个月。如果保存和销售被扣押或被没收商品的费用超过其价值，则这些商品应被销毁或由授权组织加工（有效利用）。销毁或加工（有效利用）被扣押或被没收商品，以及补偿与这些商品被保管和运输相关的费用，由相关人员负责，如果没有负责人，则由国家财政负责，除非吉国法律针对个别商品另有规定。自根据交接证明实际接收被扣押或被没收商品之时起，至商品被销售、销毁或加工（有效利用）之时止，授权组织应保证它们的完整性，当上述商品丢失时承担以下责任：对吉国海关部门承担向国家财政补偿丢失商品应缴纳的关税和税收；对转交归其支配的商品所有人补偿其丢失商品的价值并扣除根据《欧亚经济联盟海关法》第 149 条规定的应扣除额。如果在向授权组织转交商品之前，完成根据欧亚经济联盟海关法和吉国海关事务领域法规定的，将商品输出欧亚经济联盟海关境外，商品申报或第 234、305、354 条规定的其他行为的义务时，吉国海关部门无权阻止将被扣押或被没收商品发放给该人。

第 283 条　商品销售所得资金的支配

1. 转归国有的商品销售所得资金，应上交国家财政所有。销售被扣押或被没收商品所得资金，应自授权组织获得该资金之日起 3 日内，汇入吉国国家财政账户，以便根据《欧亚经济联盟海关法》第 149 条规定支配资金，并同时向扣押或没收商品的吉国海关部门提交销售该商品发生的费用的信息。扣押或没收商品的海关部门，在资金汇入吉国国家财政账户后的 5 个工作日内，扣除根据本法第 283 条计算的应缴纳的关税和税收，以及运费、商品存储费和与销售相关的其他费用。销售被扣押商品所得的资金，在扣除《欧亚经济联盟海关法》第 149 条规定的扣除额后计算的剩余部分，应由吉国海关部门返还给申报人，如果商品没有申报，则返还给商品持有人或吉国海关部门所了解的商品合法所有者。销售被没收商品所得资金的剩余部分，应返还给被没收商品的人。

2. 扣押或没收商品的吉国海关部门应在 5 个工作日内以挂号信的方式通知相关人员可以获得销售被扣押或被没收商品所得资金的剩余部分。如果吉国海关部门可通过更灵活的通信方式通知这些人，包括以电子方式转达信息，则可以在发送挂号信的同时以这些方式通知他们。由国家授权部门规定有关存在应返还的、销售被扣押或被没收商品所得资金的通知方式。销售被扣押或被没收商品所得资金的剩余部分，可以根据申报人提交到扣押或没收商品的吉国海关部门的书面申请，在销售被扣押或被没收商品所得资金到达吉国国家财政账户后的 3 个月内返还。吉国海关部门审理返还销售被扣押或被没收商品所得资金剩余部分的申请，总期限不能超过吉国海关部门登记返还申请之日起的 10 个工作日。销售被扣押或被没收商品所得资金的剩余部分，应以国家货币汇入返还申请中注明账户的方式返还。在规定的期限内，扣押或没收商品的吉国海关部门未收到有关退还销售被扣押或被没收商品所得资金剩余部分的申请，则无人要求领取的上述资金应视为其他非税收费用的组成部分，并不予返还。

第 284 条　个别种类商品的支配特点

贵重金属、宝石及其制品、文物、印花商品、有价证券、外币、从流通中没收的或吉国境内限制流通的其他商品，应根据吉国法律规定进行支配。

详解：

海关扣留商品及其单证应制作扣留商品及其单证的笔录，笔录样式由欧亚经济联盟委员会规定。被扣留商品及其单证由海关收缴并在本法规定期限内由海关保管。为了保管，被扣留商品存放在临时储存仓库或者海关确定的为了保管这些商品装备的地点。

被扣留商品及其单证应返还给申报人，应返还给商品所有人，如果所有人是外国人或者海关没有商品所有人信息，应返还给扣留商品时的商品占有人。

第五十六节　对海关部门及其职务人员所作决议的申诉

第 285 条　申诉的权利

任何人如果认为吉国海关部门及其职务人员所作的决议损害了他的权利和自由，并对实现他的权利和自由造成妨碍；或者非法对其施加了某种义务，以及如果这些决议直接触及了该人的利益，则任何人都有权对该决议进行申诉。申诉的权利可以按照本节规定的方式实施，发送给法院的申诉书，其提交、审理和准许的方式由吉国相应的法律规定。

第 286 条　提交申诉书的方式

对吉国海关部门职务人员的决议的申诉书，应提交到作出该决议或完成该决议的职务人员所属的海关部门或国家授权部门。在直接向上级机关提交申诉书时，该上级机关将向被申诉的海关部门查询证明材料和海关部门对申诉的意见。对吉国海关部门所作出决议的申诉书应提交给国家授权机关。

第 287 条　提交申诉书的期限

对吉国海关部门或其职务人员的决议的申诉书可以在以下时间的 3 个月内提交：自该人知道或应知道有关其权利和自由所遭到的损害、对实现其权利和自由造成阻碍或非法施加某种义务之日起。

第 288 条　缴纳海关费用和滞纳金的申诉

吉国海关部门或其职务人员作出法律规定的决议或完成法律规定的行为规定的期限届满之日起，对海关部门要求缴纳海关费用和滞纳金申诉，应在 10 日内提交。

第 289 条　申诉书

申诉书以书面形式提交。申诉书中应注明：吉国海关部门的名称，或对作出决议提出申诉的吉国海关部门职务人员的姓名（如果已知）；提交申诉书的人的姓名或名称、居住地或所在地；被申诉决议的实质内容；申诉人认为被提出申诉的，吉国海关部门或其职务人员的决议损害其权利和自由，造成他们的阻碍，或非法施加某种义务所依据的情况。

申请人可以不提交证明申诉书中注明情况的文件和信息。如果提交这些文件和信息对审理该申诉具有实际意义，并且被申诉的海关部门没有这些文件，则审理该申诉的海关部门有权要求提交申请的人提供这些文件和信息。在这种情况下申诉审理的期限将中止，直至申请人提交了这些文件，但期限不得超过发送查询之日起的 3 个月。如果申请人未提交海关部门所查询的文件和信息，对该申诉的判定将不参考没有提交文件和信息证明的结论。

第 290 条　提交申诉书的后果

提交申诉书并不能中止被申诉的决议或作为的执行，但不包括审理申诉的部门拥有足够的依据推断被申诉的决议或作为不符合吉国法律的情况。在此情况下，被申诉的决议或作为的执行可以全部或部分中止。

第 291 条　拒绝对海关部门或其职务人员的决议的申诉进行实质审理的依据

1. 在以下情况下，吉国海关部门可以拒绝对吉国海关部门或其职务人员的决议的申诉进行实质审理。如果未遵守规定的申诉期限，且申请人未提交恢复被错过的申诉期限的申请或恢复错过期限的申请被拒绝；未遵守本法第 290 条第 1 款、第 2 款规定的要求；如果该申请人已经向法院提交了类似内容的起诉书，且法院已接受审理该起诉书或已对其作出判决；如果上述申诉书的对象不是吉国海关部门或其职务人员作出的决议；如果申诉书提交人的授权没有按吉国法律规定的方式确认；如果申请人的权利、自由或合法利益没有被所申诉的决议触及；如果申诉的对象是吉国海关部门或其职务人员非海关事务领域的证明（文件）；如果存在根据本法第 296 条规定由吉国海关部门针对同意申请人和申诉书对象所作出的决议；如果缺少申诉对象，即吉国海关部门作出决议的事实或其实施的未被证明。

2. 有关拒绝对吉国海关部门或其职务人员的决议的申诉进行实质审理的决定，应在收到申诉书后的 5 个工作日作出，除非本法另有规定。

3. 在本条第 1 款第 3 项、第 8 项、第 9 项规定的情况下，拒绝对吉国海关部门或其职务人员决议的申诉进行实质审理的决定，应自审理该申诉的吉国海关部门收到有关接受类似内容申诉进行审理的法院判定，或法院判决，或证明存在妨碍审理申诉依据的其他文件之日起 5 个工作日内作出。

4. 吉国海关部门有关拒绝对吉国海关部门或其职务人员决议的申诉进行

实质审理的决定，可以向吉国海关部门的上级机关申诉或向法院提起上诉。

第 292 条　撤回申诉书

提起申诉的人，可以在对申诉作出裁决前的任何时候撤回申诉书，可以在本节规定的期限内，根据同样的理由再次提交申诉书。

详解：

本节规定了提出申诉的人撤回申诉的权利。只有提出申诉的人才可撤回申诉，条件是没有就申诉作出决定。撤销申诉并不剥夺重复提出申诉的权利。可在 3 个月内再对海关当局或其官员的决定、作为（不作为）提出申诉：从该人知道或应该知道其权利、自由或合法利益受到侵犯之日起，实现这些目标的障碍或非法对其规定任何义务；自海关当局或其官员作出决定或采取行动的最后期限届满之日起。

第五十七节　申诉书的审理与裁定

第 293 条　审理申诉书的部门

对吉国海关部门的决议、作为（不作为）的申诉，由国家授权部门审理。对国家授权部门的决议、作为（不作为）的申诉，应由上级国家部门负责审理。以上级国家部门的名义，由该部门的负责人或其授权人作出申诉裁定，在此种情况下，申诉的审理不能由作出决议、作为（不作为）的职务人员，或其下级职员进行。

第 294 条　申诉审理的期限

申诉书应在提交后的 14 天内审理，在本法第 290 条第 3 款规定的情况下则自提交证明申诉书中阐明的状况证据后的 14 天内审理。

第 295 条　对申诉的裁定

1. 根据申诉审理结果，审理部门：承认吉国海关部门或其职务人员作出的决议合法；承认吉国海关部门或其职务人员作出的决议全部或部分不合法。

2. 在承认被申诉决议不合法时，审理部门：全部或部分取消吉国海关部门或其职务人员作出的决议；取消吉国海关部门或其职务人员作出的决议，责成其根据吉国法律的规定作出新的决议，或者自行作出决议，如果属于该部门的职能范围。承认吉国海关部门或其职务人员作出的决议不合法，并确定为消除所作出的违规行为应完成的行为范围，或如果属于自己的职能范围，需自行完成这些行为。

3. 审理申诉的部门，在发现吉国海关部门或其职务人员错误执行或未以应有的方式执行其职责时，应根据法律规定的方式追究其违纪责任。

4. 审理申诉的部门，在本法第 290 条规定的期限内，向对吉国海关部门或其职务人员的决议、作为（不作为）提出申诉的人发送根据审理申诉结果所作出的裁定复印件，并说明对其上诉的方式。

5. 不同意申诉审理部门根据本条规定作出的申诉裁定的人，有权在收到裁定复印件后的 30 日内向相关司法机构提出上诉。

详解：

本条审查了对海关机构或其官员的决议、作为（不作为）提出申诉的程序。根据该条规定，对该决定的投诉，海关当局的作为（不作为）提交给高级海关当局。海关机构官员的决议、作为（不作为）的投诉提交给提供服务的海关机构，海关当局负责人的决议、作为（不作为）提交上级海关当局。对海关机构或其官员的决定、作为（不作为）的投诉，既可直接向海关高级当局提出，也可通过海关当局提出。海关当局根据提出申诉的决议、作为

（不作为）或其负责人，将其与辅助材料一起提交给上级海关机构。如果海关机构收到对海关机构或其官员的决议、作为（不作为）的投诉，无权审议，则有义务在三天内将其送交海关当局，由海关当局审议，并向提出申诉的人发出书面通知。

恢复提出申诉的最后期限的某些条件。只有有充分的理由，才有可能恢复申请期。同时，错过提出申诉最后期限的人必须提供证据，证明通行证的理由确实是合理的。恢复错过的上诉截止日期表现在实际接收对授权的海关当局或其官员的决议、作为（不作为）的投诉。

对海关机构或其官员的决议、作为（不作为）的投诉应包括：海关当局的名称或职位、姓氏、名称和海关当局官员的父名（如果已知）、决定、作为（不作为）被上诉；提出申诉的人的姓名、居住地；被上诉的决议、作为（不作为）。必须指出，申诉可以补充证明海关当局或官员行为非法性的文件。但法律并没有将其确立为一项义务，而是将其确立为一项权利。但如果提交这类文件对审议申诉至关重要，而且海关当局没有这些文件，则由其决议、作为（不作为）或投诉的官员负责，审议上述投诉的海关当局有权向提出申诉的人提出要求。

根据对该决定提出申诉的条款，海关机构或其官员的行动并不中止上诉决定的执行和行动，本条保护强制执行程序不受故意拖延执行海关机构合法决定的人的行为的影响，以避免承担责任。也就是说，只要权利受到侵犯的人的申诉得不到满足，就会继续就作出的裁决进行执行程序。如果有理由相信上诉决定，该行动不符合吉国的立法，如果不中止执行该决定，该行动可能是不可逆转的，海关当局考虑到申诉应有权全部或部分附上诉决定的执行，在就申诉的案情作出决定之前采取行动。

确定了对海关机构或其官员的决议、作为（不作为）的申诉的审议条件。根据法律规定，海关当局或其官员对该决议、作为（不作为）的投诉，应在收到通知海关当局之日起 14 天内审议，海关当局有权考虑投诉。可延长这一期限，条件是这将有助于正确和充分地审议申诉并作出合法决定，或有其他合理理由不能按时审议申诉。例如，向提出申诉的人做书面报告，并说明延长的理由，该海关当局负责人应延长任期，但不得超过 3 个月。

在申诉得到满足时，实施侵权行为的机构必须纠正申诉人向本机构提出的所有侵权行为，并可对违法的海关当局官员进行起诉。还应提供一份关于对海关机构或其官员的决议、作为（不作为）进行审议的结果的决定副本，并送交提出申诉的人。为了主管审议该条，有必要指出海关机构关于海关机构或其官员的决议、作为（不作为）的申诉的决定可向上级海关机构或法院提出上诉。

第五十八节　最后条款

第 296 条　涉及从事海关事务领域经营的人及其他人的过渡条款
第 297 条　审计完成海关业务特殊性的过渡条款
第 298 条　有关商品地位和海关程序的过渡条款
第 299 条　对国际商品的运输工具的过渡条款
第 300 条　对公路运输车辆的过渡条款
第 301 条　对涉及私人使用的汽车地位的过渡条款
第 302 条　承认吉国某些法规失效
第 303 条　本法生效的方式

详解：

对国际商品的运输工具的过渡条款规定：

1. 运入欧亚经济联盟关境的经营国际运输的运输工具位于欧亚经济联盟关境和在联盟入境时使用，且应当依照本法第三十八节规定从欧亚经济联盟关境运出。

2. 在本法生效前从欧亚经济联盟关境运出的经营国际运输的运输工具

位于欧亚经济联盟关境外和在欧亚经济联盟关境外使用，以及依照本法第三十八节规定复运入欧亚经济联盟关境。

3. 对本条第 1 款和第 2 款规定的经营国际运输的运输工具已产生的缴纳关税、进口环节税、保障措施关税、反倾销税和反补贴税义务，在本法生效前其履行期限（缴纳期限）没有到来，应当在情况发生时按照本法规定的办法、期限和数额予以履行和 / 或依照本法规定予以终止。

4. 对暂时进境的经营国际运输的运输工具，因没有将暂时进境的经营国际运输的运输工具置于海关制度下实施《欧亚经济联盟海关法》第 344 条第 2 款规定的行为在本法生效前已产生且应当履行的、在本法生效之日没有完全履行的缴纳关税、进口环节税义务、应当按照犹如对经营国际运输的运输工具依照《欧亚经济联盟海关法》第 282 条规定将其从作为暂时进境的经营国际运输的运输工具放行之日的次日起至商品从欧亚经济联盟关境运出之日止期间部分免缴关税、进口环节税置于了暂时进口（暂准进口）海关制度下对应当缴纳的关税、进口环节税税额予以履行。

5. 对暂时进境的经营国际运输的运输工具，因成员国人员不遵守《欧亚经济联盟海关法》第 342 条第 1 款第 2 项规定的条件在本法生效前已产生和应当履行的、在本法生效之日没有完全履行的缴纳关税、进口环节税义务，按照在本法生效之日没有缴纳（没有征收）的关税、进口环节税税额予以终止。

涉及从事海关事务领域经营的人及其他人的过渡条款：

1. 在本法生效后，依照《欧亚经济联盟海关法》列入在海关事务领域里开展活动的人的名录在海关事务领域里开展活动的人依照本法且考虑本条规定在海关事务领域里开展活动。

2. 在本法生效前为了遵守列入在海关事务领域里开展活动的人的名录的条件提供的缴纳关税、进口环节税担保，从本法生效之日起视为履行在海关事务领域里开展活动的法人义务的担保，且担保履行在海关事务领域里开展活动的法人依照本法规定缴纳关税、进口环节税、保障措施关税、反倾销税、反补贴税、滞纳金和利息的义务。

3. 在本法第 402 条第 1 款第 2 项规定的委员会决定生效前，按照相当于 100 万欧元的金额提供履行在海关事务领域里开展活动的法人义务的担保（提供此担保是将希望作为报关代理人开展活动的法人列入报关代理人名录的条件）。

4. 如果委员会将来确定与本条第 3 款规定不同的履行在海关事务领域里开展活动的法人义务的担保金额，在委员会相应决定生效前列入报关代理人名录的人应当不晚于自此决定生效之日起 6 个月内按照委员会规定金额提供此担保。

5. 如果为了将希望作为报关代理人开展活动的法人列入报关代理人名录，提供履行在海关事务领域里开展活动的法人义务的担保，希望作为报关代理人开展活动的法人的活动领域将仅限于对不征收出口关税且置于出口海关制度下的商品实施海关作业，不适用本条第 3 款规定。

6. 本法生效后，白俄罗斯共和国和俄罗斯联邦在对这些成员国立法进行变更前，除本法第 402 条和成员国立法规定的条件外，诸如报关代理人在编人员中不少于两名工作人员具有符合成员国立法规定要求的证书的条件是列入报关代理人名录的条件。本法生效前在白俄罗斯共和国和俄罗斯联邦列入报关代理人名录的人，在本法生效后，除遵守报关代理人其他义务外，还应当遵守本条第 1 款规定的列入报关代理人名录的条件。

对经认证的经营者的过渡规定：

1. 依照《欧亚经济联盟海关法》和《欧亚经济联盟海关法》通过的成员国立法规定给予经认证的经营者地位的法人，自本法生效之日起两年内保持经认证的经营者地位。在此期限内，依照在本法生效时施行的成员国立法规定，实施对列入经认证的经营者名录的证书的变更、这些证书效力的中止和撤销，以及管理经认证的经营者名录。

2. 本条规定的法人自本法生效之日起两年内在给予经认证的经营者地位的海关所在成员国境内，按照本法规定的办法和条件且考虑本条第 2 款规定有权享有本法第 437 条第 2 款第 2 项和第 4 项，第 3 款第 1 项、第 3 项和第 4 项规定的特殊便利。

本法生效前在哈萨克斯坦共和国列入经认证的经营者名录的法人，自本法生效之日起两年内除上述特殊便利外，按照本法规定的办法和条件有权享有本法第 437 条第 2 款第 1 项规定的特殊便利。

为了适用本条第 1 款和第 2 款规定的特殊便利，对本条第 1 款第 1 项规定的经认证的经营者的构筑物、房舍（房舍的一部分）和 / 或露天场地（露天场地的一部分）提出在本法生效时现行的成员国立法规定要求。

3. 如果遵守本法第 433 条第 5 款第 2 项规定的条件，以及如果在海关登记列入经认证的经营者名录申请之日前其已列入经认证的经营者名录不少于两年，本条第 1 款规定的经认证的经营者可以递交给予第三种类型证书的列入经认证的经营者名录的申请。如果依照成员国立法规定了中止列入经认证的经营者名录的证书效力，在计算此期限时不包括证书效力中止期间。

4. 在将本条规定的法人列入经认证的经营者名录并给予第一种类型证书时，考虑本款规定提供履行经认证的经营者义务的担保。

如果自将本条规定的法人列入经认证的经营者名录之日起两年内列入经认证的经营者名录的证书没有中止，在将此法人列入经认证的经营者名录并给予第一种类型证书时，按照相当于至少 70 万欧元金额担保履行经认证的经营者义务。

如果自将本条规定的法人列入经认证的经营者名录之日起 4 年内列入经认证的经营者名录的证书没有中止，在将此法人列入经认证的经营者名录并给予第一种类型证书时，按照相当于至少 50 万欧元金额担保履行经认证的经营者义务。

如果自将本条规定的法人列入经认证的经营者名录之日起 5 年内列入经认证的经营者名录的证书没有中止，在将此法人列入经认证的经营者名录并给予第一种类型证书时，按照相当于至少 30 万欧元金额担保履行经认证的经营者义务。

如果自将本条规定的法人列入经认证的经营者名录之日起 6 年内列入经认证的经营者名录的证书没有中止，在将此法人列入经认证的经营者名录并给予第一种类型证书时，按照相当于至少 15 万欧元金额担保履行经认证的经营者义务。

本条规定的经认证的经营者提供的缴纳关税、进口环节税担保视为在依照本法规定将此人列入经认证的经营者名录时，按照《欧亚经济联盟海关法》规定在提供缴纳关税、进口环节税担保之日实施的汇率担保履行经认证的经营者义务。

图书在版编目（CIP）数据

吉尔吉斯共和国海关法解析 / 齐天励著. -- 北京 ：中国法制出版社，2023.12
（“一带一路”法律保障研究丛书 / 许传玺主编）
ISBN 978-7-5216-4096-0

Ⅰ. ①吉… Ⅱ. ①齐… Ⅲ. ①海关法－法律解释－吉尔吉斯 Ⅳ. ①D936.422

中国国家版本馆CIP数据核字(2024)第030539号

责任编辑　刘晓霞　　封面设计　杨泽江

吉尔吉斯共和国海关法解析

JI'ERJISIGONGHEGUO HAIGUANFA JIEXI

著者 / 齐天励
经销 / 新华书店
印刷 / 北京虎彩文化传播有限公司
开本 / 710 毫米 × 1000 毫米　16 开　　印张 / 16.75　字数 / 265 千
版次 / 2023 年 12 月第 1 版　　2023 年 12 月第 1 次印刷

中国法制出版社出版
书号 ISBN 978-7-5216-4096-0　　定价：50.00 元

北京市西城区西便门西里甲 16 号西便门办公区
邮政编码 100053　　传真：010-63141600
网址：http://www.zgfzs.com　　**编辑部电话：010-63141675**
市场营销部电话：010-63141612　　**印务部电话：010-63141606**

（如有印装质量问题，请与本社印务部联系。）